100 humoristes cultes !

RIRE

À Rose et Maud, évidemment et éternellement.
Et à Jean-Jacques, qui m'a redonné le goût de rire.
... parce que plus ça rit, mieux va la vie !

Ouvrage dirigé par Florence Pierron-Boursot
Conception graphique : Marion Rosière

34-36, rue La Pérouse
75116 Paris
www.hugoetcie.fr

ISBN : 9782755643596
Dépôt légal : octobre 2019
Imprimé en Italie par Stige

CHRISTINE DAUPHANT

100 humoristes cultes !

RIRE

Hugo Image

SOMMAIRE

Cet ouvrage vous présente les plus grands comiques français, ceux qui sont devenus des classiques, ceux qui ont fait leur preuve mais également quelques nouveaux talents auxquels on croit beaucoup. Des oublis ? Sans doute. Un peu de subjectivité ? Évidemment. Mais au final, un beau panorama et un sacré feu d'artifice d'éclats de rire ! Alors, tournez les pages et riez !

INTRODUCTION

Il paraît que le rire est le propre de l'Homme.
En tout cas, c'est ce qu'écrivait Rabelais en 1534, dans l'*Avis aux lecteurs* de *Gargantua* :
« *Mieulx est de ris que de larmes escripre,*
Pour ce que rire est le propre de l'homme. »
que l'on traduira rapidement par « *il vaut mieux rire que pleurer, d'autant plus que le rire est le propre de l'homme* ».
Mais rappelons-nous qu'en plus d'être un grand écrivain, Rabelais était également un médecin réputé, et que son avis vaut alors ordonnance : plus qu'un conseil, c'est une prescription médicale !
Il semble que nous soyons enclins à suivre la posologie, il faut dire que la période s'y prête…
Et en effet, quoi de mieux qu'un éclat de rire pour chasser la grisaille environnante ? Quoi de plus efficace qu'un fou rire général pour nous unir, nous rassembler, au moins un petit moment ?
Rien de surprenant alors si un récent sondage BVA révèle que 97 % des Français aiment rire (on plaint les 3 % restant !) et que 71 % pensent même qu'il faut pouvoir rire de tout.
Pas étonnant non plus que nous aimions tellement les humoristes : grâce à eux, on y parvient !
Pour preuve, les spectacles des Bodin's sont complets deux ans à l'avance, Madame Foresti caracole en tête des humoristes préférés des Français, 250 000 fans ont vu le show pharaonique de Gad Elmaleh et Kev Adams, Jérôme Ferrari fait un carton chez les trentenaires, Dany Boon continue d'affoler le box-office, Blanche Gardin vient de recevoir un second Molière avec son humour qui « décoiffe »… et *La Grande Vadrouille* en est à sa 19e rediffusion à la télévision !
Côté jeunesse, les ados s'abreuvent de vidéos de youtubeurs à peine plus âgés qu'eux mais sont également capables de vous sortir quelques répliques cultes des Nuls ou des Bronzés !
Bref, à part pour les malheureux 3 % cités plus haut, le rire est INDISPENSABLE ! Qu'il soit jaune, aux éclats, grinçant, noir, sarcastique, bêta, en coin, moqueur, gras, limite, ou à s'en décrocher les mâchoires.
Qu'importe, il faut RIRE, et sans modération !

FERNANDEL

« C'est le seul Français qui soit plus connu que moi dans le Monde. »
Cette phrase du général de Gaulle résume bien l'immense popularité de Fernandel. Star du music-hall, légende du cinéma, artiste aux multiples facettes maniant avec génie le rire, le drame et l'ironie, Fernandel a traversé et durablement marqué le XXe siècle.

« Je ne te dis pas que tu es bon à rien, je te dis que tu es mauvais en tout ! »

Le Schpountz

Du côté de la Canebière

Fernand Joseph Désiré Contandin est né à Marseille en 1903. Sa famille partage la passion du père, Denis Contandin, modeste employé de bureau la semaine, comédien et chanteur de café-concert le dimanche.
Fernand accompagne régulièrement son père à des représentations et débute sur les planches à l'âge de 5 ans.
En 1910, il interprète avec succès le répertoire du fantaisiste Polin et remporte un concours de chant. Fort de ce premier succès, il se produit un peu partout dans les cafés-concerts marseillais.
À 11 ans, sous le pseudonyme de Fernand Sined, il remporte la deuxième place du grand concours du *Palais de Cristal*, la plus célèbre scène de Marseille, ce qui lui vaut d'être engagé pendant huit jours en tête d'affiche.
Mais la guerre arrive et son père part au front. Fernand et ses deux frères, Auguste-Marcel et Francis, doivent alors subvenir aux besoins de la famille. Le jeune homme fait plusieurs petits boulots, mais ne rêve plus que de spectacle…
L'armistice signé, Fernand remonte sur scène partout où il le peut. Il court le cachet comme comique troupier sur les scènes des cafés-concerts de Marseille et dans les noces et les banquets où son physique chevalin ne passe pas inaperçu et marque les esprits de son auditoire ! Saluant la bravoure de ses Poilus, le public est alors particulièrement friand des comiques troupiers, et cet engouement va profiter à Fernand.
En 1922, il signe un premier « vrai » contrat à *l'Eldorado* de Nice et se produit sous le nom de scène de Fernandel.
En 1925, son service militaire terminé, Fernand s'apprête à retrouver son emploi « alimentaire » dans la savonnerie où il travaille, quand le directeur de *l'Odéon* de Marseille l'engage pour remplacer, en première partie de programme, la vedette parisienne qui se fait huer par le public. Le numéro de comique troupier de Fernandel est un triomphe ! Le directeur français de la Paramount, qui assiste par hasard au spectacle, lui propose immédiatement un contrat pour se produire dans les music-halls détenus par la Paramount.
Bordeaux, Toulouse, Nice, Lille, et même Casablanca : la carrière de Fernandel est lancée.

À moi Paris ! À moi le Monde !

En 1928, Fernandel est la vedette des plus grands théâtres parisiens qui affichent tous complet.
Repéré par Sacha Guitry, il tourne son un premier film en 1930, *Le Blanc et le noir* de Robert Florey. L'année suivante, Jean Renoir lui offre un rôle plus important aux côtés de Michel Simon dans son premier long-métrage parlant, *On purge bébé*, d'après la pièce de Georges Feydeau.

Le comique troupier, l'ancêtre du *stand-upper* !

À partir de la fin du XIXe siècle, le comique troupier est un genre à la mode au café-concert (l'ancêtre du cabaret). Vêtu sur scène d'un uniforme militaire, l'artiste interprète des monologues ou des chansons comiques liées à la vie de soldat. Le costume typique est celui du soldat de première classe : képi, pantalon rouge, veste gris bleuté, jambières et brodequins en cuir. Comme Bourvil, Maurice Chevalier et Raimu, Fernandel a commencé sa carrière en tant que comique troupier.

Vé ! Voilà le Fernand'elle !

Fernandel n'a pas 20 ans quand il commence à fréquenter avec de plus en plus d'assiduité Henriette Manse, la petite sœur de Jean, son meilleur copain.
Quand il vient voir la jeune fille, Madame Manse mère lui lance : *Vé ! Voilà le Fernand'elle* (*Tiens ! Voilà le Fernand de celle-ci – sa fille*). D'une pierre deux coups : Fernand a trouvé son pseudonyme et une femme ! En 1925, il épouse Henriette avec laquelle il aura trois enfants (Josette, Janine et Franck) et qui restera toujours à ses côtés.

Puis, en 1932, il tient l'un des rôles principaux du film *Le Rosier de Madame Husson*, inspiré d'une nouvelle de Guy de Maupassant, où il joue un faux simplet, personnage qu'il interprétera souvent par la suite.
Tout en étant omniprésent au théâtre et dans la chanson, c'est le début d'une prestigieuse et longue carrière de comédien.
Fernandel devient l'un des artistes français les plus populaires, côtoyant les plus grands noms du cinéma français, de Gabin à Raimu, en passant par Julien Duvivier.
Mais c'est surtout son ami Marcel Pagnol qui va révéler ses dons d'acteur prodigieux en le dirigeant dans une série de films devenus des classiques, notamment *Angèle* (1934), *Topaze* (1936), *Regain* (1937) et *Le Schpountz* (1938), où, dans un registre dramatique et émouvant, Fernandel se livre à des interprétations inoubliables.
Son succès au cinéma n'empêche pas cet infatigable touche-à-tout de poursuivre sa carrière de chanteur.

« *Sésame, ouvre toâ, peuchère !* » En 1954, Fernandel remporte un vrai triomphe avec son Ali Baba à l'accent marseillais !

Don Camillo au plus haut des cieux !

Le 18 janvier 1953, alors que Fernandel est à Rome avec sa fille Janine, le pape Pie XII le pria de venir au Vatican afin de faire la connaissance « *du plus connu des prêtres de la chrétienté* » !

Box-office

150 films à son actif dont 62 ayant dépassé le million de spectateurs !!! Avec Louis de Funès, Bourvil et Jean Gabin, Fernandel fait partie des acteurs français ayant attiré le plus grand nombre de spectateurs dans les salles : environ 202 millions entre 1945 et 1970, et donc sans compter tous ses succès d'avant la Seconde Guerre mondiale !
Sur le podium on trouve *Le Petit Monde de Don Camillo* avec 12,8 millions d'entrées, *La Vache et le Prisonnier*, avec 8,85 millions d'entrées et Le Retour de don Camillo avec 7,42 millions d'entrées.

« Le pastis, c'est comme les seins. Un, ce n'est pas assez et trois, c'est trop. »

Il joue dans de nombreuses comédies musicales et enregistre des chansons dont certaines deviennent des « tubes », comme *Ignace*, *Barnabé*, *Félicie aussi*, *On m'appelle Simplet*, ou *Le tango corse*
Pendant toute la durée de la Seconde Guerre mondiale, son statut de vedette lui permet d'échapper au front.
Il enchaîne plusieurs films au succès mitigé, contraint de tourner essentiellement des navets pour le compte de la Continental-Films.société de production financée par des capitaux allemands !

Au sommet de la gloire

Après la guerre, les années cinquante lui offrent un second souffle notamment grâce à la série des six *Don Camillo* (de 1951 à 1970), de Julien Duvivier.
Le premier, *Le Petit Monde de Don Camillo,* demeure l'un des plus grands succès de l'histoire du cinéma français avec près de 13 millions d'entrées. Fernandel y interprète le curé d'un petit village italien qui s'oppose au maire communiste de la commune par tous les moyens, certains mêmes pas très catholiques ! Cette vision drolatique et décalée de la Guerre froide fait un « carton » en France comme à l'étranger.
Outre cet immense succès populaire, Fernandel triomphe également dans des films devenus des classiques comme *Ali Baba et les quarante voleurs* (1954) de Jacques Becker, *Le Mouton à cinq pattes* (1954) et *La Vache et le Prisonnier* (1959) d'Henri Verneuil, ou encore *La Cuisine au beurre* (1963) de Gilles Grangier, dans lequel il retrouve Bourvil.

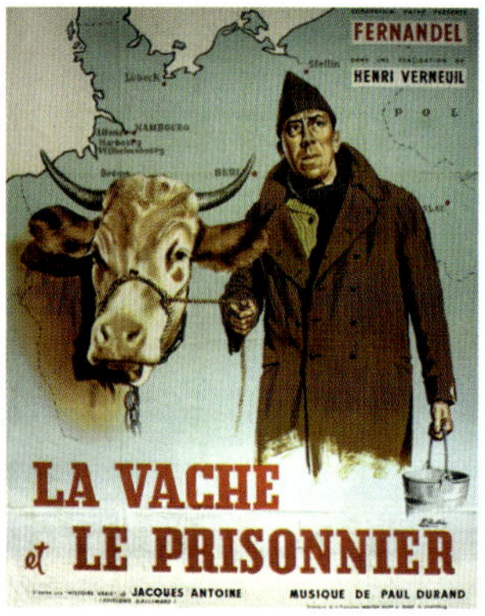

Devant l'ampleur de sa présence au cinéma, Fernandel met sa carrière de chanteur un peu entre parenthèses. Cela ne l'empêchera pas de laisser une discographie foisonnante, et d'enregistrer avec le succès que l'on sait *Les Lettres de mon moulin* d'Alphonse Daudet, qui lui vaut le Grand Prix de l'Académie du disque en 1968.
En 1963, devenu très riche, il fonde, avec son ami Jean Gabin, sa propre société de production, la GAFER (pour GAbin et FERnandel), qui sortira *L'Âge ingrat* (1964), avec Jean Gabin et son fils Franck Fernandel.
En 1965, Il partage avec Jean Poiret et Michel Galabru l'affiche de *La Bourse et la Vie* de Jean-Pierre Mocky.
Le tournage du sixième opus des Don Camillo, *Don Camillo et ses contestataires,* est lancé en 1970, mais il sera brusquement interrompu par la maladie du comédien : Fernandel est atteint d'un cancer généralisé.
Sa famille et ses médecins lui cachent la gravité de son état, lui laissant croire qu'il a attrapé une pleurésie durant le début du tournage.

Épuisé par la maladie, Fernandel meurt le 26 février 1971 dans son luxueux appartement tout en marbre de l'avenue Foch à Paris.
Il est inhumé au cimetière de Passy.
Loin du chant des cigales…

« Il possède le don de faire rire des êtres qui ont tant de raisons de pleurer. »

Marcel Pagnol à propos de Fernandel

Pour vaincre Pepone, Don Camillo ne recule devant rien, même si parfois il se fait remonter la barrette par Jésus *himself* ! Les scènes de dialogues entre Fernandel et le Christ ne sont pas pour rien dans l'immense succès de la saga des Don Camillo.

SACRÉ PARTENAIRE !

Alors qu'un journaliste lui demandait de parler du succès de Don Camillo, Fernandel répondit « *D'abord, la surprise. La surprise du personnage qu'on ne connaissait pas. La surprise de parler à Jésus. Ça fait un drôle de partenaire vous savez. J'en ai eu dans ma vie mais, je dois dire que celui-là, je lève ma barrette !* »

La barrette étant le nom de la coiffe que portait les curés.

FERNAND RAYNAUD

« Fernand quoi ? C'est qui, lui ? »
C'est ce que m'ont rétorqué mes filles d'une vingtaine d'années, quand j'ai évoqué avec elles le sommaire de cet ouvrage. Inconnu au bataillon le Fernand ! Vivant dans l'Europe de Schengen, la nouvelle génération ne sait plus ce que c'est qu'un douanier, alors un comique qui fait un sketch sur le sujet, on n'en parle même pas ! Moi, par contre, je me souviens drôlement bien de ce bonhomme un peu niais avec un chapeau mou et un drôle d'accent nasillard. Quand il passait à la télé en noir et blanc, il faisait rire aux éclats ma mère et mon grand-père, qui pouvait réciter par cœur *Le plombier* ou *Le 22 à Asnières*. Si, si, les filles, croyez-moi, Fernand Raynaud était une star !

« Allô ! Tonton ? Pourquoi tu tousses ? »

Du Puy de Dôme aux Folies Bergère

Fernand Raynaud est né à Clermont-Ferrand le 19 mai 1926, dans une cité ouvrière construite par Michelin, où son père est contremaître. À quinze ans, son certificat d'études en poche, il quitte l'école et exerce plein de petits boulots (terrassier, commis, projectionniste).
C'est à cette époque qu'il commence à faire du théâtre en amateur. Est-ce pour cela qu'il se fâche avec son père et que, suite à une énième dispute, il « monte » à la capitale ?
À Paris, Fernand fréquente les cabarets, essentiellement Les Folies Bergère, afin de voir le plus de spectacles comiques possible.
C'est l'époque des vaches maigres, mais le jeune auvergnat s'accroche et commence à faire « l'artiste comique » dans un cabaret de Pigalle, d'abord en première partie, puis en vedette.

Le miracle de la petite lucarne

En 1954, il passe dans l'émission télévisée *36 chandelles* de Jean Nohain. Sa carrière va prendre alors une tout autre dimension. Bien plus que le music-hall la télévision lui permet de toucher un vaste public, qui se reconnaît dans ces Français moyens... vraiment moyens.
Adulé et célèbre, Fernand se produit sur toutes les scènes du pays. Avec son costume trop grand, son air benêt et son accent auvergnat, il met en scène le quotidien des gens qu'il croise et qui l'inspirent, mêlant quiproquos, mimes, absurdités et grimaces.
En 1955, Fernand Raynaud épouse, Renée Caron une jeune chanteuse, qui lui donnera deux enfants, Pascal et Françoise. Les témoins du mariage sont Roger Pierre, Jean-Marc Thibault, Raymond Devos, Félix Leclerc, Darry Cowl et Jean Nohain.
Malgré le succès grandissant et les galas qui s'enchaînent, l'humoriste tente de préserver sa vie de famille, son refuge.
En 2003, à l'occasion des trente ans de la mort du comique, son fils Pascal déclarait à un journaliste : « *Dans les années 60, il devait partir souvent. Mais même lorsqu'il se produisait à 400 kilomètres, il roulait toute la nuit pour pouvoir rentrer chez lui et dormir à la maison.* »

L'inventeur du one-man-show

Premier comique à devoir à ce point sa notoriété au petit écran, Fernand Raynaud est aussi le premier à faire un seul en scène humoristique. En février 1959, il présente au Théâtre des Variétés *Fernand Raynaud Chaud,* spectacle de deux heures où il enchaîne des sketchs et des chansons restés célèbres.
Le spectacle est un triomphe et tient l'affiche plus d'un an. Même Charlie Chaplin viendra le voir !
Fernand enchaîne les tournées en France et à l'étranger. Il tourne pour le cinéma, joue au théâtre, se produit régulièrement à l'Olympia et à Bobino...
Heu-reux ! un de ses sketchs les plus fameux, est publié dans un livre de classe à l'usage des pays francophones.

J'SUIS PAS UN IMBÉCILE !

Fernand Raynaud observe et s'inspire des gens qu'il croise pour dénoncer, grâce au rire, la bêtise, la xénophobie, la suffisance.

À ce titre, *Le Douanier* est un exemple de son talent : « *Moi, je n'aime pas les étrangers ! Non, parce qu'ils viennent manger le pain des Français ! Oui ! Je n'aime pas les étrangers ! c'est vrai, c'est comme ça, c'est physique ! [...] Et pourtant j'suis pas un imbécile ! Puisque je suis douanier ! [...]* »

Ce sketch a plus de cinquante ans, et si les douaniers ont disparu, ce n'est malheureusement pas le cas des xénophobes... ni des imbéciles !

Fernand Raynaud n'hésitait jamais à se déguiser et à faire des grimaces, l'important étant de faire rire son public.

Un enregistrement du *22 à Asnières* sert à l'enseignement du français à l'université de San Francisco !
En 1964, au Golf-Drouot, Fernand fait une concession au yé-yé en chantant *Et v'lan, passe-moi l'éponge* accompagnée par... Les Chats sauvages, le groupe de rock de Dick Rivers. Le comique auvergnat est partout !
Ses spectacles se jouent à guichets fermés et durent souvent plus de 3 heures : « *Le public doit en avoir plus que pour son argent* » déclare-t-il.
Alors il enchaîne, avec force grimaces et mimiques, *Le fût du canon, Bourreau d'enfants, Ça eut payé, Avec deux croissants, Le défilé militaire, Le Plombier, Avec l'ami Bidasse*, etc.

Heu-reux ! ... peut-être pas tant que ça

Le 28 septembre 1973, Fernand Raynaud fonce au volant de sa Rolls Royce Silver Shadow décapotable. Il a donné rendez-vous aux journalistes, à Clermont-Ferrand, pour annoncer son retrait de la scène.
À 47 ans, l'humoriste envisage de se retirer à Nouméa avec sa famille. Il est las de ses déboires avec les impôts, de ce mal-être qui semble ne jamais lui laisser de répit.
Il veut mettre un terme à sa carrière, après un ultime gala dans sa ville natale. La presse et le maire de Clermont patientent, Fernand Raynaud a téléphoné de Moulins pour prévenir de son retard. Il n'arrivera jamais.
L'acteur roule trop vite. Il vient de passer Aigueperse quand il franchit légèrement la ligne blanche, mord sur la voie de gauche et accroche l'aile d'une voiture qui arrive en sens inverse.
Il perd le contrôle de la Rolls qui poursuit sa course folle sur 80 mètres et vient s'écraser contre le mur du cimetière du Cheix-sur-Morge. La voiture est totalement détruite sous le choc.
Fernand Raynaud est déjà mort à l'arrivée des premiers secours.
« *Lorsque, venant de Paris, après Aigueperse, sur la route bleue, j'aperçois le puy de Dôme et que, passant par Riom, bâti en pierre de Volvic, je vois «Clermont-Ferrand, 14 kilomètres», mon cœur bat plus fort. Je suis ému comme un amant qui va retrouver une femme aimée.* »
Dans cette déclaration d'amour faite en 1970 à sa ville natale, l'humoriste ne savait pas qu'il décrivait la route sur laquelle il allait mourir trois ans plus tard...

« Quand je vois ce que je vois et que j'entends ce que j'entends, je suis bien content de penser ce que je pense. »

Inspirée des comiques troupiers, la chanson *Avec l'ami bidasse* va connaître un énorme succès !

Ne pas déranger !

En 1963, afin que le bruit fait par les joueurs ne dérange pas Fernand Raynaud pendant le spectacle qu'il donnait dans l'établissement, la direction du Casino de Deauville accepta exceptionnellement de suspendre le jeu de roulette. C'est la seule fois qu'une telle interruption eut lieu ! C'est dire le statut de star qu'avait le comique...

« DANIELS ! UN JACK BERNARD STP ! ... EUH NON, BERNARD, UN JACK DANIELS ! »

FRANCK DUBOSC

« ÉCHANGE FEMME DE 40 ANS CONTRE DEUX DE 20 ANS. »

PIERRE DAC

« MA MÈRE, QUAND ELLE A ARRÊTÉ DE ME FAIRE PEUR, A COMMENCÉ À ME FAIRE HONTE. »

GUY BEDOS

BOURVIL

« Bah, maintenant elle va marcher beaucoup moins bien, forcément ! »

Le Corniaud

« C'est un rire profond, subtil, intense et enfantin » déclare Dany Boon pour qui le peintre en bâtiment naïf de *La Grande Vadrouille*, le chef besogneux de *La Cuisine au beurre* et le brave gars dupé dans *Le Corniaud*, reste définitivement un modèle. Artiste aux mille facettes, Bourvil laisse dans les mémoires le souvenir d'un grand acteur mais pas seulement. Son grand sourire, ses yeux clairs et pétillants, sa modestie, sa gentillesse ont fait de lui quelqu'un de rare. Pas un héros, mieux que ça : un homme bien.

Le comble de la modestie

En 1968, considérant qu'il n'a rien fait pour mériter un tel honneur, Bourvil refuse de recevoir l'Ordre de la Légion d'Honneur alors que le général de Gaulle s'était proposé de la lui remettre en personne ! Modeste... et rare.

Unis pour le meilleur et pour le pire

Le 26 janvier 1986, Jeanne, l'épouse de Bourvil depuis 1943, meurt dans un accident de voiture. Venant de Paris, elle se rendait à Montainville pour fleurir la tombe de son époux. Triste et beau.

Made in Normandie

« Je suis né dans une ferme, en face d'une meule de foin. Il m'en est toujours resté quelque chose. » Bourvil est né André Robert Raimbourg le 28 juillet 1917 à Prétot-Vicquemare, en Seine-Maritime, d'un père et d'une mère cultivateurs.
En 1918, son père décède de la grippe espagnole. Sa mère enceinte, ayant quelque peine à gérer ses deux filles, son fils, sa grossesse et l'exploitation retourne en 1921 dans le village de son enfance, Bourville...
Joyeux luron à l'école, le petit André n'en est pas moins excellent élève : il obtient son certificat d'études avec la note de 48,5/50 et les félicitations du jury.
Ne voulant pas travailler à la ferme et désirant devenir instituteur, il entre au collège, où il se passionne d'emblée pour la musique et apprend à jouer du cornet à pistons Mais la vie d'internat lui pèse et il ne supporte pas les règles strictes qu'on lui impose. Au bout de deux ans, il décide donc de rentrer à la ferme familiale, à Bourville.
Garçon enjoué et affable, André anime les fêtes du village, les banquets et les repas de famille. Il y reprend les chansons de Fernandel, son idole, ce qui lui vaut le surnom de « Fernandel normand ».
En 1936 il intègre la fanfare du chef-lieu de canton dans laquelle il joue du cornet à pistons, mais également de l'harmonica et de l'accordéon.
C'est là qu'un soir de bal il rencontre Jeanne Lefrique, qui deviendra son épouse et avec qui il aura deux fils.
À la même époque, bien obligé de trouver un métier, il devient boulanger à Rouen. C'est là qu'en 1937, il assiste au spectacle de Fernandel : c'est la révélation, il sera artiste, rien d'autre !

De la fanfare au cabaret

Durant ses deux années de service militaire il est cornettiste dans la fanfare de son régiment. Joyeux drille, il fait rire ses copains de chambrée qui le mettent au défi de s'inscrire au radio-crochet organisé par la marque d'apéritif Byrrh à Radio-Paris.
En hommage à Fernandel, le jeune homme s'inscrit sous le pseudonyme d'Andrel et interprète *Ignace*. Il gagne le 1er prix : 300 francs qu'il investit dans l'achat un accordéon !
En 1939, André est envoyé sur le front, puis démobilisé en août 1940 près de Pau. C'est là qu'il fera la connaissance d'Étienne Lorin, son meilleur ami et le parolier de ses futures chansons Rentré à Paris en 1941, André y reste pour devenir artiste. Pas question de retourner en Normandie !
Marié à Jeanne, ils vivent dans un minuscule deux pièces à Vincennes. Les fins de mois sont difficiles, et les petits boulots s'enchaînent (commis, coursier, plombier...).
En parallèle, le jeune homme poursuit sa carrière musicale et enchaîne les cabarets, les music-halls, les radio-crochets.

Non, mais dites donc !

Le petit teigneux et le grand gentil, le fourbe et le naïf, le radin et le généreux, le coléreux et le calme, le bourgeois et l'homme du peuple, etc. On pourrait continuer la liste car, sur grand écran du moins, tout oppose Bourvil et De Funès. C'est de cette opposition frontale que vient la force comique redoutable – et indémodable – de ce couple de cinéma inoubliable.
Parlant de Bourvil, De Funès disait « *il est ma fusée porteuse* ». Jolie formule.

Ses imitations de Fernandel commençant à passer de mode, il s'invente un personnage de comique-paysan un peu benêt et coincé dans une veste étriquée, et prend un pseudonyme. Ce sera Bourvil, en référence à Bourville, le village de son enfance. Et ça marche !
En 1942, *Carrère*, un prestigieux cabaret sur les Champs-Élysées, l'engage. Bourvil est très vite remarqué par la presse qui loue ses talents de comique. Sa carrière est lancée.
Mais le succès arrive véritablement en 1945, quand il interprète la chanson *Les crayons*, qu'il a coécrite avec son ami, l'accordéoniste Étienne Lorin.
Le succès musical est immédiat et lui ouvre les portes du cinéma : il est engagé pour tourner dans *La Ferme du pendu* de Jean Dréville, film dans lequel il chante les fameux crayons. Les choses sérieuses peuvent commencer…

La naissance d'un grand acteur

Sur le grand écran, Bourvil impose un jeu comique fondé sur la gentillesse, la tendresse et la naïveté de ses personnages.
En 1951, il tourne le premier film incontournable de sa filmographie *Garou-Garou, le passe muraille* de Jean Boyer.

La scène d'ouverture du *Corniaud* est un moment d'anthologie, d'autant qu'il ne fallait pas la rater ! Bourvil et De Funès n'ont eu droit qu'à une seule prise car la 2CV était juste tenue pièce par pièce avec des boulons. Les machinistes avaient bien précisé aux acteurs qu'ils ne recommenceraient pas deux fois pareil chantier !

C'est le début d'une longue liste de succès parmi lesquels *Le Trou normand*, avec Brigitte Bardot, et surtout *La Traversée de Paris*, de Claude Autant-Lara, où il joue aux côtés de la star Jean

« – Mais qu'est-ce que je vais devenir moi maintenant ?
– Eh bien, un piéton ! »

Gabin et d'un débutant nommé… Louis de Funès.
Si à la même période Bourvil délaisse les tours de chants, c'est pour se lancer avec succès dans l'opérette. Le public se presse pour le voir, dans *Pacifico* par exemple, aux côtés de Pierrette Bruno, sa partenaire… et supposément sa maîtresse.
En 1958, il retrouve Jean Gabin dans *Les Misérables*. Pour la première fois, il délaisse son rôle de brave homme pour camper un Thénardier odieux et criant de vérité.
Redevenu valet de comédie, Bourvil joue ensuite dans *Le Bossu* (1959) et *Le Capitan* (1960), films d'André Hunebelle, aux côtés de Jean Marais en héros flamboyant !
Comme Gabin, Marais est à l'époque une immense vedette et tourner avec lui assure à Bourvil une énorme visibilité.

Pas une star, une vedette !

À l'image de ses personnages, Bourvil est un homme honnête, gentil et modeste. Par contre, il n'a rien d'un benêt : très cultivé, ayant appris l'anglais en autodidacte, il lit beaucoup et se plaît à parler littérature avec Georges Brassens, son voisin dans les Yvelines où les deux artistes ont une maison de campagne. C'est dans ce havre de paix de Montainville que Bourvil retrouve Jeanne et leurs deux fils, Dominique et Philippe, dès qu'il le peut pour se reposer et se protéger d'une notoriété grandissante. Car au début des années 1960, Bourvil est devenu une vedette archi populaire. Au cinéma bien sûr, mais aussi dans

la chanson – où il continue de faire des tubes (*Ballade irlandaise, Le Bal perdu, Salade de fruits, La Tactique du gendarme*).
Sur scène également quand il interprète des sketchs, comme l'inoubliable *Causerie anti-alcoolique* – *« L'alcool non, mais l'eau ferruchenereneuse oui ! »* Culte !
Sa notoriété ne va cesser de croître grâce à plusieurs rôles emblématiques où il campe avec subtilité des figures d'homme simple ou de gentil benêt confrontés à des caractères infernaux.
C'est ainsi qu'après *Le Jour le plus long* (1962), *La Cuisine au beurre* où il joue aux côtes de son idole Fernandel, et *Un drôle de paroissien* (1963) signé Jean-Pierre Mocky, Bourvil forme, en 1965,

Le petit au casque trop grand, le grand au casque trop petit. L'un des ressorts du comique de l'inoubliable *Grande Vadrouille* est l'opposition systématique de Bourvil et De Funès, tant au niveau du physique que du comportement.

un duo irrésistible avec Louis de Funès dans *Le Corniaud* de Gérard Oury.
L'alchimie entre les deux acteurs est parfaite et les répliques cultes fusent.
Le film est un triomphe !
Fort du succès du *Corniaud*, le trio Bourvil/de Funès/Oury récidive en 1966 avec *La Grande Vadrouille*. Plus de 17 millions d'entrées. Phénoménal !
C'est simple, dans l'histoire du cinéma français on peut dire qu'il y a un avant et un après *La Grande vadrouille*. Rediffusé 19 fois depuis 1976, trois générations de Français connaissent le film par cœur, mais ne se lassent pas de revoir Stanislas Lefort, le chef d'orchestre acariâtre, sur les épaules d'Augustin Bouvet, le brave peintre en bâtiment.
Vingt ans seulement après la fin de la Seconde Guerre mondiale, il fallait du génie pour faire rire la France avec cette histoire d'Occupation.
Mais du génie, Bourvil, De Funès et Oury n'en manquaient pas !

Ah, la vache !

Bourvil était parfois confondu avec Fernandel. Un jour, un monsieur l'arrête dans la rue et lui lance enthousiaste *« Je vous ai adoré dans La Vache et le Prisonnier ! »* et Bourvil de lui répondre *« Ah non, le prisonnier c'était Fernandel, moi je jouais la vache ! »*

« L'alcool non, mais l'eau ferru, l'eau ferruchenere, l'eau ferrugineuse oui ! »

Un bien triste clap de fin

En 1967, pendant le tournage des *Cracks*, Bourvil est hospitalisé suite à un accident de vélo. Il en profite pour se faire enlever un petit kyste qu'il a à l'oreille depuis deux ans.
Après analyse, le médecin apprend à Bourvil qu'il est touché par la maladie de Kahler, c'est-à-dire un cancer de la moelle osseuse. Incurable.
Bourvil décide de ne pas en parler dans la profession, redoutant que les assurances ne veuillent plus le couvrir pendant ses tournages.
Il ne veut pas non plus que ses fils le sachent. Seule Jeanne est au courant, partageant avec lui trois années terribles durant lesquelles il va subir des traitements lourds et exténuants.
Épuisé et souffrant terriblement, Bourvil tourne *Le Cerveau* (1969) en compagnie de Jean-Paul Belmondo et David Niven, mais surtout *Le Cercle rouge* (1970), brillant polar dirigé par Jean-Pierre Melville avec Alain Delon et Yves Montand.
Avec retenue et gravité, il y campe le commissaire Mattéi, sans doute son plus beau rôle. En tout cas son préféré et le seul où son prénom est crédité au générique : André Bourvil.
Le Mur de l'Atlantique, son dernier tournage est un calvaire, la douleur et l'épuisement ne le quittant plus.
Après une longue agonie, Bourvil décède le 23 septembre 1970, à 53 ans.
Une fois encore, Bourvil fait pleurer le pays tout entier.
Malheureusement, ce n'est plus de rire.

LOUIS DE FUNÈS

« *Ah ! C'est pas possible ?!!* »
Yeux exorbités, bouche grande ouverte, bras et mains en l'air, corps plié vers l'avant comme estomaqué par la surprise. Ça y est, la machine est lancée, et nous embarqués. Teigneux, autoritaire, coléreux, méchant, méprisant, lâche, irascible, veule, raciste, cupide,… ne cherchez pas, vous ne trouverez pas un rôle où Louis de Funès est sympathique, généreux, serviable, gentil, compatissant. Et pourtant, on l'adooooore ! On a vu ses films des dizaines de fois, on connaît ses répliques cultes par cœur, et on rit à la simple évocation de quelques scènes inoubliables. « *Mais si, tu sais quand la 2CV de Bourvil se disloque. Mais si, tu sais quand son cheval parle. Mais si, tu sais quand il tire sur son nez comme s'il était en caoutchouc. Mais si, tu sais quand il demande que les paysans l'acclament, quand il danse déguisé en rabbin, quand il engueule ses musiciens, quand il empêche le soldat allemand de ronfler, quand il manque une pièce d'or, quand il commande un radis au restaurant, quand il est sous la douche…* »

« Comment, Salomon, vous êtes juif ?? »

On dirait un film !

Noble castillan ruiné, Carlos Luis de Funes de Galarza est follement amoureux de Leonor, fille d'une famille bourgeoise qui s'oppose à leur une union. Qu'importe, Carlos enlève Leonor et les amoureux partent s'installer à Paris, en 1904.
Carlos ne pouvant plus exercer son métier d'avocat depuis son arrivée en France, la famille mange de la vache enragée, d'autant plus que les tourtereaux ont trois enfants : Maria, née en 1907, Carlos, né en 1908, et Louis, le petit dernier, né en 1914. Original et fantasque, Carlos décide de devenir diamantaire et part tenter sa chance au Venezuela, abandonnant femme et enfants. Un roman ? Un scénario de film ? Eh bien non, c'est le début de l'histoire, la vraie, de Louis de Funès, troisième fils de Carlos et Leonor, né le 31 juillet 1914 à Coubervoie ! Il faudrait des pages et des pages pour raconter la vie et la carrière de Funès. Contentons-nous d'en donner les grandes étapes.

Des débuts chaotiques

En 1930, après des études secondaires moyennes, Louis suit les traces de son frère et entre à l'Ecole professionnelle de la fourrure… mais il est rapidement renvoyé pour chahut.
Fourreur, comptable, étalagiste, décorateur, cireur de parquets, il enchaîne les petits boulots, mais il est viré à chaque fois.
Découragés, ses parents l'inscrivent en 1932 à l'École technique de photographie et de cinéma où il choisit la section cinéma et d'où il sera également renvoyé pour… incendie volontaire !
À nouveau les petits boulots, les périodes de chômage et les renvois.
En 1936, Louis épouse sa première femme, Germaine Carroyer. Leur fils, Daniel, naît en 1937, mais le couple se sépare en août 1939.
Pendant l'occupation, tout en continuant de multiplier les petits boulots, et grâce à Leonor qui lui avait enseigné le piano dès ses 5 ans, il se fait engager comme pianiste de bar.
Excellent musicien, il joue dans de nombreux établissements, enchaînant des soirées de douze heures, payé à la coupelle (c'est-à-dire au pourboire) ou touchant un maigre cachet.
À 28 ans, en 1942, Louis décide de devenir comédien et s'inscrit au Cours Simon.
Il y devient ami avec Daniel Gélin.
C'est ce dernier qui lui permet de faire ses premiers pas sur une scène de théâtre.
En 1943, Louis se remarie avec Jeanne Barthélemy. Entre eux, c'est le coup de foudre, le grand amour ! Fauché, le jeune couple vit dans un petit deux-pièces avec ses fils, Patrick (né en 1944) et Olivier (né en 1949).
En 1945, de nouveau grâce à Daniel Gélin, De Funès débute au cinéma dans *La tentation de Barbizon*. Il y joue un portier et prononce sa première réplique à l'écran : voyant un client qui essaye de passer à travers une porte fermée il déclare « *Ben, il a son compte celui-là, aujourd'hui !* »
L'acteur va alors enchaîner les figurations et les petits rôles, parfois même plusieurs dans le même film.

Yé vais té touer !

Quand on demandait à Louis de Funès quelle était l'origine de ses fameuses mimiques, il s'exclamait « *c'est ma mère !* » Oui, c'est bien elle, Leonor, que le petit Louis voyait fulminer, s'énerver, trépigner et courir derrière lui dans le minuscule appartement en hurlant « *Yé vais té touer !* » quand il avait fait une nouvelle bêtise.

Jeanne, envers et contre tous…

Jusqu'à sa mort prématurée en 1983, Jeanne veillera sur son époux, et même plus que ça ! Le conseillant dans le choix de ses films et de ses partenaires, négociant ses cachets, s'opposant à tel ou tel réalisateur, exigeant la réécriture de certains scénarios pour la raison qu'on n'y voyait pas assez Louis (comme dans *Le Corniaud* où elle est à l'origine de l'ajout de la scène de la douche pour équilibrer le temps à l'image de son mari par rapport à Bourvil !), Jeanne est partout, et parfois jusqu'à l'exaspération des équipes de tournage. Sur *La grande vadrouille*, Bourvil sera même obligé d'intervenir pour lui interdire le plateau !

Ma Biche !

Si Jacqueline Maillan (*Pouic-Pouic*) et Annie Girardot (*La Zizanie*), formèrent avec De Funès des couples irrésistiblement drôles, c'est à Claude Gensac que revient la palme de l'épouse la plus fidèle : sur les onze films tournés ensemble, elle fut sept fois la femme imperturbable et douce de son teigneux de mari. Mais s'il ne fallait gardait qu'une d'entre elles, ce serait évidemment la douce Josepha, la bien aimée « biche » du maréchal des logis Ludovic Cruchot !

C'est Jeanne, la « légitime » épouse de De Funès, qui lui suggère de faire appel à Claude Gensac pour jouer sa femme dans *Oscar*, en 1967. « *On s'amuse beaucoup avec Claude, elle pige très vite. Je n'ai pas besoin de lui expliquer deux fois ce qui fait rire* », disait De Funès à propos de celle qui était autant une amie qu'une partenaire.

L'éternelle « ma biche » a tiré sa révérence en 2016, à 91 ans, tout en douceur et discrétion.

De Funès, père et fils

Alors qu'il n'y tenait pas vraiment, Olivier, le fils cadet, a tourné six films avec son père, parmi lesquels *Fantômas se déchaîne*, *Sur un arbre perché* et *L'Homme-orchestre*. Après cette brève carrière devant les caméras, Olivier réalise son rêve et devient pilote de ligne. En 2005, il a coécrit avec son frère Patrick, radiologue, un livre consacré à leur père « Louis de Funès - Ne parlez pas trop de moi, les enfants ! »

C'est la course aux cachets, il faut bien faire bouillir la marmite !
En 1949, il obtient le rôle secondaire d'un domestique-pianiste dans *Pas de week-end pour notre amour*, comédie musicale montée autour de l'immense vedette qu'est alors le ténor Luis Mariano. Cela lui permet d'accompagner à l'écran des airs d'opérettes.
Grâce à ce rôle, il intègre en 1950 la troupe Les Burlesques de Paris, où il est pianiste-comédien. À la même période, Sacha Guitry lui offre plusieurs petits rôles. En 1952, il rejoint la troupe des Branquignols, dirigée par Robert Dhéry. Grace au succès qu'obtient leur revue *Ah, les belles bacchantes*, De Funès commence à se faire connaître.
En 1956, c'est le début de la reconnaissance : Louis est Jambier, l'inoubliable épicier de *La Traversée de Paris*, de Claude Autant-Lara. Dans une scène culte de quelques minutes, on entrevoit son futur personnage : veule devant le fort/Jean Gabin et teigneux devant le faible/Bourvil.

DES CHIFFRES QUI DONNENT LE TOURNIS !

Depuis 1945, Louis de Funès totalise **313 millions 993 635 d'entrées** au cinéma.

Il a participé à **101 films** qui ont atteint ou dépassé le million d'entrées en salles.

Cumulant **plus de 400 millions de téléspectateurs** rien qu'en France, De Funès réalise à ce jour les meilleurs audiences télé.

Après avoir détenu le **record du plus grand nombre d'entrées au cinéma pendant plus de 40 ans**, *La Grande Vadrouille* détient toujours le record du nombre de rediffusions à la télévision : **19** !

« - Vous allez toucher la récompense de 100 millions pour le youkounkoun !
- Alors je ne suis pas si councoun que j'en ai l'air ! »

La scène finale du *Corniaud* : deux éclats de rire devenus cultes !

La consécration grâce à un poulet !

Non, pas encore grâce à un gendarme, grâce à un vrai poulet à plumes, nommé Pouic-Pouic et qui donne son nom au film de Jean Girault qui va faire basculer la carrière de De Funès. Il y interprète un riche homme d'affaires qui joue en Bourse. Irascible, coléreux, teigneux, autoritaire et grimaçant, son Léonard Monestier est irrésistible face à une Jacqueline Maillan impayable en épouse naïve et lunaire, tenant en laisse son poulet chéri ! Le film est un grand succès, comme, à la même époque, *Oscar*, pièce créée par Pierre Mondy et que De Funès va jouer à guichets fermés pendant deux ans ! Là encore, il incarne un petit bonhomme acariâtre, méprisant et fourbe. Le succès est tel que, dès 1967, *Oscar* donnera lieu à l'adaptation cinématographique d'Édouard Molinaro, avec le succès qu'on sait. Fort du succès de *Pouic-Pouic*, Jean Girault impose De Funès à des producteurs qui lui auraient préféré Dary Cowl. Le sujet de son film ? C'est l'histoire d'une brigade de gendarmes stationnée dans un joli petit port de la Méditerranée nommé Saint-Tropez ! On connaît la suite : sorti en 1964 le film est un triomphe et aura cinq suites. Quelques semaines après la sortie du *Gendarme de Saint-Tropez*,

Pendant plus de 20 ans, *La Grande Vadrouille* va détenir le record du plus grand nombre de spectateurs en salles. Détrônée par *Bienvenue chez les Ch'tis* en 2008, elle est en revanche toujours en tête du nombre de rediffusion à la télévision avec 19 passages !

de Funès triomphe dans *Fantômas*, d'André Hunebelle. Dans le rôle du commissaire Juve, il s'en donne à cœur joie, multipliant les audaces burlesques, les improvisations et les grimaces. Le film aura deux suites dans lesquelles il éclipsera peu à peu Jean Marais (Fantômas/Fandor), pourtant initialement prévu dans le premier rôle.

« Le gendarme est à la nation ce que le chien de berger est au troupeau. »

De gauche à droite : les gendarmes Berlicot, Tricart, Merlot, Fougasse et le maréchal des logis Ludovic Cruchot. Une sacrée brigade de « bras cassés » !

Enfin bankable !

Les succès populaires s'accumulent et les tournages s'enchaînent. En 1965 sort *Le Corniaud*, son premier film avec Gérard Oury à la réalisation, et dans lequel il partage l'affiche avec Bourvil. Avec près de douze millions de spectateurs, c'est un nouveau triomphe. En 1966, il est Septime, un directeur de restaurant dans *Le Grand Restaurant* de Jacques Besnard. Dans l'inoubliable scène de ballet avec les serveurs, il donne déjà un bel aperçu de ses dons pour la danse et de son sens du rythme. La même année, il retrouve Gérard Oury et Bourvil pour *La Grande Vadrouille*, certainement le film le plus emblématique de sa carrière. Il y campe Stanislas Lefort, un chef d'orchestre tyrannique pendant la période de l'Occupation. Tous les ressorts de son génie comique sont là : ses mimiques, ses gestes, ses grimaces, ses crises de nerfs, ses vociférations ! De Funès est au sommet de son art.
Construit sur leurs différences, leurs oppositions, son duo avec Bourvil est un chef-d'œuvre de drôlerie. Le public ne s'y trompe pas : le film connaît un succès « Kolossal », et a détenu pendant plus de 40 ans le record du plus grand nombre

PLUS DE 140 FILMS !

Impossible de tous les citer. Ci-dessous, quelques incontournables, malgré tout et en toute subjectivité :

La Traversée de Paris (1957) de Claude Autant-Lara
Pouic-Pouic (1963) de Jean Girault
La série du *Gendarme de Saint-Tropez* (on peut zapper *Les extra-Terrestres* et *Les Gendarmettes* !) de Jean Girault
Le Corniaud (1965) de Gérard Oury
La trilogie *Fantômas* (1965 à 1967) d'André Hunebelle
La Grande Vadrouille (1966) de Gérard Oury
Le Grand Restaurant (1966) de Jacques Besnard
Le Petit Baigneur (1967) de Robert Dhéry
Oscar (1967) d'Édouard Molinaro
Les Grandes Vacances (1967) de Jean Girault
Hibernatus (1969) d'Édouard Molinaro
Jo (1971) de Jean Girault
La Folie des grandeurs (1972) de Gérard Oury
Les Aventures de Rabbi Jacob (1973) de Gérard Oury
L'Aile ou la Cuisse (1976) de Claude Zidi

« Un face à face d'accord, mais moi tout seul. »

La Zizanie

Suite au décès de Bourvil, c'est finalement Yves Montand qui le remplace dans le rôle « ingrat » de Blaze, le valet de l'ignoble Don Salluste. Pompons verts au vent, De Funès est, une fois encore, un méchant d'anthologie.

LE SAVIEZ-VOUS ?

De Funès a une rose à son nom et un timbre à son effigie !

de places de cinéma vendues en France, avant d'être finalement détrôné par *Bienvenue chez les Ch'tis* de Dany Boon en 2008.
En 1971, De Funès doit retrouver Bourvil et Gérard Oury pour la troisième fois, mais le décès de Bourvil interrompt le projet. Ce sera finalement Yves Montand qui enfilera les chausses de Blaze, le malheureux valet de l'acariâtre Don Salluste Après quelques modifications dans le scénario, le tournage de *La Folie des grandeurs* commence.
Remarquablement mis en valeur par la bande originale composée par Michel Polnareff, le film remporte un gros succès avec plus de 5,5 millions de spectateurs à sa sortie. À la fin de la même année, De Funès reprend *Oscar* au théâtre, où il le rejoue plus de quatre cents fois Nouveau triomphe en 1973 avec *Les Aventures de Rabbi Jacob*, où De Funès retrouve une troisième fois Gérard Oury derrière la caméra.
Plus de 7 millions de spectateurs se pressent pour voir Victor Pivert, riche industriel, catholique, réactionnaire et raciste, obligé de se faire passer pour un rabbin. De Funès dira plus tard que ce film a changé sa mentalité.
À peine le film sorti, retour sur les planches pour plus de deux cents représentations de *La valse des toréadors*, de Jean Anouilh.

Trop c'est trop

Fatigué, Louis se repose le plus possible en Normandie, au Cellier, dans le château de Clermont qu'il a acheté avec Jeanne en 1967. Il veut être en forme pour *Le Crocodile*, son prochain film avec Gérard Oury. Il cultive son jardin, son autre passion. *Le Crocodile* ne se fera jamais.
Le 21 mars 1975, De Funès fait un infarctus. À peine remis, deuxième infarctus. Il va vraiment falloir ralentir le rythme, et en premier lieu mettre un terme à sa carrière au théâtre.
Amaigri, prématurément vieilli, affaibli, on le retrouve en 1976 dans *L'Aile ou la Cuisse*, de Claude Zidi, aux côtés de Coluche. Il interprète Charles Duchemin, critique culinaire et défenseur de la gastronomie française. Le public semble rassuré et heureux de le revoir sur le grand écran : près de 6 millions se pressent dans les salles.
Puis ce sera *La Zizanie* avec Annie Girardot en 1978, et *Le Gendarme et les extra-terrestres*, en 1979. Les deux films sont de nouveaux succès.
En 1980, De Funès réalise son rêve en montant une pièce de Molière au cinéma. Ce sera *L'Avare*, qui ne rencontre pas vraiment son public.
En 1981, Louis renoue avec le succès avec *La Soupe aux choux*, adaptation du roman de René Fallet, réalisé une fois encore par Jean Girault. Il y donne la réplique à Jean Carmet et Jacques Villeret. Ce n'est certes pas le meilleur De Funès, mais il rassemble quand même plus de 3 millions de spectateurs.
En 1982, Louis tourne *Le Gendarme et les Gendarmettes*. Ce sera son dernier film, mais également le dernier de Jean Girault, son vieux complice, qui meurt avant la fin du tournage et sera remplacé par son assistant. Avec près de 4,5 millions d'entrées les adieux du maréchal des logis sont encore un succès.

« C'est fini, oui ?!? »

Après la sortie des Gendarmettes, De Funès part se reposer à la montagne, avec sa famille. L'altitude le fatigue et il rentre en Normandie, dans son château. Le 27 janvier, se sentant épuisé, il monte se coucher. En réalité, il est terrassé par un nouvel infarctus. Il est transféré à l'hôpital de Nantes où, malheureusement, les médecins ne peuvent plus rien faire.
Il meurt à 20h30, à l'heure où le film commence…

La danse de Rabbi Jacob ! Encore un moment inoubliable ! Excellent musicien doté d'un remarquable sens du rythme, De Funès a tenu à régler lui-même quelques passages de la chorégraphie.

Fans de Fufu !

Acteur inimitable et inimité, Louis de Funès reste une source d'inspiration constance pour les générations qui lui ont succédé. Six comiques, et pas des moindres, en sont même totalement fans.

Christian Clavier est un inconditionnel de Louis de Funès ! Pour son plus grand bonheur, son idole avait accepté de tourner avec lui et quelques-uns de ses camarades du Splendid dans *Papy fait de la Résistance* (1983), de Jean-Marie Poiré, où il devait jouer le demi-frère d'Hitler. Malheureusement, l'état de santé de De Funès empêchera les deux hommes de travailler ensemble, et c'est finalement Jacques Villeret qui interprétera le rôle. Le nom de De Funès apparaît toutefois au générique, puisque le film lui est dédié.

Créateur de la série *Kaamelot*, où il interprète d'un roi Arthur teigneux que n'aurait pas renié De Funès, Alexandre Astier déclare que c'est grâce aux films de ce dernier qu'il a appris le métier d'acteur : « *Ma mère m'a montré* Oscar *de nombreuses fois, et il est parfait dedans. Pour moi, De Funès est devenu l'acteur référent, il a toujours été bon, même dans ses mauvais films. Sur un plateau, j'essaie toujours de me demander ce qu'il aurait fait.* »

Pas étonnant qu'à la fin du dernier épisode de la sixième et dernière saison de la série on puisse lire « Kaameloot *est dédié à Louis De Funès* ».

C'est en voyant le commissaire Juve que Stéphane De Groodt a eu l'idée de devenir acteur : « *Je ne travaillais pas beaucoup à l'école. Mais quand on avait passé un De Funès à la télévision la veille et que tout le monde en parlait à la récré, je me disais "Ce doit être drôlement chouette de pouvoir faire rire les gens." [...] Je n'ai pas fait de conservatoire ni d'école d'acteur. Longtemps, je me suis inspiré de ce que j'avais vu dans son jeu.* »

Selon Olivier de Benoist, le style unique de De Funès est éternel. Admiratif de son immense talent, il raconte que ses films ont bercé toute son enfance. Il se souvient avec émotion du maréchal des logis Ludovic Cruchot : « *Quand j'avais 10 ans, à l'école, chez les jésuites, on nous passait* La Grande vadrouille *avant les vacances d'été. Il faut vous imaginer 130 garçons morts de rire devant de Funès...* »

Pour Jérôme Ferrari, c'est *Pouic-Pouic* (1963) qui a eu un rôle déterminant dans son existence. Dans ce film, Cynthia/Jacqueline Maillan, l'épouse de l'homme d'affaires Léonard Monestier/De Funès, possède un poulet domestique appelé Pouic-Pouic qu'elle tient en laisse. C'est en référence à ce film que chaque soir, la mère de Jérôme lui racontait que Pouic-Pouic était mort, le jeune garçon devant alors inventer un scénario pour le ressusciter. « *C'est de là qu'est venu mon goût pour l'humour noir* ». Son De Funès préféré reste toutefois *Les Aventures de Rabbi Jacob* : « *Ce film est une belle dénonciation du racisme. Je trouve ces films-là importants. L'humour est la meilleure façon de dénoncer les choses.* »

Fan également, Gaspard Proust, celui qui ose tout ou presque. Son analyse de ce qui fait le génie et le succès de Funès est redoutable d'intelligence : « *Au fond, c'est une sorte de Jésus du rire inavouable qu'il propose. Un prophète comique qui aurait pris sur lui toute la mauvaise foi, la colère, l'égocentrisme, l'avidité, la fatuité, la veulerie et qui en trois grimaces nous libère par le rire de nos propres inclinations inavouables. Car celles qu'il nous montre, ce sont évidemment les nôtres.* » On a tous en nous quelque chose de Pivert, de Cruchot, d'Hubert de Tartas, de Saroyan... et pas de quoi être fier !

« NON MAIS DITES DONC, VOUS NE CROYEZ TOUT DE MÊME PAS QUE JE VAIS VOUS TRIMBALLER SUR MON DOS ! »

LA GRANDE VADROUILLE

RAYMOND DEVOS

Impeccablement vêtu et cheveux noir jais, tout au long de sa carrière, c'est ainsi que Raymond Devos s'avance sur scène pour réaliser son numéro de clown jonglant avec les mots et la langue française. Virtuose et exigeant, son humour se teinte parfois d'une poésie douce-amère. « *Le rire est une chose sérieuse avec laquelle il ne faut pas plaisanter* » aimait-il à rappeler dans une formule on ne peut plus… devossienne !

« Je suis adroit de la main gauche et je suis gauche de la main droite »

Une enfance chahutée

Raymond Devos voit le jour le 9 novembre 1922, à Mouscron en Belgique, dans une famille fortunée de sept enfants.
Industriel dans le textile, son père, ruiné, est contraint de vendre la demeure familiale et de venir s'installer à Tourcoing.
De sa mère, Raymond a hérité sa sensibilité artistique : comme elle, il est amoureux de la langue française et très bon musicien.
Excellent élève, le jeune garçon est malheureusement contraint d'arrêter ses études dès l'âge de 13 ans en raison de problèmes financiers persistants. L'usine de son père ayant fait faillite, les Devos quittent Tourcoing et partent s'installer en banlieue parisienne où ils vivront dans des conditions difficiles.
À Paris, le jeune homme passe son temps libre à observer les spectacles de rue, rêvant de devenir artiste.
Mais du temps libre, Raymond n'en a pas beaucoup car il doit aider ses parents à subvenir aux besoins de la famille. Il multiplie les petits boulots : coursier, libraire, crémier aux Halles.

Artiste, à tout prix

Quand la guerre éclate, le jeune homme est déporté en Allemagne pour le STO (Service du Travail Obligatoire). Il garde le moral en créant des petits spectacles pour ses camarades de captivité.
De retour en France, il suit des cours de mime à l'école d'Étienne Decroux, où il rencontre le mime Marceau, puis prend des cours de théâtre.
Il intègre ensuite la compagnie de théâtre de Jacques Fabbri avec lequel il joue *Knock* et *Le médecin malgré lui*.
C'est à Biarritz, lors d'une tournée avec la troupe, qu'en 1956 il découvre ce qui va devenir sa marque de fabrique : l'absurde.
Demandant à un maître d'hôtel « *Je voudrais voir la mer* », il se voit répondre « *Vous n'y pensez pas, elle est démontée* ». « *Quand la remontera-t-on ?* » insiste-t-il. « *C'est une question de temps* »… Ces quatre répliques lui donnent la matière à un sketch, *La mer*. Devos y joue avec les doubles sens et les paradoxes, jongle avec les assonances et les bizarreries de la langue française. Ses sketchs suivants procéderont de même. Raymond a trouvé sa voie/x.

Le prince des mots

À Paris, Raymond écume les cabarets avec ses premiers sketchs. Il est repéré par Maurice Chevalier qui l'invite à faire sa première partie à *l'Alhambra*.
C'est le début de la consécration. Devos se produit sur de nombreuses scènes. l'Olympia, Bobino, les plus grandes salles se l'arrachent !
Mêlant sketchs, mimes, jonglage, musique, équilibrisme et magie, ses spectacles remportent un vif succès. Étonné puis conquis, le public rit devant les performances de ce drôle

de bonhomme à la silhouette rebondie, avec son pantalon retenu sous le ventre par des bretelles.
Ses nombreux passages à la télévision contribuent également à le rendre très populaire, notamment ses inoubliables prestations dans *Le grand échiquier* de Jacques Chancel.
À la fin des années 1950 et dans les années 1960, le cinéma lui ouvre également ses portes. Raymond Devos jouera dans quelques films, dont *Pierrot le Fou* de Jean-Luc Godard en 1965.
Mais c'est surtout à l'écriture qu'il consacrera le peu de temps qu'il a quand il n'est pas sur scène. Trois romans et de nombreux recueils de textes permettent de savourer, aujourd'hui encore, le talent de ce poète de l'absurde.

Si ma femme doit être veuve un jour, j'aimerais mieux que ce soit de mon vivant…

La formule est amusante, la suite un peu moins.
En 1999, Raymond perd son épouse, Simone. Couple très uni et sans histoire, ils s'étaient mariés en 1959 et n'avaient pas eu d'enfants.
Quant à Raymond, victime d'une attaque cérébrale en 2005, il meurt d'un œdème aigu du poumon le 15 juin 2006.
Il s'éteint chez lui, dans la propriété de Saint-Rémy-lès-Chevreuse qu'il avait achetée en 1963, et où il aimait tellement venir trouver l'inspiration auprès de… ses canards !

Certains jonglent avec des balles. Raymond Devos lui, est un virtuose quand il s'agit de jongler avec les mots.

« Quand on s'est connus, ma femme et moi, on était tellement timides tous les deux qu'on n'osait pas se regarder. Maintenant, on ne peut plus se voir ! »

Une drôle de blague belge

Natif de Mouscron, en Belgique, d'un père né à Tourcoing et d'une mère bretonne, Raymond Devos est *de facto* de nationalité française. Sauf que, après avoir déclaré sa naissance à la mairie de Mouscon, son père a omis de l'inscrire également au Consulat de France !
En 2002, faisant des démarches pour régulariser enfin sa situation, Raymond Devos alla interroger le service des Français nés à l'étranger. « *Il n'y a pas de Raymond Devos dans nos registres* », lui dit-on. Face à cette situation ubuesque Raymond Devos déclara, avec humour : « *Je suis né avec un pied en Belgique et un pied en France, c'est pour cela que je marche les pieds écartés.* »

Fils spirituels

Chez certains humoristes, la filiation avec Raymond Devos est évidente. François Morel et Stéphane De Groodt, par exemple, se sont imposés eux aussi comme des équilibristes du verbe.
Pour Dany Boon, l'héritage est moins évident et pourtant, il l'affirme, c'est après avoir découvert Raymond Devos, en cours de Français en 4e, qu'il a décidé de devenir humoriste. Merci au prof de Français !

Le prix Raymond-Devos

En 2003, le Ministère de la Culture a créé le prix Raymond-Devos de la langue française pour récompenser, chaque année, un artiste « dont l'œuvre ou l'action contribue au progrès de la langue française, à son rayonnement et à sa promotion. »
Parmi les lauréats, citons Pierre Palmade (2006), François Rollin (2009), François Morel (2013) et Stéphane De Groodt (2014).

« LES PSYCHIATRES,
C'EST TRÈS EFFICACE.
MOI, AVANT, JE PISSAIS
AU LIT, J'AVAIS HONTE.
JE SUIS ALLÉ VOIR
UN PSYCHIATRE,
JE SUIS GUÉRI.
MAINTENANT,
JE PISSE AU LIT,
MAIS J'EN SUIS FIER. »

COLUCHE

Si vous êtes né avant 1970 et que l'on vous demande quel est pour vous l'équivalent féminin de Louis de Funès, vous répondrez sûrement Jacqueline Maillan. Pionnière de l'humour au féminin, mère combien spirituelle de toutes les grandes comiques d'aujourd'hui, star du boulevard, en son temps LA Maillan, comme on disait, a fait pleurer de rire la France entière. Retour sur le parcours d'une comédienne hilarante, mais qui se rêvait tragédienne.

JACQUELINE MAILLAN

« Dans un théâtre, les seuls trucs que je n'ai pas réussi à faire rire, ce sont les fauteuils ! »

Un vrai clown, déjà

Premier coup d'éclat, c'est dans la gare de triage de Paray-le-Monial que la petite Jacqueline naît en 1923. Ses parents ont déjà deux filles et rêvent d'avoir un fils. Faut-il en déduire que c'est pour cela que la fillette est un vrai garçon manqué ? Loin d'être une élève studieuse mais véritable boute-en-train, Jacqueline est très appréciée par ses professeurs et ses camarades qu'elle fait déjà mourir de rire, révélant très tôt un sens inné de la comédie.
Afin de poursuivre ses études, la jeune fille s'installe à Grenoble, où elle commence par étudier le droit avant de se réorienter dans le domaine de la puériculture, puis de trouver un travail en tant que secrétaire d'un pharmacien.

Direction Paris !

Résolue à l'idée que Jacqueline ne sera pas une grande juriste et que sa vocation est de faire rire, sa famille s'installe à Paris en 1944 pour la soutenir dans sa carrière de comédienne.
Entrée au Cours Simon, Jacqueline y rencontre celui qui restera son plus fidèle ami, Pierre Mondy. Grâce à lui elle est engagée pour une grande tournée en France avec *Le Médecin malgré lui*. C'est le début d'une longue et prolifique carrière au théâtre.
En 1956, Jacqueline lance un projet complètement fou pour son époque, celui de créer un sketch à la télévision. Ce sera le cultissime *La Conférencière*. Pas étonnant que Muriel Robin, Pierre Palmade ou Florence Foresti soient fans ! Suite à cette expérience, durant toute sa carrière, la comédienne continuera à jouer des sketchs télévisés en compagnie de ses amis Francis Blanche, Jean Poiret et Sophie Desmarets.

Reine du boulevard

Dans les années 1960, Jacqueline multiplie les succès au théâtre, devenant LA Maillan, une star du boulevard.
En 1963, elle accepte de tourner dans le film de Jean Giraud, *Pouic-Pouic*, aux côtés de Louis de Funès avec qui elle avait joué au théâtre quelques années auparavant. Elle y interprète de façon hilarante son épouse, l'inoubliable Cynthia Monestier qui promène en laisse Pouic-Pouic, son poulet domestique. C'est finalement ce rôle au cinéma qui la révèle au grand public.
Si les années qui suivent sont cinématographiquement vides, LA Maillan continue de « cartonner » sur scène, comme dans *Folle Amanda* ou *Potiche* par exemple.
Pour la retrouver au cinéma, il faut attendre les années 80 et Jean-Pierre Mocky, avec qui elle tourne quatre films en dix ans. N'ayant plus rien à prouver

« - Mais il y a une légère erreur, nous avons toujours reconnu vos grands mérites Rami ! »

elle y est tour à tour dingue, extravagante et décomplexée, n'hésitant pas à avoir même « la cuisse légère » dans *Les Saisons du plaisir* !
En 1983, Jacqueline aurait dû rejouer aux côtés de Funès dans *Papy fait de la résistance*, avec les comédiens du Splendid. Mais le destin ayant déjà emporté ce monument du cinéma, c'est avec Michel Galabru qu'elle partage l'affiche.
Retour sur les planches en 1984 : LA Maillan crée son spectacle *J'ai deux mots à vous dire*. Elle y interprète plusieurs chansons de Michel Emer, son mari depuis 1954. Devant le succès, le spectacle se prolonge plusieurs mois.

Exubérante sur scène, pudique à la ville

Au sommet de sa gloire, la reine du boulevard, qui s'imaginait tragédienne pendant ses années au Cours Simon, rêve de passer de la comédie au drame et de prouver son talent à contre-emploi. C'est chose faite avec *Retour au Désert*, pièce de Bernard-Marie Koltès mise en scène par Patrice Chéreau, où sa prestation face à Michel Piccoli est unanimement saluée.
Mais ne plus entendre les rires de son public est une chose difficile à supporter pour cette femme qui, dans l'intimité, ne rit jamais.
Tout au long de sa carrière, sa passion pour la comédie lui a servi d'exutoire et son personnage de comique populaire de masque. Car derrière l'artiste exubérante, hilarante, fantasque et délurée, se cachait une femme taciturne, discrète, pudique et complexe.
En 1992, alors qu'elle était remontée sur scène pour jouer *Pièce montée* écrite pour elle par Pierre Palmade, elle est victime d'une crise cardiaque, à son domicile. Le rideau tombe sur LA Maillan. Malheureusement, cette fois il n'y aura pas de rappel.

UN DOULOUREUX SILENCE...

À celui qu'elle appelait « l'être de sa vie », son époux Michel Emer, la comédienne avait confié être attirée par les femmes. Si aujourd'hui beaucoup de stars se disent bisexuelles, c'était une chose totalement inavouable dans les années 50 et 60 ! Cette révélation aurait choqué le public, Jacqueline le savait et souffrait de devoir cacher celle qu'elle était vraiment. « *C'était quelque chose qui lui posait un fondamental problème car, à l'époque, c'était très difficilement gérable* », relate son amie, la réalisatrice Marion Sarraut. Triste...

LA Maillan, la reine du boulevard, celle qui faisait pleurer de rire des salles archibondées. Difficile d'imaginer que derrière ce visage jovial se cacher de sombres souffrances...

CES HUMORISTES QUE MES FILLES NE CONNAISSENT PAS...

Charles Aznavour chantait « *un temps que les moins de 20 ans ne peuvent pas connaître.* »
Ici, c'est plutôt les moins de 50 ans qui ne doivent pas connaître les humoristes évoqués. Pourtant, chacun à leur manière, ils ont marqué leur époque et conquis le public. Cette liste ne se veut pas exhaustive, et d'autres noms pourraient sans doute y figurer. Il ne s'agit là que de rendre hommage à quelques humoristes « incontournables »... n'en déplaise à mes filles !

Garcimore (1940-2000). Magicien et humoriste. À la fin des années soixante-dix, ses tours ratés, son rire inimitable, ses maladresses et ses expressions (*y m'énerve*, décontracté) ont fait de lui une vedette de la télé, lui ouvrant même les portes de l'Olympia en 1980.

Garcimore

Robert Lamoureux (1920-2011). Humoriste, acteur, auteur dramatique. Dans les années 50 et 60, c'est une immense vedette du music-hall et du théâtre de boulevard. Parmi les nombreuses réalisations de ce touche-à-tout, on retiendra la chanson *Papa, maman, la bonne et moi* et, derrière la caméra, la série de films *La Septième compagnie*.

Michel Leeb (1947). Humoriste, imitateur et acteur. Ses imitations caricaturales de personnages comme le Chinois ou l'Africain, et de personnalités comme Julio Iglesias ou Jean Gabin, l'ont rendu très célèbre au début des années 1980. Il a également marqué les mémoires en jouant dans une publicité pour un insecticide contre les bestioles qui font *bzzz-bzzz* et celles qui font *crrr-crrr* !

Alex Métayer

Alex Métayer (1939-2004). Formé au cabaret dans les années 70, grâce à ses personnages exubérants et attachants, il portait un regard acéré sur la société et ses contemporains. Parmi ses sketchs, on retiendra les inoubliables « pâtes à la Boudoni », qui n'ont quasiment pas pris une ride.

Guy Montagné (1948). Après des débuts comme acteur (dont la série *Commissaire Moulin*), il accède à la notoriété à la fin des années 70 grâce à sa collaboration à la télévision avec Stéphane Collaro dans le *Collaro Show* puis *Co-Co Boy*. Dans les années 80, ses imitations d'Alain Decaux et du général Bigeard le rendent très populaire.

Guy Montagné

Pierre Péchin (1947-2018). Sorti du Cours Simon en 1972, il est sacré meilleur Humoriste de l'année dès 1976. Engagé par Europe 1, il est surtout connu pour les 5 000 canulars téléphoniques qu'il y fera. Après avoir rempli treize fois l'Olympia, il se retire progressivement de la scène à la fin des années 80. Parmi ses sketchs, on se souvient surtout de *La céggal è la foôrmi*.

Pierre Repp (1909-1986). Tignasse noir corbeau et fine moustache, il reste célèbre pour son incroyable talent de « bafouilleur ». Butant sur les mots, les remplaçants par d'autres, jonglant avec les contrepèteries, il s'illustra surtout au cabaret. Pour mieux saisir son talent, allez voir sa recette de crêpes sur YouTube.

Sim (1926-2009). Humoriste, acteur, chanteur, le plus souvent déguisé et jouant de son physique, ce touche-à-tout a interprété de nombreux sketchs dans les émissions de télé des années 70. Il reste dans les mémoires notamment grâce à sa parodie de la Baronne de La Tronche-en Biais et à sa participation régulière aux *Grosses Têtes*, sur RTL.

Élie Kakou (1960-1999). À 39 ans, au sommet de la gloire, l'inoubliable interprète de Madame Sarfati et de Rafi dans *La vérité si je mens !* succombait à un cancer du poumon. Jouant à merveille de son physique « cartoonesque », il laisse derrière lui une galerie de personnages hauts en couleur et des sketchs qu'on ne se lasse pas de revoir, comme *Les Profs*, *Le Kibboutz* ou *L'attachée de presse*. Une étoile filante...

Élie Kakou

Zouc (1950). Corps ample sous une robe noire, cheveux tirés et raie au milieu, cette actrice et humoriste suisse détonnait dans les émissions de variétés de l'époque, campant aussi bien une vieille dame chancelante qu'un nouveau-né vagissant. Visionnaire et hors-norme, elle abordait avec un humour transgressif des sujets sensibles comme le culte de l'apparence, la stigmatisation des personnes âgées et même la pédophilie. Molière du meilleur spectacle comique en 1988, elle mettra malheureusement un terme à sa carrière à la fin des années 90 à cause de graves problèmes de santé. À découvrir ou redécouvrir.

THIERRY LE LURON

En 1970, les téléspectateurs découvrent dans *Le Jeu de la chance* un gamin étonnant, chanteur talentueux et pasticheur génial. Deux ans plus tard, le jeune homme anime *Le Luron du dimanche*, son propre show télévisé. Il n'a alors que 20 ans, et, du haut de son 1,65 m, c'est déjà une grande star… Une ascension fulgurante pour celui qui a l'élégance de laisser croire qu'il n'est rien d'autre qu'un joyeux drille. Sa disparition brutale en novembre 1986, à l'âge de 34 ans, semble suggérer une histoire moins drôle qu'il y paraît…

« Je suis pour l'égalité des sexes, je prendrai moi-même les mesures. »

Petit mais costaud !

C'est à Paris, en 1952, que naît Thierry Le Luron, petit dernier d'une famille de la classe moyenne. Un père maître d'hôtel dans la Marine, une mère femme au foyer, une demi-sœur, Martine, née du premier mariage de sa mère, et un frère, Renaud.

Élève timide, complexé par sa petite taille, Thierry montre très tôt une force de caractère et une grande détermination, comme le prouve sa ceinture noire en judo.

Poursuivant une scolarité sans problème, le jeune garçon ne rêve que d'une chose, devenir artiste de music-hall. Interrogé sur sa vocation, Thierry Le Luron se plaisait à raconter : « *À l'âge de six ans, j'ai été très impressionné par un spectacle d'opérette où mes parents m'avaient amené, si bien qu'une fois rentré à la maison, je me suis mis à imiter le ténor que je venais de voir, avec force et conviction, sous le regard ébahi de mes parents. Depuis ce jour, l'imitation est devenue pour moi une seconde nature.* »

C'est dans sa chambre que le jeune Thierry exerce son talent et peaufine ses numéros. En 1968, à ses imitations de chanteurs célèbres comme Luis Mariano ou Claude François, il ajoute des cibles politiques, comme le général de Gaulle ou Jacques Chaban-Delmas.

La même année, alors qu'il est en vacances d'été à Perros-Guirec avec sa famille, il participe et remporte un concours d'artistes amateurs organisé par le casino : alors qu'il n'a que 16 ans, le jeune homme remporte un prix de 1 200 francs et un contrat avec un label discographique belge. Les jeux sont faits ! Au retour des vacances, Thierry annonce à ses parents qu'il abandonne ses études pour se consacrer à sa passion et se lancer dans une carrière artistique.

Révélé grâce à la télé

Monté à Bruxelles pour faire honorer le contrat qu'il a gagné, Thierry découvre, désappointé, que la maison de disques est en faillite ! Qu'importe, persuadé que son destin c'est la scène, le jeune homme s'accroche. Il envoie sa candidature dans des dizaines de cabarets accompagnée d'une carte de visite sur laquelle il a fait imprimer « *L'inimitable imitateur Thierry Le Luron est à votre service pour tout contact* ». Aucune réponse…

Le jeune homme va alors pousser les portes en passant un maximum d'auditions. Et c'est ainsi qu'il parvient à se faire repérer par la directrice du cabaret L'Échelle de Jacob, à Paris. Elle l'envoie faire ses premières armes dans un cabaret de Calais, où il fait un carton !

À la même période, et sans l'en avoir averti, sa mère l'a inscrit à l'émission de télé-crochet *Le Jeu de la chance*. Thierry s'y produit en janvier 1970 en interprétant un air du *Barbier de Séville*. Pendant plusieurs semaines, il va remporter l'épreuve, toujours en chantant. Le public est conquis et Jacques Martin, le présentateur de l'émission, impressionné par le talent et l'assurance du jeune homme ! Durant l'un de ses passages

L'actrice Alice Sapritch et François Mitterrand, deux des imitations parmi les plus célèbres – et cruelles ! – de Thierry Le Luron.

à l'antenne, prenant la voix de Chaban-Delmas, il montre également ses talents d'imitateur.
Le succès est immédiat et Thierry est engagé sur le champ à L'Échelle de Jacob (qu'il rachètera en 1978 !). Repéré par Paul Lederman, ce dernier lui signe un contrat et lance sa carrière.

Jeune, riche et célèbre

Premier disque en 1971, premier one-man-show à Bobino en 1972, première tournée et programme télé à son nom la même année… Tout va très vite, et très haut.
Thierry a 21 ans, il emménage dans un luxueux appartement de 400 m² avec jardin sur le boulevard Saint-Germain. Les premières rumeurs sur son train de vie et ses mœurs apparaissent…
Côté spectacles, Thierry teinte de plus en plus ses imitations de critiques politiques. Pour ce faire, il s'entoure d'auteurs comme Bernard Mabille avec qui il va se produire sur scène. Georges Marchais (le fameux « Liliane fait les valises ! »), Raymond Barre, Giscard, Mitterrand, Chirac, tous en prennent pour leur grade !
Émissions de variétés à la télévision, émissions de radio, scènes, tournées,… Le Luron n'arrête pas, son ascension non plus.
Thierry gagne énormément d'argent. Il sort tous les soirs, entouré par de nombreux amis, qu'il régale sans compter. « *Après chaque spectacle, c'étaient des fêtes comme il n'en existe plus* », confie Bernard Mabille. Le jeune homme s'étourdit de folles soirées dans lesquelles il plonge avec délice. Troquant son costume de gendre idéal, il fréquente les boîtes homosexuelles, prenant garde que cela ne s'ébruite pas. La fête, les paillettes, le champagne, et… la solitude. Car au matin, c'est seul que Thierry rentre dans son trop grand appartement. Ne supportant d'ailleurs plus cet immense désert, il le revend pour un plus petit appartement, avenue Montaigne. Mais changer d'adresse, ce n'est pas changer de vie…

L'emmerdant c'est la rose

En 1981, François Mitterrand est élu président de la République, au grand dam de Le Luron qui en a fait une de ses cibles privilégiées. Multipliant les critiques et les attaques contre le gouvernement,

Thierry est victime d'un… contrôle fiscal et de quelques tentatives de censure ! Cela ne fait qu'attiser sa virulence, et ses sketchs sont de plus en plus acerbes contre le pouvoir en place. Comme lors de ce direct en 1984, dans *Champs-Élysées* de Michel Drucker où, parodiant Gilbert Bécaud et sa chanson *L'important c'est la rose*, Thierry entonne sous les yeux médusés de Drucker *L'emmerdant c'est la rose*, attaque violente contre Mitterrand et son gouvernement socialiste.
Quelques semaines plus tard c'est au tour de Laurent Fabius, alors Premier ministre, de s'attirer les foudres de l'imitateur qui, imitant Jacques Brel, détourne sa chanson *Chez ces gens-là* en un virulent pamphlet *Chez les Fafa* ! Fabius déclarera quelques jours après que la limite a été franchie, et Le Luron écopera d'un… deuxième contrôle fiscal !
Finalement toutes ces polémiques dopent le succès de Thierry, le public en redemande et ses spectacles affichent complet !
Du côté de sa vie privée, l'imitateur est malheureusement toujours contraint de mener une double vie qui l'épuise. D'autant qu'après les années d'insouciance, viennent les années noires, celles d'une nouvelle maladie qui décime le milieu homosexuel, un fléau qui emporte avec lui de trop nombreux jeunes gens. Une fois encore, Thierry garde pour lui sa vérité.

Vive les mariés !
Le 25 septembre 1985, vêtu d'un costume queue-de-pie et d'un haut-de-forme, Thierry Le Luron épouse Coluche, habillé d'une somptueuse robe en dentelle blanche ! C'est pour se moquer du prochain mariage du présentateur du journal télévisé Yves Mourousi que les deux humoristes ont imaginé ce canular. En effet, Le Luron avait très mal pris les critiques du journaliste à l'encontre de son dernier spectacle et ne croyait pas du tout à la véracité de son histoire d'amour avec sa future femme, Mourousi étant connu dans le Tout-Paris pour ses aventures masculines. Difficile de berner Thierry sur le sujet !

ADOLPHE BENITO GLANDU

Attisant le besoin si typiquement français de persifler et se moquer, Thierry Le Luron a cultivé l'art d'aller trop loin et de rejeter toute limite.
En 1983, vêtu d'un imper mastic, portant béret et baguette de pain sous le bras, il passe encore un cap : sur la scène du théâtre Marigny, Glandu, concierge pétainiste, ouvre les hostilités. Tout y passe : Mitterrand et son passé obscur, Fabius et sa fortune personnelle, les communistes, la télévision aux ordres, la CGT...

Balançant les pires vacheries sans susciter d'autres réactions que le rire, petit par la taille mais immense par le talent, l'imitateur fut, tout au long de sa trop courte carrière, un implacable observateur de la comédie humaine.

La hyène

En 1984, Thierry Le Luron apprend qu'il est atteint d'un cancer. Malgré plusieurs séjours aux États-Unis pour suivre des traitements, la maladie ne cesse d'empirer. En 1985, après une représentation de son spectacle au théâtre du Gymnase, il est hospitalisé à Lariboisière. Cloué sur son lit pendant plusieurs semaines, il ne tolère que de rares visites. À son ami et auteur Bernard Mabille, il assure que tout va bien, mais qu'il aurait « un sale truc au cerveau ». À sa famille, il explique qu'il a attrapé une bactérie ayant entraîné une toxoplasmose. La presse évoque quant à elle une « sciatique et forte fatigue » puis une « méningite virale grave ».
Épuisé et multipliant les trous de mémoire, Thierry termine tout de même sa saison de spectacles. Puis il s'envole pour Washington où, grâce à l'intermédiaire de Jacques Chirac, il va tenter un nouveau traitement. Sans succès...
En juillet et août 1986, l'imitateur repart en tournée. Il ironise sur ceux qui annoncent sa mort et réfute toutes les rumeurs. Quand un journaliste lui assène : « *Thierry, on m'a affirmé que vous aviez le sida* », l'humoriste rétorque : « *Désolé, Messieurs les calomniateurs, je ne suis pas mourant. Je n'ai ni le cancer, ni le sida. Je ne suis pas le Rock Hudson français !* »
Thierry ment et sent ses forces le quitter. La hyène – c'est ainsi qu'il appelait sa maladie – est en train de gagner. Enfermé dans une chambre de l'hôtel Crillon, il décrit la réalité à Daniel Versano, son compagnon qui mourra également du SIDA un an après : « *J'ai commencé la chimio le 23 septembre dernier. La première semaine, tout s'est bien passé. Ensuite, j'ai commencé à perdre mes cheveux. [...] Mes derniers jours sont atroces. Le mal fait des ravages et le traitement bouleverse les faibles défenses qui me restent. Une infection pulmonaire développe dans ma gorge un genre d'abcès blanc qui m'empêche de parler. Je ne communique plus que par de petits bouts de papier et mes messages se font de plus en plus laconiques. Mon vieux, c'est cuit !* »
Le 13 novembre 1986, Thierry Le Luron s'éteint dans sa chambre d'hôtel du Crillon, veillé par son médecin, le professeur Léon Schwartzenberg, et deux infirmières.
Sans doute faut-il voir dans les raisons qui poussèrent l'humoriste à cacher qu'il avait le SIDA une volonté de se croire plus fort que la maladie, ainsi qu'une façon de préserver sa famille. Mais n'oublions pas non plus qu'avouer sa séropositivité au milieu des années 80 était très difficile et aurait impliqué de dévoiler une part de sa vie privée, ce qu'avait toujours refusé l'imitateur. Avec tristesse, son ami Bernard Mabille se souvient : « *Thierry menait une vie de grande solitude, Il cachait son homosexualité.* »
Jusqu'à la fin, Thierry Le Luron eut le courage des grands, celui de ne jamais se plaindre et d'opposer, quoiqu'il en coûte, le rire à la douleur, qu'elle fut physique ou psychologique...

« Je dis "vous" à mon imprésario. Avec l'argent qu'il me prend, j'ai toujours cru qu'ils étaient deux. »

S'il imitait volontiers les chanteurs, la cible préférée de Thierry Le Luron était les hommes politiques. Cela lui attira quelques problèmes... et deux contrôles fiscaux !

JEAN YANNE

Auteur, acteur, réalisateur, producteur, chanteur, compositeur, scénariste de bandes dessinées et même conseiller international en achat d'œuvres d'art ! Sous des allures de beauf grognon et mal dégrossi, Jean Yanne était en réalité un touche-à-tout de génie, fin lettré et sensible. Si son humour grinçant et son sens inné de la formule n'ont pas toujours été reconnus à leur juste valeur, son talent est aujourd'hui unanimement salué, et nombreux sont les comiques qui lui rendent hommage.

« Quand j'étais môme, la chaîne météo ça existait déjà. On appelait ça la fenêtre. »

Déjà dissipé et provocateur

De son vrai nom Jean Gouyé, Jean Yanne, naît aux Lilas, près de Paris, en 1933. D'origine bretonne, son père est ébéniste et sa mère couturière chez Lanvin.
Jean a un frère aîné avec qui il partage une enfance dans une famille sans histoire.
Chahuteur et dissipé le garçon est renvoyé du lycée en sixième. Malgré son peu d'assiduité, il obtient tout de même son Brevet. Il décide alors de ne pas poursuivre ses études, et commence un apprentissage d'ébéniste chez son oncle, mais abandonne rapidement. En 1950, le jeune homme entre au CFJ pour faire des études de journalisme. Il y reste à peine six mois, réussissant toutefois à laisser le souvenir d'un garçon hilarant, irrévérencieux et provocateur.
Pigiste dans plusieurs journaux, il abandonne peu à peu le journalisme. Il commence à écrire des sketchs, qu'il parvient à jouer sur la scène du cabaret l'Académie des Vins. C'est à cette occasion que Jean Gouyé devint Jean Yanne, choisissant ce pseudonyme en souvenir de ses racines bretonnes.

Un amuseur multifacette

Après trois ans de service militaire, et pour gagner sa vie, le jeune homme entre comme journaliste au *Dauphiné Libéré*, puis il devient animateur à la radio.
Excellent musicien, jouant remarquablement de l'orgue et du piano, Jean Yanne se lance à la même période dans la chanson comme compositeur et chansonnier.
C'est à cette époque qu'il rencontre Jacques Martin. En 1964, ils créent ensemble l'émission *1=3*, composée d'une succession de sketchs reposant sur l'absurde et la parodie.
Irrévérencieuse, résolument moderne et totalement déjantée, l'émission secoue le poste et décoiffe le spectateur ! Lors du premier numéro, les deux compères annoncent que leur nouvelle émission comportera 276 numéros et durera donc jusqu'en 1987... Raté ! Jugée trop sarcastique, le programme est arrêté après cinq numéros seulement car il déplaît fortement au ministère de l'Information. Quoi qu'il en soit, étant passés à 20 h 30 sur l'unique chaîne télé de l'époque, les deux jeunes gens sont désormais connus de la France entière.
L'INA ayant eu l'excellente idée de proposer les cinq émissions de *1=3* sur son site, n'hésitez pas à aller découvrir ces pépites !

La consécration sur grand écran

Lassé par la télévision, Jean Yanne a envie de faire du cinéma. Il réalise son rêve en 1964 en jouant dans *La Vie à l'Envers* d'Alain Jessua. C'est en 1967 qu'il se fait véritablement remarquer,

Quoi de mieux que de passer derrière la caméra quand on veut être libre de ce qu'on dit ? À partir de 1972, Jean Yanne réalisera sept films, essentiellement satiriques.

Mai 68

Peu de gens savent que Jean Yanne est l'auteur du célèbre slogan « Il est interdit d'interdire ! ». Et pourtant. Il prononça cette phrase sur le ton de la dérision lors d'une de ses émissions du dimanche au printemps 1968, et fut le premier surpris qu'elle soit reprise ensuite au premier degré, devenant l'un des mots d'ordre fondateur de la Révolution de Mai 68 !

Des dizaines de chansons

Parmi toutes ses activités artistiques, la composition de chansons a occupé une belle place dans la carrière de Jean Yanne. À côté de celles qu'il a composées pour ses propres films, il a également écrit de nombreuses chansons pour beaucoup d'interprètes français. Parmi eux, citons Fernand Raynaud, Line Renaud, Mouloudji, Annie Cordy, Sacha Distel et Linda de Suza.

dans *Week-End* de Jean-Luc Godard, où le réalisateur prolonge son image d'éternel râleur créée à la radio.
Mais c'est Claude Chabrol qui va le révéler à travers les rôles respectifs d'un tyran domestique et d'un assassin dans deux films tournés coup sur coup en 1969 : *Que la bête meure* et *Le Boucher*. Jean Yanne y est époustouflant de vérité et de talent !

Nous ne vieillirons pas ensemble de Maurice Pialat, pour lequel il obtient le Prix d'interprétation à Cannes en 1971, achève d'installer son image de salaud et de mettre en lumière ses dons d'acteur.
Son goût pour la comédie et l'humour grinçant le poussent à réaliser en 1972 son premier film *Tout le monde il est beau, tout le monde il est gentil*, une satire sur le petit monde de la radio.
Jean Yanne brocardera de la même façon le milieu de la politique dans *Moi y'en a vouloir des sous* (1973), le monde du spectacle dans *Chobizenesse* (1975) ou encore celui de la télévision dans *Je te tiens, tu me tiens par la barbichette* (1978).

Toujours derrière la caméra, réunissant Coluche et Michel Serrault, sa parodie du péplum *Deux heures moins le quart avant Jésus-Christ* sera l'un des grands succès de l'année 1982. Le film sera suivi deux ans plus tard par *Liberté, égalité, choucroute*, nouvelle satire du monde politique, qui ne rencontrera pas le même succès.

Un pied aux États-Unis et l'autre ici

Pour des raisons financières, Jean Yanne s'expatrie à Los Angeles en 1979.
Il revient toutefois régulièrement en France pour retrouver le calme de sa maison de Morsains, petit village au beau milieu de la campagne champenoise.
Ses séjours en France lui permettent également de participer aux *Grosses Têtes* de Philippe Bouvard, ou de tourner, au gré de ses envies, pour le cinéma et la télévision.
Ayant de nombreuses activités annexes, comme celle de conseiller international en achat d'œuvres d'art, Jean Yanne peut se permettre de choisir les films qu'il tourne.
Comme pour boucler la boucle, ses derniers rôles ressembleront à ceux de ses débuts, mettant en scène des personnages râleurs mais au grand cœur.
Du cœur justement, s'il en avait beaucoup il faut croire qu'il n'était malheureusement plus assez solide : le 23 mai 2003, Jean Yanne succombe à une crise cardiaque, dans son havre de paix de Morsains.

« J'ai essayé de payer mes impôts avec le sourire. Ils préfèrent un chèque. »

RIRE AU CINÉMA

La France et les Français aiment rire, c'est indéniable, et les chiffres le prouvent : les plus gros succès du box-office hexagonal sont des films comiques. Les chiffres donnent le tournis, et pas seulement au cinéma, car les ventes de DVD et les audiences télé confirment cette passion française !

Les comédies françaises, reines du box-office

Bienvenue chez les Ch'tis, *Intouchables*, *Qu'est-ce qu'on a fait au Bon Dieu ?* C'est un fait, les comédies *made in France* marchent à merveille ces dernières années et « squattent » le haut du box-office.
Mais pourquoi un tel engouement populaire ?
Le casting est sans aucun doute l'élément primordial de ce phénomène. Et pour cela, les comédies françaises bénéficient d'un vivier extraordinaire d'acteurs, souvent venus du théâtre, du stand-up ou même de la télé. Qu'ils s'agissent de Dany Boon, Kad Merad, Christian Clavier, Franck Dubosc ou d'Omar Sy, tous ont connu la notoriété et le succès avant de tourner pour le cinéma. Leur nom suffit à remplir les salles.
Ajoutez à ces têtes d'affiche un scénario traitant d'un thème sociétal actuel, et vous aurez les ingrédients de base pour faire un « carton » : les différences sociales d'*Intouchables*, les préjugés religieux et identitaires de *Qu'est-ce qu'on a fait au Bon Dieu?*, l'opposition entre le Nord et Sud de la France dans *Bienvenue chez les Ch'tis*, tout est bon pour dynamiter les clichés, avec le sourire !
La réussite des comédies est également due à leur côté familial, et sans restriction d'âge. Sans armes, ni haine, ni violence, elles font partie des rares films qui, aujourd'hui, peuvent s'adresser à tout le monde.
Être réunis grâce au rire, oublier ses ennuis pendant environ 90 minutes, un bonheur précieux qui n'a pas de prix, ou juste celui d'un ticket de cinéma.

« Pas de bras, pas de chocolat ! »

Intouchables

Les 20 plus grands succès français :
en nombre d'entrées en salles.
Sur ces 20 films, 4 seulement ne sont pas des comédies (12 : drame, 15 : drame, 16 : aventure, 18 : film érotique).
À noter également que les 11 premiers de la liste sont des films comiques.

1. *Bienvenue chez les Ch'tis* de Dany Boon, 2008, 20 489 303 entrées
2. *Intouchables* d'Éric Toledano et Olivier Nakache, 2011, 19 490 688 entrées
3. *La Grande Vadrouille* de Gérard Oury, 1966, 17 267 607 entrées
4. *Astérix et Obélix : Mission Cléopâtre* d'Alain Chabat, 14 559 509 entrées

« Bonsoir Biloute, hein ! »

Bienvenue chez les Ch'tis

5. *Les Visiteurs* de Jean-Marie Poiré, 1993, 13 782 991 entrées
6. *Le Petit Monde de Don Camillo* de Julien Duvivier, 1952, 12 791 168 entrées
7. *Qu'est-ce qu'on a fait au Bon Dieu ?* de Philippe de Chauveron, 12 361 430 entrées
8. *Le Corniaud* de Gérard Oury, 1965, 11 739 783 entrées
9. *Les Bronzés 3, amis pour la vie* de Patrice Leconte, 2006, 10 355 928 entrées
10. *Taxi 2* de Gérard Krawczyk, 2000, 10 345 901 entrées
11. *Trois hommes et un couffin* de Coline Serrault, 1985, 10 251 465 entrées
12. *Les Misérables* de Jean-Paul Le Chanois, 1957, 9 940 533 entrées
13. *La Guerre des Boutons* d'Yves Robert, 1962, 9 936 391 entrées
14. *Le dîner de cons* de Francis Veber, 1998, 9 247 000 entrées
15. *Le Grand Bleu* de Luc Besson, 1988, 9 194 343 entrées
16. *L'Ours* de Jean-Jacques Annaud, 1988, 9 136 266 entrées
17. *Astérix et Obélix contre César* de Claude Zidi, 1998, 8 948 624 entrées
18. *Emmanuelle* de Just Jaeckin, 1974, 8 893 996 entrées
19. *La Vache et le Prisonnier* d'Henri Verneuil, 1959, 8 844 199 entrées
20. *Le Fabuleux Destin d'Amélie Poulain* de Jean-Pierre Jeunet, 2001, 8 636 041 entrées

COLUCHE

C'est l'histoire d'un mec…
Qui est mort depuis plus de trente ans et qui reste pourtant encore bien présent dans la mémoire collective. L'histoire d'un mec qui, à cause d'un « *putain de camion* », est devenu une icône intouchable. L'histoire d'un mec qui, en quelques années de carrière, a marqué durablement la scène comique française. L'histoire d'un mec qui nous a fait rire, mais pas seulement. L'histoire d'un mec qui avait une grande gueule et un cœur encore plus gros.

« Dans l'administration, on ne doit pas dormir au bureau le matin, sinon on ne sait plus quoi faire l'après-midi. »

Un gosse de banlieue

Coluche naît en octobre 1944 dans le 14e arrondissement de Paris. Son vrai nom, est Michel Gérard Joseph Colucci. Son père, Honorio, immigré italien est peintre en bâtiment mais décède de la poliomyélite alors que le petit garçon a à peine 3 ans et sa sœur Danièle 5 ans. Il est élevé par sa mère, Simone, qu'il appelle affectueusement Monette et qui ne touche juste qu'un maigre salaire de fleuriste. Monette peine a joindre les deux bouts mais veille à ce que ses deux enfants soient toujours « bien mis ».
Le jeune garçon grandit à Montrouge, une banlieue populaire située juste de l'autre côté de la petite ceinture. Son horizon est celui des immeubles en briques et des bandes de loubards. Le travail scolaire l'ennuie, et sa seule raison d'aller à l'école c'est de faire rire ses copains et de tenir tête aux instituteurs. Quand il n'est pas en classe, Michel traîne avec ses copains de la « bande Solo », du nom de la cité « la Solidarité ». Le plus souvent accompagné de son pote Bouboule, il se livre à de petits larcins, et a régulièrement affaire avec la police. Un jour, les deux garçons vont même jusqu'à tenter de dérober le sac d'une vieille dame, et se font tirer dessus par un passant ! Coluche, qui avait alors environ 15 ans, mettra longtemps avant de relater cet épisode dont il continuait à avoir honte. Monette a de l'ambition pour ses enfants, et elle fait tout pour qu'ils aient la vie la meilleure possible. Le comportement de son fils l'inquiète. Le jeune homme exerce alors de petits boulots, qu'il n'arrive pas à garder bien longtemps. Télégraphiste, céramiste, garçon de café, livreur, apprenti photographe, assistant préparateur en pharmacie, aide pompiste, assistant de marchand de fruits et légumes, fleuriste… « *J'ai été apprenti quatorze fois, je crois, dans des métiers différents et j'ai jamais réussi à en faire un seul* », racontera-t-il bien des années plus tard dans le documentaire *Coluche : 30 ans déjà*.
Son tempérament frondeur déplaît aux patrons qui ne le gardent jamais bien longtemps. Michel s'en fiche, il veut se construire une vie meilleure que celle qu'ont eue ses parents. Il rêve de s'évader de cette existence de prolétaire, il se sent une âme d'artiste et s'imagine devenir chanteur de rue.

Errances parisiennes…

Avec pour seul bagage un certificat d'études décroché à l'École primaire de Montrouge, le jeune homme quitte la maison, bien résolu à ne faire aucune concession à la bêtise humaine, au racisme, et à l'esprit « petit bourgeois ». Il traîne dans Paris, s'intéresse un temps au métier de comédien, à l'univers des sports mécaniques, touche un peu au bricolage. Pendant quelque temps, il travaille chez un fleuriste de l'île de la Cité.

En 1980, *L'inspecteur La Bavure* réunira Coluche et Depardieu. Réalisé par Claude Zidi le film sera un des succès de l'année au box-office.

Ça ne passerait plus…

Aujourd'hui, lorsque l'on réécoute ou revoit les sketchs de Coluche, on est scotchés ! De tels propos ne passeraient plus, ni à la télévision, ni à la radio. Trop « politiquement incorrects » ! La nouvelle génération d'humoristes regrette que cette liberté de parole ne soit plus possible : « *Il se permettait beaucoup plus de choses que je ne peux me le permettre aujourd'hui* », constate ainsi Jamel Debbouze.

Et une anecdote, une !

Coluche adorait raconter cette anecdote du temps où il faisait des tas de petits boulots pour survivre :

« J'ai été serveur à une époque. Quand un mec me demandait un café fort, je lui servais une tasse d'eau chaude.
Immanquablement le mec gueulait alors je lui disais :
Vous voyez bien que vous êtes déjà suffisamment ennervé comme ça ! »

Hommages insolites

- Sur la route d'Opio, à une centaine de mètres de l'accident, un lieu de recueillement a été aménagé et fait l'objet, chaque année au mois de juin, d'un rassemblement de motards. Une peinture murale représentant Coluche est peinte sur une petite bâtisse abritant un transformateur électrique.
- Une statue du sculpteur Guillaume Werle, représentant sa célèbre salopette a été inaugurée le mardi 14 juin 2011 à Montrouge, place de la Libération.
- Une variété de rose a été nommée Rose "Coluche" en son honneur. On peut la voir par exemple dans la roseraie du parc du Thabor à Rennes.
- « Coluche » est le nom donné à un astéroïde découvert le 9 décembre 2004 par l'astronome Michel Ory.
- 10 établissements scolaires portent le nom de Coluche… Un comble pour ce cancre et fier de l'être !

« Mesdames, un conseil. Si vous cherchez un homme beau, riche et intelligent… prenez-en trois ! »

En 1964, Michel fait son service militaire à Lons-le-Saunier… et tâte de la prison pour insubordination ! Comme au temps de l'école, il ne peut pas s'empêcher de tenir tête et refuse l'autorité.
De retour à la vie civile, il travaille comme fleuriste dans la boutique que sa mère a ouvert à Paris, près de la gare de Lyon. Trouvant ce travail inintéressant le jeune homme abandonne, ce qui lui vaut de se brouiller provisoirement avec sa mère. Comme beaucoup de jeunes de sa génération, Michel est fan de rock'n'roll, même s'il voue également une profonde admiration à Georges Brassens.

Pour ses 21 ans, et donc sa majorité, sa mère lui organise un anniversaire dans l'arrière-boutique de son magasin de fleurs et lui donne un chèque qu'il a le droit d'utiliser dans la limite de 500 francs. Le jeune homme court s'acheter une guitare dont il joue sans jamais avoir appris.
À la fin des années 1960, celui qui a pris désormais le pseudonyme de Coluche décide de se lancer dans la musique. Il interprète des chansons de Boby Lapointe, Georges Brassens, Léo Ferré, et Yves Montand aux terrasses des cafés. Puis il se rapproche du monde des cabarets. Tout en étant plongeur dans la restauration, il commence à côtoyer ceux de la Contrescarpe et de la Montagne Sainte-Geneviève, où il fait la connaissance de Maxime Le Forestier et de Georges Moustaki, qui va l'héberger et l'aider financièrement.

C'est l'histoire d'un mec

C'est sa rencontre avec le dramaturge Romain Bouteille qui va véritablement être déterminante.
En 1969, les deux hommes montent ensemble *Le Café de la gare*, entourés de futures vedettes du cinéma français. Les spectateurs, de plus en plus nombreux, voient se côtoyer sur scène Henri Guybet, Miou-Miou, Patrick Dewaere… Puis Josiane Balasko, Gérard Depardieu, Thierry Lhermitte, Gérard Jugnot. La petite salle devient rapidement celle où il faut aller. Mais l'aventure ne dure pas. L'ambition dévorante de Coluche

Salopette rayée, t-shirt et croquenots jaunes, nez peint en rouge. Comme protégé par son costume de clown, Coluche ose tout !

agace ses camarades. Et puis il y a ses problèmes d'alcool qui, selon Romain Bouteille, le rendaient « *exécrable et violent* ». Comme en 1970, lorsque pendant la préparation de la pièce *Des boulons dans mon yaourt* une bagarre l'oppose à Romain Bouteille et à son ami Patrick Dewaere. Coluche brandit un tesson de bouteille et menace ses copains. Dewaere parvient à le contenir mais les choses sont allées trop loin. « *C'est toi ou nous* », lui lancent ses amis…

Coluche quitte *Le Café de la gare* et se retrouve seul. Pas pour longtemps. En 1971, il fonde une nouvelle troupe, celle du *Vrai chic parisien* avec laquelle il monte un premier spectacle, *Thérèse est triste*. C'est à cette époque qu'il rencontre et tombe amoureux de sa future femme, Véronique Kantor, avec laquelle il se marie et aura deux fils, Romain né en 1972, et Marius né en 1976. Malheureusement, toujours à cause de son comportement et de ses addictions, Coluche doit quitter sa nouvelle troupe. Il se lance alors dans une carrière solo : il interprète des sketchs dans lesquels il met en scène ses personnages favoris, des beaufs grossiers, incapables de s'exprimer correctement, et haineux.

« La bigamie, c'est quand on a deux femmes ; et la monotonie, c'est quand on n'en a qu'une ! »

Comme l'a écrit Philippe Boggio dans *Le Monde*, Coluche venait d'inventer « *une image de pauvre urbain, bonne pâte mais à court d'idées, empêtré dans les mots, raciste faute de mieux, ballotté par la publicité et les jeux radiophoniques* ».

C'est dès ce premier spectacle qu'apparaissent sa célèbre salopette à rayures bleues, son tee-shirt jaune, ses brodequins citron et son nez peint en rouge.

Se revendiquant « *toujours grossier, jamais vulgaire* », l'humoriste remporte un beau succès ! Mais ce n'est qu'un début. Le 5 mai 1974, c'est la France entière qui découvre ce nouveau

Réalisé par Jean Yanne et réunissant Coluche et Michel Serrault, *Deux heures moins le quart avant Jésus-Christ* remporte un gros succès, dû sans doute davantage au casting qu'au scénario…

comique : alors qu'ils attendent devant leur poste de télévision la déclaration de François Mitterrand au soir du premier tour de l'élection présidentielle, les Français voient débouler un drôle de clown rondouillard qui, l'air embarrassé, bredouille « *C'est l'histoire d'un mec…* » Tournant en dérision la difficulté de raconter une histoire drôle, Coluche fait un triomphe. Sa carrière est lancée. Quelques mois après, c'est dans un Olympia plein à craquer qu'il joue son spectacle « *Mes adieux au music-hall.* » En 1975, alors qu'il est en tournée à travers la France, toutes les radios diffusent son pastiche du jeu télévisé de Guy Lux, le Schmilblick, et son impayable Papy Mougeot !

On nous prend vraiment pour des cons !

Inventant une nouvelle manière de rire, faisant exploser les codes et bousculant la bienséance, Coluche renvoie à la figure des Français leurs propres défauts. Caricaturiste de son époque, dans ses spectacles il joue le poivrot philosophe, le beauf violent ou l'imbécile heureux. « *Mes personnages sont laids, sont cons. Moi, je ne joue que des cons. Parce que je pense que le mal du siècle, c'est la connerie* », dit-il. Avec son accent nasillard de Titi parisien, il fustige en vrac la publicité (ah, les fameuses taches propres et le nouvel Omo),

l'administration, les flics, les journalistes, les politiciens, les beaufs (la palme au père de Géraaaaaard !)... Et ponctue ses observations de la même rengaine : « *On nous prend vraiment pour des cons !* » Certains critiques lui reprochent sa vulgarité, d'autres s'offusquent des blagues scatologiques dont il fait mine de se délecter. Le public, lui, est conquis. Coluche est désormais partout et son rire devient un sujet de société. Il fait la Une des magazines les plus sérieux et fréquente tout le showbiz.
En 1979, les Français l'élisent meilleur comique derrière Louis de Funès. Thierry Le Luron dit de lui : « *Coluche est doué, c'est un surdoué, la tête de premier de la classe en moins. La bonhomie et la bonne humeur en plus. On a envie d'être son copain parce que l'on sait qu'il nous fera marrer. C'est le déconneur de la classe, le chef des rigolos* ». Même *Le Nouvel Obs* écrit à l'époque « *Coluche restera celui qui a donné du génie aux imbéciles.* »
Plébiscité par le monde du cinéma, en 1976 il tourne « *L'aile ou la cuisse* », de Claude Zidi, aux côtés de Louis de Funès. L'année suivante, il se consacre à la réalisation de son premier et unique film,« *Vous n'aurez pas l'Alsace et la Lorraine* ». *En 1980,* il retrouve Claude Zidi pour un nouveau succès, « *L'inspecteur la Bavure* »

Coluche président !

Au sommet de sa gloire mais banni des médias, Coluche décide de s'offrir la plus belle des tribunes. En octobre 1980, il annonce sa candidature à l'élection présidentielle de 1981. « *Avant moi, la France était coupée en deux. Maintenant, elle sera pliée en quatre* », promet-il.
Le pourfendeur des politiques veut devenir le mégaphone des sans-voix – les fainéants, les crasseux, les alcooliques, les drogués... dont il dresse la liste dans un « Avis à la population ».
Mais quand deux mois plus tard les sondages le donnent à 16 %, ce qui n'était au départ qu'une farce prend tout d'un coup un tour sérieux. Le monde politique s'inquiète. Les Renseignements généraux ouvrent un dossier à son nom. Coluche reçoit des menaces de mort signées *Honneur de la police*, un groupe clandestin d'extrême droite. Ses provocations finissent même par lasser ses proches. Le 16 mars 1981, il décide de jeter l'éponge, mettant un terme à une plaisanterie qui ne le fait plus rire. Commence alors une période douloureuse, marquée par son divorce avec Véronique, l'éloignement de ses enfants et le suicide de son ami Patrick Dewaere avec le fusil qu'il lui avait offert. Coluche sombre dans la drogue et l'alcool. Sur les plateaux de télé, il cache son regard absent derrière des lunettes noires. Patrick Sébastien se souvient de ces moments où Coluche était rongé par ses vieux démons. « *Il est allé très loin dans la came. J'ai eu peur pour lui...* »
Ses provocations, ses outrances et ses débordements choquent de plus en plus les Français qui finissent par le laisser tomber : 70 % d'entre eux le jugent vulgaire.
Le 18 juin 1983, dans l'émission *L'Heure de la vérité* il simule son suicide. « *Tu ne nous fais plus rire* », venait de lui asséner le jeune humoriste Jean-Yves Lafesse...

Ce qui avait commencé comme une grosse blague va finir par prendre un tout autre chemin : 2 mois après l'annonce de sa candidature à la présidentielle de 1981, Coluche est crédité de 16% d'intentions de vote, et ça ne fait pas rire tout le monde...

« Les politiciens, il y en a, pour briller en société, ils mangeraient du cirage. »

Avis à la population !
Déclaration de candidature de Coluche à l'élection présidentielle de 1981 :

COLUCHE CANDIDAT
« *J'appelle les fainéants, les crasseux, les drogués, les alcooliques, les pédés, les femmes, les parasites, les jeunes, les vieux, les artistes, les taulards, les gouines, les apprentis, les Noirs, les piétons, les Arabes, les Français, les chevelus, les fous, les travestis, les anciens communistes, les abstentionnistes convaincus, tous ceux qui ne comptent pas pour les hommes politiques à voter pour moi, à s'inscrire dans leur mairie et à colporter la nouvelle.* »
TOUS ENSEMBLE POUR LEUR FOUTRE AU CUL AVEC COLUCHE
le seul candidat qui n'a pas de raison de mentir.

Puis vint Tchao Pantin

Heureusement, en cette même année 1983, le réalisateur Claude Berri lui offre le premier rôle de son film *Tchao Pantin*. Plus qu'une interprétation, ce sera pour l'humoriste une véritable rédemption. Comme une métaphore de sa propre vie, il y interprète un pompiste hanté par la mort de son fils et confronté à des problèmes de drogues et d'alcool. Criant de vérité, Coluche est époustouflant et bouleversant. Ce rôle lui apporte une véritable consécration, et lui permet de remporter l'année suivante le César du meilleur acteur.

Auréolé de ce nouveau succès, Coluche met sa célébrité au service de grandes causes comme SOS Racisme en 1984 et la campagne contre la faim en Éthiopie en 1985.

Et puis, surtout, il y eut le 26 septembre 1985. Ce jour-là, en direct sur Europe 1, dans son émission *Y'en aura pour tout le monde*, l'humoriste lance : « *J'ai une petite idée, comme ça. Si, des fois, il y a des marques qui m'entendent, s'il y a des gens qui sont intéressés pour sponsoriser une cantine gratuite qu'on pourrait commencer à faire à Paris et puis qu'on étalerait après dans les grandes villes de France, nous on est prêts à aider une entreprise comme ça, qui ferait un resto qui aurait comme ambition au départ de faire 2 000 ou 3 000 repas par jour gratuitement* ».

Destinés à donner des repas aux sans-logis, les Restos du cœur étaient nés ! L'éternel provocateur, le clown mal embouché, l'incorrigible agitateur, l'ancien petit malfrat, le drogué repenti, venait de montrer qu'il était surtout un homme généreux et profondément humain.

Même s'il voue une admiration sans borne à Georges Brassens, Coluche est également fan de rock. Blouson noir clouté et chaîne de moto, le loubard crie plus qu'il ne mord !

« Il faut cueillir les cerises avec la queue. J'avais déjà du mal avec la main ! »

Et puis, il les connaissait bien, lui, les pauvres gens. « *Quand j'étais petit, à la maison le plus dur c'était la fin du mois… Surtout les trente derniers jours !* » confiait-il sur le ton de la plaisanterie. Ce que son ami Jean-Jacques Goldman, qui a composé l'hymne des Restos du cœur, confirme a sa manière « *Quand on parle à Coluche de la faim ou de la solitude, pour lui ce ne sont pas que des chiffres, ce sont des réalités. Il a appris tout ça sur les trottoirs de Montrouge.* »

Plus de 30 ans après leur création, les Restos du cœur sont aujourd'hui devenus une véritable institution réunissant lors d'une grande tournée annuelle, des dizaines de chanteurs, acteurs ou sportifs, rebaptisés pour l'occasion *Les Enfoirés*, en hommage à Coluche qui employait fréquemment ce mot.

En 1988, le Parlement a adopté une loi dite « Loi Coluche » qui permet à un donateur une déduction fiscale sur une partie de son don. Une consécration qui, n'en doutons pas, aurait bien plu au trublion de la République !

Putain de camion…

Passionné de sports mécaniques, ayant retrouvé la santé et une nouvelle soif de vivre, Coluche s'engage sur le Paris-Dakar en 1985.

Quelques mois plus tard, le 29 septembre 1985, il bat même le record du monde à moto de vitesse du kilomètre lancé sur piste, en atteignant 252,087 km/h ! Il prévoit alors de tenter d'améliorer son propre record du monde, mais c'est sans compter sur ce putain de camion…

Il est environ 16h30 ce 19 juin 1986. Accompagné de deux amis, Coluche rentre à moto de Cannes, où il a déjeuné, pour rejoindre sa villa de Châteauneuf-de-Grasse. Il roule tranquillement, son casque accroché au guidon de sa Honda1100 VFC noire et rouge. Soudain, venant en sens inverse, un semi-remorque lui coupe la route pour s'engager dans une décharge. Coluche heurte de plein fouet l'avant droit du camion. Il est tué sur le coup.

Quelques jours après le drame, son pote Renaud compose « Putain de camion », une chanson, une colère, un adieu.

« *Enfoiré on t'aimait bien*
Maintenant on est tous orphelins
Putain d'camion putain d'destin, tiens ça craint »

C'est l'histoire d'un mec qui est mort trop tôt, trop jeune, trop vite…

Avec sa choucroute de boucles blondes, Sylvie Joly a durablement marqué le paysage humoristique français. Tour à tour bourgeoise snob ou coiffeuse nunuche, elle a ouvert la voie du rire au féminin. Reine de la caricature de ses contemporains, cette grande bringue chic au regard mélancolique a fait naître des vocations : de Muriel Robin à Florence Foresti en passant par Anne Roumanoff, toutes reconnaissent ce qu'elles doivent à « la Joly » et lui disent merci.

SYLVIE JOLY

« Mon Johnny je t'aime, mon Johnny je te veux ! »

Faire rire : une mission

Née à Paris, 1934, Sylvie est la deuxième d'une fratrie de huit enfants. Renvoyée de sept institutions religieuses pour indiscipline, cette fille de bonne famille est persuadée depuis son adolescence qu'elle a « *reçu du ciel le don de faire rire* » et que c'est sa « *mission sur terre* ». Sans vocation particulière, et sous la pression de son père officier de marine, Sylvie fait d'abord des études de droit. Lors de l'examen final pour devenir avocate, elle tombe sur la notion d'adultère. Elle ouvre sa plaidoirie en citant Sacha Guitry : « *À l'égard de celui qui vous prend votre femme, il n'est de pires vengeances que de la lui laisser.* » Devenue avocate, elle ne tarde pas à s'apercevoir qu'elle n'est pas heureuse dans ce métier. Au bout de cinq ans, elle décide de changer de vie et quitte le barreau.

Du prétoire à la scène

Sylvie ouvre, dans le XVe arrondissement de Paris, *Le Saint-Frusquin*, premier dépôt-vente de vêtements. Le Tout-Paris raffole de l'endroit et on y croise souvent Brigitte Bardot et Anouk Aimé. Les affaires marchent bien, mais sa véritable vocation, c'est la scène.
Son mari, Pierre Vitry, la pousse à réaliser son rêve. Jamais lasse d'apprendre, Sylvie entre au Cours Simon, intègre l'école de Tania Balachova et même le Petit Conservatoire de la chanson de Mireille ! Les études de droit, le barreau, c'était juste pour satisfaire ses parents. Maintenant, la vie peut commencer !

La pionnière du one-woman-show

Sylvie Joly démarre sa carrière artistique sur les scènes de théâtre où elle joue des pièces classiques de Tchekhov, Marivaux ou Ionesco.
Même si ses talents d'actrices sont déjà indéniables, ce ne sont pas ses rôles au théâtre qui vont lui apporter la notoriété. En effet, ce n'est pas grâce à Marivaux ou à Tchekhov que sa carrière va décoller mais bien aux sketchs que lui écrivent sa sœur Fanny et son frère Thierry.
En 1972, cette admiratrice de Jacqueline Maillan révolutionne l'humour en devenant la première femme à se présenter seule sur scène. Le one-woman-show est né !
Très vite, son personnage de bourgeoise à l'humour corrosif entraîne l'adhésion du public et ses spectacles font salle comble.

Une galerie de personnages désopilants

Dans les huit one-woman-shows qu'elle crée durant sa carrière, Sylvie Joly prouve qu'elle a le génie pour transformer des situations banales en scènes drolatiques. À la fois pince-sans-rire et volcanique, elle est hilarante en femme méchante et râleuse dans le sketch *L'Après-dîner* où elle dézingue la soirée qu'elle vient de passer chez sa belle-sœur et son beau-frère.
Totalement à contre-emploi, elle est également inoubliable dans « Le permis de conduire » où elle campe Madame Touchard, grosse fermière à l'accent

improbable, qui se présente pour la 8e fois au grand dam de l'examinateur. N'oublions pas non plus Catherine, la grande bourgeoise snob et égocentrique, Sylvie la coiffeuse un peu niaise amoureuse de Johnny Hallyday, la comédienne de théâtre totalement « perchée » qui se gratte…

Lui rendant hommage au moment de son décès, Anne Roumanoff déclarait : *« Sylvie incarnait à merveille les grandes bourgeoises mais aussi les coiffeuses. C'était un humour d'observation avec beaucoup de finesse et toujours une grande justesse sociologique. »*

Quels que soient leurs défauts, il y avait de la tendresse dans la façon dont Sylvie Joly croquait ses personnages, incapable de faire rire de la souffrance d'autrui.

Aujourd'hui encore, Pierre Palmade ne perd jamais une occasion de rappeler tout ce qu'il doit à Sylvie et de redire l'attachement immense qu'il avait pour elle.

« Cette mousse au chocolat ! Qu'est-ce qu'elle était aigre ! À mon avis, elle a dû prendre du vieux lait… »

La marraine de la nouvelle génération

Dans les années 1990, adulée par les jeunes humoristes, elle prend sous son aile le débutant Pierre Palmade. Venu la voir en spectacle, le jeune homme l'attend à la fin de la représentation. Il lui demande si elle accepterait de lire les textes qu'il écrit, mais également de lui donner des cours. Sylvie accepte, deux fois par semaine le jeune comique ira chez elle « prendre une leçon de talent ». Un peu plus tard, c'est elle qui mettra en scène son premier spectacle intitulé *Ma mère aime beaucoup ce que je fais*. Mais Pierre Palmade n'est pas le seul à profiter des conseils et des encouragements de l'humoriste : c'est Sylvie Joly qui permettra à Dany Boon de faire ses premiers pas sur scène. Plus récemment, elle avait demandé à Alex Lutz de mettre en scène son dernier spectacle *La cerise sur le gâteau*, puis l'avait convaincu de se lancer à son tour dans l'aventure du one-man-show. Muriel Robin, Gad Elmaleh, Florence Foresti, Anne Roumanoff… nombreux sont les humoristes pour qui elle fut une extraordinaire source d'inspiration !

En 2010, Sylvie Joly annonce dans un livre autobiographique qu'elle est atteinte de la maladie de Parkinson. Une révélation qui a pour but de « *contribuer à mieux faire connaître cette maladie neuro-dégénérative irréversible* ».

La maladie la contraint à mettre un terme à sa carrière.

Le 4 septembre 2015, elle meurt d'une crise cardiaque à l'âge de 80 ans à son domicile parisien.

Et là, on n'a plus du tout envie de rire, juste envie de dire « Merci Madame. »

Mauvais genre !

Enfant du VIe arrondissement de Paris, Sylvie Joly était à l'école avec Bernadette Chodron de Courcel, future Madame Chirac. « *Mes parents ne voulaient pas que je la fréquente parce qu'ils trouvaient qu'elle avait mauvais genre* », avait-elle plaisanté dans un entretien accordé au *Point* en 2012.

Ingrat 7e art…

Malheureusement, et alors que sa puissance comique est indéniable, au cinéma Sylvie Joly devra se contenter de seconds rôles.

Interrogée sur sa carrière, l'humoriste regrettait de n'avoir jamais décroché un « vrai » rôle : « *Je ne comprends pas pourquoi je n'ai jamais eu un rôle au cinéma qui puisse se comparer à ce que je fais au théâtre* », confiait-elle dans *Le Monde* en 2002.

« CE N'EST PAS POSSIBLE ! POUR ÊTRE AUSSI CON T'AS APPRIS ? »

JEAN YANNE

« JE PRÉFÈRE NE PAS PENSER À LA MORT, OU ALORS À CELLE DES AUTRES, C'EST PLUS GAI. »

LES VAMPS

« JE NE BOIS PAS DE LAIT LE MATIN, ÇA FAIT CAILLER LA TEQUILA DE LA VEILLE AU SOIR. »

PIERRE DESPROGES

GUY BEDOS

Très critique avec la droite, pas vraiment tendre avec la gauche, s'emplafonnant les uns et les autres au gré de saillies truffées d'invectives, pendant près d'un demi-siècle, Guy Bedos s'est imposé comme le poil à gratter du pouvoir.
S'il a fait ses adieux au music-hall en 2011, ses apparitions dans les médias continuent d'être redoutées et redoutables pour ses contemporains !
Attention aux coups de griffes…

« Il devient difficile d'être de gauche. Surtout quand on n'est pas de droite. »

Une enfance algérienne

Guy Bedos naît le 15 juin 1934 à Alger. Son père, Alfred Bedos, est directeur d'un laboratoire de produits pharmaceutiques, sa mère Hildeberte Verdier est la fille du proviseur d'un grand lycée d'Alger. Ses parents s'étant séparés alors qu'il était tout petit, le jeune garçon grandit auprès de sa mère dont la violence et le manque d'affection ont marqué son enfance.
Remariée, sa mère et son beau-père lui font la vie dure : son beau-père bat sa mère, qui bat son fils en retour.
Bien des années plus tard, Guy Bedos racontera que c'est son beau-père, raciste et antisémite, et sa mère, maréchaliste, qui lui ont donné sa conscience politique humaniste !
Malheureux auprès des siens, souffrant de troubles obsessionnels compulsifs, le petit garçon est envoyé en pension. En 2005, dans *Mémoires d'outre-mère*, l'humoriste racontera cette enfance difficile de l'autre côté de la Méditerranée. Sans nostalgie, c'est le moins qu'on puisse dire.

Précoce, déterminé et libre

En 1949, la famille revient en France et s'installe à Rueil-Malmaison.
Un an après, alors qu'il n'a que 16 ans, Guy quitte définitivement le foyer. Pour subvenir à ses besoins, il vend des livres en faisant du porte-à-porte. Quoi de mieux pour rôder sa tchatche et prendre de l'assurance ?

À 17 ans, le jeune homme intègre l'École de la rue Blanche, et c'est le début d'une tout autre vie. En 2011, il raconte : « *Je venais du théâtre classique et j'avais même signé ma première mise en scène à 17 ans et demi, à l'École de la rue Blanche : Arlequin poli par l'amour, de Marivaux. Puis un jour, je me suis retrouvé comédien sur le marché, chômeur, totalement embarrassé par les propositions qu'on me faisait : je ne savais pas comment jouer les jeunes gens dans ce théâtre qui ne me convenait pas. Alors j'ai interprété un premier sketch, signé Jacques Chazot, lui l'homo de droite et moi l'hétéro de gauche, à la Fontaine des quatre saisons où je croisais Boris Vian, Béjart débutant. Ce cabaret était dirigé par Pierre Prévert, le frère de Jacques. C'est lui, Jacques, l'idole de mon adolescence, qui m'a dit un jour : "Vous devriez écrire." J'ai acheté un cahier et, le lendemain, c'était parti.* »

De la scène à l'écran, et inversement…

Parti, et bien parti même ! En 1963, un producteur le remarque et lui propose d'adapter un de ses spectacles au cinéma. Guy Bedos accepte, et interprète même un des personnages tirés de son spectacle. Intitulé *Dragées au poivre*, le film connaît un vif succès.
Deux ans plus tard, en 1965, il partage la scène de Bobino avec la chanteuse Barbara. Le spectacle « fait un carton » : Guy Bedos est lancé !.

« Mon Dieu, délivrez-nous de toutes les religions ! »

Ça c'est la tête de Bedos après une bonne vanne : large sourire et yeux plissés, il y a quelqu'un qui vient de se prendre un scud !

Dans les années 70, Guy Bedos se lance dans une carrière d'humoriste en formant un duo avec Sophie Daumier, qu'il a épousé en 1965. Les couples de comiques sont rares, et le duo Bedos-Daumier ne tarde pas à conquérir le public.
En 1973, leur cultissime sketch *La Drague* grimpe tout en haut des hit-parades. Après leur séparation, Guy poursuit sur scène en solo, menant en parallèle une carrière d'acteur florissante, notamment sous la direction de son réalisateur fétiche, Yves Robert avec lequel il tourne les inoubliables *Un éléphant ça trompe énormément* (1976) et *Nous irons tous au paradis* (1977). Aux côtés de Jean Rochefort, Victor Lanoux et Claude Brasseur, il y interprète le rôle de Simon, malheureux médecin étouffé par sa mère juive pied-noir très possessive ! Mais s'il tourne régulièrement pour le grand et le petit écran, c'est sur les planches que Guy Bedos donne toute la mesure de son talent, et plus particulièrement dans les nombreux one-man-shows qu'il va créer tout au long de sa carrière. S'il partage parfois la scène avec des partenaires – rappelons-nous le triomphe de son spectacle en duo avec Muriel Robin en 1992 ! – Guy Bedos s'est fait, depuis les années 70, une spécialité du seul en scène « politique ».

Un artiste engagé

Révolté très jeune par la dureté des colons envers les Algériens, et, on l'a vu, celle de sa famille en premier lieu, Bedos n'a de cesse de dénoncer les injustices. Se revendiquant de gauche mais sans appartenir à aucun parti, ses textes féroces traitent de l'hypocrisie de la société, de la corruption et de la bêtise humaine.

En plus d'être drôle, le duo Guy Bedos et Sophie Daumier est unique au sens propre, puisqu'ils sont les seuls sur la scène comique française !

À partir de 1975, l'humoriste intègre dans ses spectacles sa fameuse revue de presse, véritable marque de fabrique : consultante des petites fiches rectangulaires en arpentant la scène,

Je n'insulte pas, j'informe !

En 2010, lors d'un spectacle, Guy Bedos a traité l'ancienne Ministre de la Famille Nadine Morano de « conne ». Attaqué en justice par cette dernière, l'humoriste se défend à sa manière : « Je n'insulte pas, j'informe. ». En 2017, après un long bras de fer, la justice donne raison à l'artiste, la Cour de cassation déboutant définitivement Nadine Morano de ses poursuites contre Guy Bedos. Les magistrats ont le sens de l'humour...

Destin tragique

Dans un entretien donné à *Libération*, Guy Bedos évoquait ses proches disparus, et notamment la comédienne Françoise Dorléac, sœur de Catherine Deneuve. « *J'avais une fiancée, Françoise Dorléac. Depuis sa mort, je ne peux plus passer devant le Louvre sans la voir.* » Françoise Dorléac est morte dans un accident de voiture en 1967, alors qu'elle n'avait que 25 ans. À l'époque, Guy Bedos prenait des cours de conduite ; il n'a jamais conduit depuis...

« Si on écoutait les opposants à l'avortement on tricoterait des brassières aux spermatozoïdes. »

3 femmes, 3 filles, 2 fils…
Avec sa première épouse, Karen Blanguernon, Guy Bedos a une fille, Leslie, née en 1957. Avec Sophie Daumier, il a une seconde fille, Mélanie, née en 1977. Auparavant, il adopte Philippe, le fils que Sophie a eu avant de le rencontrer. En 1978, il s'unit à Joëlle Bercot avec qui il a deux autres enfants, Nicolas, né en 1980 et Victoria, née en 1984. Dramaturges, auteurs, acteurs, ces deux-là semblent bien décidés à suivre les traces de leur père !

Guy Bedos se livre à une relecture très personnelle et sans cesse renouvelée de l'actualité, politique bien sûr, mais aussi sociale, économique, culturelle, internationale.
S'il cible surtout les politiques de droite (pauvre Nadine Morano !), il n'épargne pas pour autant certaines personnalités de son bord. Par exemple en 2016, lorsque parlant de Manuel Valls, alors Premier ministre, il sort : « *Je lui péterais bien la gueule par moments !* »
Membre de la Ligue des Droits de l'Homme, soutenant l'association Droit au logement, membre du comité d'honneur de l'Association pour le droit de mourir dans la dignité, Guy Bedos est ce que l'on appelle un artiste engagé.
Et si ses engagements sont le plus souvent légitimes, ses positions tranchées lui ont parfois fait dépasser les limites, comme en 2002, lorsqu'avec d'autres personnalités, il s'oppose à l'extradition du terroriste d'extrême-gauche italien Cesare Battisti.
En 2011, sur la scène de l'Olympia qu'il connaît si bien, Guy Bedos fait ses adieux au music-hall. Le spectacle est sobrement et clairement intitulé *Rideau*. « *Je préfère arrêter avant de me retrouver un jour dans l'obligation d'arrêter* », déclare l'humoriste… qui revient sur scène pour jouer au théâtre en 2015, et, surtout, reprend sa revue de presse en 2017.
Avec dans l'œil une étincelle éternellement espiègle, le sniper de la politique n'a rien perdu de sa liberté de ton et continue de dégainer tout azimut. À bon entendeur…

« La réduction du temps de travail : pour les chômeurs, c'est déjà fait. »

Seule la largeur des cravates et les bas de pantalons sont démodés ! Car pour ce qui est de leurs qualités comiques *Un éléphant ça trompe énormément* et *Nous irons tous au paradis* n'ont pas pris une ride.

POPECK

« On n'est pas des sauvages, tout de même ! »

Judka Herpstu, dit Jean Herbert, dit Popeck

Deuxième enfant d'une famille juive émigrée d'Europe de l'Est, Judka Herpstu est né en 1936 à Paris. Caché grâce à l'OSE pendant la guerre, le petit garçon ne reverra pas sa mère, déportée et assassinée à Auschwitz en 1942.
À la Libération, il rentre à Paris et retrouve son père qui, lui, a survécu.
Pas vraiment passionné par l'école et les études, Judka devient ébéniste, mais sans grande conviction. Pour gagner sa vie, il exerce des petits boulots comme clerc chez un huissier, livreur de fleurs, ou vendeur de lingerie pour hommes (ah, déjà les caleçons molletonnés !)
À la même époque, il s'inscrit au Cours Simon. Sous le pseudonyme de Jean Herbert, il obtient un premier prix.
Sa voie est tracée : le jeune homme sera acteur dramatique. Pas si sûr…
En 1968, il joue le rôle d'un valet dans *L'Idiot* de Dostoïevski, au Théâtre de l'Atelier. Pendant l'entracte, vêtu de son costume de scène (un trois-pièces), il fait rire l'assistance en imitant son père et son accent yiddish. Popeck est né !

Les caleçons molletonnés se vendent bien !

Encouragé par les réactions enthousiastes qu'il suscite, Popeck écrit ses premiers sketchs et commence à jouer dans des cafés-théâtres parisiens. Le bouche-à-oreille fonctionne bien. Très vite, le public se presse au Café d'Edgar pour voir ce vendeur de caleçons molletonnés près de ses sous, renfrogné, râleur, portant un costume trois-pièces et un chapeau melon, parlant avec un accent yiddish à couper au couteau et ne cessant de rabrouer son auditoire en répétant « *On n'est pas des sauvages, tout de même !* »
En 1973, alors que sa carrière commence à décoller, il décroche le rôle de Moïsche Schmoll dans *Les aventures de Rabbi Jacob* aux côtés de Louis de Funès.
Le film est un énorme succès et permet à Popeck de se faire connaître du grand public.
Vivement encouragé par Louis De Funès à poursuivre dans la voie du comique, il abandonne progressivement sa carrière d'acteur dramatique pour imposer son personnage de juif ashkénaze bougon. Ses passages à la télévision vont lui permettre d'accroître encore sa notoriété.
En 1990 son spectacle à l'Olympia est un triomphe. Puis ce sera le Palais des Congrès, Bobino, etc.
À chaque fois les salles sont combles et les tournées se jouent à guichets fermés.
Acteur reconnu, Popeck fait régulièrement des incursions au théâtre (*L'Avare*, *L'Amour-fool*, *Toc-Toc*, …).
Il tourne également ponctuellement pour le cinéma, comme en 2002, où on a pu le voir *Le Pianiste*, de Roman Polanski, ou plus récemment dans *Ils sont partout* d'Yvan Attal, en 2016.

J'irai jusqu'au bout !!!

En 2011, le doyen des comiques français entame une tournée d'adieux, sobrement intitulé *C'est la dernière fois !* La France, la Suisse, la Belgique, et pour la première

« *Même pas mort* » nous assène-t-il avec un clin d'œil sur l'affiche de son dernier spectacle. Costume trois-pièces, nœud papillon et chapeau melon éternellement vissé sur la tête, le doyen de l'humour français est inoxydable. Sa recette ? Peut-être porter des caleçons molletonnés depuis plus de 40 ans !

Immuablement, c'est de la même valise en carton, portant mention des pays qu'elle a traversés, que Popeck sort les caleçons molletonnés qu'il essaye de nous vendre depuis plus de 40 ans !

fois Israël... Le spectacle remporte un tel succès qu'il est prolongé jusqu'en 2015. Encouragé, voire dopé, par l'amour de son public, en 2017 Popeck remonte sur scène dans un nouveau « *dernier* » spectacle « *J'irai jusqu'au bout!!!* » Pour le plus grand bonheur de son public, il reprend ses sketchs les plus emblématiques : *La Gare du Nord, Moïse et le poisson rouge, Le dîner chez Maxim's, Les caleçons molletonnés, l'Éternel*, etc.
« *J'ai l'impression de rajeunir quand je suis sur scène* » déclare-t-il.
Pour preuve, en 2019 il est encore sur scène dans un nouveau spectacle, « *Même pas mort !* » Un titre qui sonne comme un sacré pied de nez, non ?

« Que Dieu soit loué... mais à des prix raisonnables. »

Oh, mon chapeau !
Depuis ses débuts Popeck a toujours le même chapeau melon. C'est un peu son talisman, et il en prend grand soin : soigneusement rangé dans un carton à cet effet, il ne le sort que quelques minutes avant de monter sur scène. Il y tient d'ailleurs tellement à son précieux melon qu'il lui a même écrit un poème !

La « bitte » Montmartre...
Une des caractéristiques de l'humour de Popeck, c'est de n'être jamais vulgaire. Pas de grossièretés, ni de propos graveleux. Et d'ailleurs, les rares fois où il s'y risque Popeck ne dit pas « cul » mais « ki » ! L'accent yiddish ça change tout !

« IL A BU TROP D'EAU-DE-VIE... IL EN EST MORT. »

PATRICK SÉBASTIEN

« SI MADAME DE SÉVIGNÉ AVAIT PRIS LE MÉTRO, ELLE AURAIT PEUT-ÊTRE RATÉ SA CORRESPONDANCE. »

LES FRÈRES ENNEMIS

« DIEU A DIT : "JE PARTAGE EN DEUX, LES RICHES AURONT DE LA NOURRITURE, LES PAUVRES DE L'APPÉTIT." »

COLUCHE

LOOK

LE SPLENDID

Le Splendid, c'est Josiane Balasko, Michel Blanc, Marie-Anne Chazel, Christian Clavier, Gérard Jugnot, Thierry Lhermitte et Bruno Moynot. Point barre. Bien sûr, si Anémone, décédée en 2019, Dominique Lavanant et Martin Lamotte ne faisaient pas « officiellement » partie de la troupe, il est difficile de les dissocier de la grande époque, celle de la saga des *Bronzés*, du *Père Noël est une ordure* et de *Papy fait de la Résistance*. Et si depuis, chacun a poursuivi sa route séparément et avec le succès que l'on sait, c'est l'histoire de cette petite troupe de café-théâtre qui nous intéresse ici. L'histoire de cette bande de potes qui, grâce à trois ou quatre pièces de théâtre plus ou moins foutraques et à cinq films aujourd'hui cultes, sont devenus des icônes du rire.

« Thérèse n'est pas moche. Elle n'a pas un physique facile… C'est différent ! »

La bande de Neuilly and Co

Lycée Pasteur, Neuilly-Sur-Seine, milieu des années 60. Christian Clavier et Gérard Jugnot sont copains depuis la 5e. Très vite ils sont rejoints par Thierry Lhermitte, le beau gosse aux yeux bleus, et Michel Blanc, frêle et plus réservé. Ces quatre-là n'ont qu'un rêve : faire du théâtre… et se marrer.
À 16 ans Michel écrit une première pièce, *La concierge est tombée dans l'escalier*, « potacherie » sans queue ni tête mais qui leur permet de jouer ensemble. Puis ils commettent quelques sketchs, qu'ils réussissent à monter ça ou là pour leur bande de copains.
Dans le lycée d'en face, la jeune et jolie Marie-Anne Chazel se marre en voyant ces quatre zozos faire les pitres, et ne tarde pas à rejoindre leur bande.
Bac en poche, « la bande de Neuilly » fait assez vite passer ses brillantes études au second plan pour aller suivre les cours d'art dramatique de l'actrice Tsilla Chelton en 1970.

Et tout a commencé dans l'arrière-salle d'un bistrot

Dès 1972, ils débutent ensemble et montent leur premier spectacle comique *Non Georges, pas ici*, au café-théâtre du Poteau. Rejoints par Bruno Moynot, Claire Magnin, Valérie Mairesse - remplacée très rapidement par Josiane Balasko, ils fondent en 1974 la troupe de café-théâtre Le Splendid, et s'installent dans l'arrière-salle d'un bistrot de la rue des Lombards. La joyeuse troupe n'a rien, si ce n'est l'essentiel : la jeunesse, la passion, un enthousiasme débordant et des rêves plein la tête !
Aujourd'hui encore Marie-Anne Chazel est très fière de dire que c'est elle qui a fait les enduits des murs de leur minuscule théâtre et que, quand elle n'était pas sur scène, elle était cachée derrière un rideau pour se charger de la régie et de l'éclairage !
La carrière du Splendid démarre réellement avec « *Je vais craquer* » une série de sketchs parmi lesquels on pouvait voir défiler la troupe en adeptes de Krishna, le crâne lisse et portant des robes safran et des clochettes… (ah, comme on regrette que ce premier spectacle n'ait pas été filmé !).
Puis ce sera *Ma tête est malade*, vraie pièce en 3 actes, puis *Le pot de terre contre le pot de vin*, cuisant échec dont on retiendra uniquement que c'est à cette occasion que Josiane Balasko rejoint la troupe !
Bunny's Bar ou les hommes préfèrent les grosses, connaît un meilleur sort, mais il faut attendre 1977 et *Amour, coquillages et crustacés*, pour que Le Splendid connaisse enfin un succès populaire ! Écrite par la troupe au grand complet, cette parodie des clubs de vacances du type Club Méditerranée bénéficie très vite d'un excellent bouche-à-oreille : y'a des spectateurs, du soleil et des nanas !

Qu'ils étaient jeunes ! Qu'ils étaient beaux ! Marie-Anne Chazel, Thierry Lhermitte, Gérard Jugnot, Christian Clavier, Josiane Balasko, Bruno Moynot. Il faut croire que c'est Jean-Claude Dusse, heu, pardon, Michel Blanc qui prend la photo.

« Tu vois j'me suis fait plus de 80 gonzesses depuis le début d'la saison. Et ben, sans te flatter, j'ai l'impression qu'tu vas être dans les 10, 15 premières, toi ! »

Viens nous voir à Galaswinda, darla dirladada !

Le beau succès rencontré par la pièce *Amours, coquillages et crustacés* incite le producteur Yves Rousset-Rouard, l'oncle de Christian Clavier, à transposer la pièce au cinéma. Pour réaliser le film, les membres du Splendid choisissent un de leur copain, Patrice Leconte.
On est en 1978. Gigi, Jérôme, Christiane, Jean-Claude et Bernard arrivent en même temps au Club Med d'Assinie en Côte d'Ivoire. Bernard vient retrouver son épouse Nathalie, installée au village depuis déjà une semaine. Popeye, chef des sports, Bobo (Luis Rego), Bourseault et son fameux « Bip Bip » (Michel Creton), les animateurs, les accueillent.
Mais est-il vraiment nécessaire de raconter l'intrigue et la suite du film ? Vu et revu avec le toujours le même plaisir, on en connaît la moindre scène, la moindre réplique. Et on rigole rien qu'en se remémorant le mini-slip de bain de Christian Clavier ou les algues cachant la nudité de Michel Blanc.
Sorti en 1978, avec 2,2 millions d'entrées le film remporte un succès très correct. Mais c'est au fil du temps et à l'occasion de ses nombreuses rediffusions

qu'il deviendra un vrai classique du cinéma comique français.
L'accueil et le score tout à fait honorables du film incitent Le Splendid et Patrice Leconte à mettre en chantier une suite aux Bronzés dès l'année suivante.

Quand te reverrais-je, pays merveilleux ?...

Après la plage, ce sera la montagne. Tous nos amis se retrouvent dans la station de sports d'hiver où Jérôme, Gigi et Popeye travaillent. Jérôme et Gigi sont désormais mariés : Gigi tient une crêperie pendant que Jérôme exerce dans son cabinet médical. Nathalie et Bernard sont propriétaires d'un appartement en multipropriété. Jean-Claude tente toujours désespérément de conclure. Christiane débarque avec Marius, un homme marié nettement plus âgé qu'elle. Quant à Popeye, il travaille dans une boutique de sport où il est exploité par l'amant de sa femme. Comme le premier opus, pas la peine de raconter la suite, on la connaît par cœur. Pourtant, et quel que soit le nombre de fois où on l'a vue, difficile de ne pas pleurer de rire lors de la scène où la troupe, réfugiée chez des montagnards pour le moins rustiques, doit manger de la fougne, un fromage fort macéré dans du gras, avec des couennes et de l'alcool de bois pendant deux ou trois saisons, puis boire de la liqueur d'échalote relevée au jus d'ail « parce que l'échalote tout seul, ça s'rait trop fade ». Inoubliable ! Hilarant ! Ah la tête de Michel Blanc couverte de pustules. Marie-Anne Chazel qui tombe de sa chaise. Jugnot qui s'étouffe.
Pas étonnant que la dégustation de la « liqueur de crapaud », scène mythique du film, ait dû être recommencée vingt fois, le chef opérateur étant pris de fous rires compulsifs à chaque fois qu'il cadrait les grimaces de Michel Blanc et Gérard Jugnot. Le même Gérard Jugnot qui avouera plus tard que lui et les autres acteurs s'étaient réellement brûlés la bouche durant le tournage de cette scène, car si ce n'était pas de l'échalote c'était tout de même de la vraie liqueur. Leurs réactions n'étaient donc pas jouées mais bien réelles ! Si ça, ce n'est pas de la conscience professionnelle !
Contrairement aux attentes de la troupe et de Patrice Leconte, ce second opus marche moins bien que le premier

« Non c'est kloug ! C'est colmaté avec du schpountz »

Zézette, épouse X

Josette, dite Zézette, c'est la femme de cette ordure de Félix, ce bon à rien alcoolo qui a un gros kiki. Pas franchement gâtée par la nature, la malheureuse cumule un physique repoussant, une bêtise insondable et une inculture abyssale.
Affublée d'un manteau orange (réellement trouvé dans une poubelle par Balasko !) d'une cagoule et d'un polichinelle dans le tiroir, Zézette parle une langue qui n'est pas très éloignée du français : un patois où les appartements sont décorés de biglots, où les hommes ont des pommes des dents proéminentes, portent des tricots de porc, vident le déchargeur du pistolet puis prennent leurs clips et leurs clopes.
Dans cet inoubliable personnage, Marie-Anne Chazel est tout simplement géniale ! Au point qu'entre deux prises lors du tournage au zoo de Vincennes, alors qu'elle se reposait assise sur un banc, des badauds lui glissèrent une pièce, apitoyés par la malheureuse qu'ils avaient vraiment prise pour une SDF enceinte !!!

Après les doubitchous, la bûche de Noël, enfin plutôt le kloug, de Monsieur Preskovic, interprété par Bruno Moynot, méconnaissable.
Puis de gauche à droite, Katia, Zézette, Pierre et Thérèse... CULTE !

« Je ne vous jette pas la pierre, Pierre, mais j'étais à deux doigts de m'agacer. »

et ne recueille que 1,5 d'entrées. Mais, comme le précédent et tous les autres films du Splendid, ce sont ses multiples diffusions à la télévision qui vont en faire un succès transgénérationnel.

Les Doubitchous de Monsieur Preskovic

Spécialité de Sofia, le Doubitchou se présente sous l'aspect d'une truffe au chocolat rustique et à la forme approximative, sans doute dû au fait que cette petite friandise est roulée sous les aisselles. Mélange de cacao de synthèse, de margarine et de saccharose, le Doubitchou est constitué non pas d'une, mais de deux couches. *« Je ne sais pas si vous avez remarqué Thérèse, il y a une espèce de seconde couche à l'intérieur »*…
Le mot Doubitchou, devenu synonyme d'un truc immangeable, est une trouvaille de Josiane Balasko, et serait dérivé du serbo-croate *doupitsou* qui signifie « petit cul »…

SOS Détresse Amitié, j'écoute

De retour dans leur café-théâtre de la rue des Lombards, les membres du Splendid s'attellent à leur nouvelle pièce. La première idée de titre était *Le Père Noël se tire une balle dans le cul*, mais elle sera finalement abandonnée. L'entente parfaite des débuts n'étant plus tout à fait la même, la pièce est terminée par Gérard Jugnot et Thierry Lhermitte seulement. Et si c'est Lhermitte qui eut l'idée générale de la pièce, c'est Josiane Balasko qui, après avoir vu *Affreux, sales et méchants* d'Ettore Scola, se dit qu'il était désormais possible de se moquer des pauvres ! C'est également elle qui pensa à une association contre la détresse et qui imagina situer l'action à Noël, car c'est à cette époque de l'année que les gens sont censés être le plus heureux.
Méchante, outrancière, trash, vulgaire, dénonçant l'hypocrisie et traitant même le Père Noël d'ordure, la pièce prend beaucoup de risques… À quelques jours de sa création, la troupe est un peu inquiète des réactions face à cet humour un peu « trop spécial ». Mais, contrairement à leurs craintes le public est immédiatement conquis ! Le succès est tel que Le Splendid doit même déménager dans une salle plus grande, où la troupe enchaînera près de 200 représentations avant de partir en tournée dans toute la France.
Trois ans après son succès sur scène, la pièce est transposée au cinéma par Jean-Marie Poiré. Le soir de Noël, dans les locaux de SOS Détresse Amitié, on retrouve Thérèse (géniale Anémone !), Pierre et Madame Musquin, les bénévoles de l'association, dont la soirée va être perturbée par Zézette, Félix, Katia le travesti et Monsieur Preskovic. Film totalement déjanté et remarquablement interprété, les répliques cultes s'enchaînent sur un rythme effréné. À sa sortie, le film n'a qu'un succès mitigé. Devenu sans doute le plus cultissime du Splendid, on a du mal à l'imaginer aujourd'hui.

Elle se souvient pas de moi la pintade ?

Sur la lancée du Père Noël, Jean-Marie Poiré transpose sur grand écran *Papy fait de la résistance*, pièce écrite par les seuls Christian Clavier et Martin Lamotte. Venu voir la pièce, le producteur Christian Fechner est emballé et décide de mettre le prix qu'il faudra pour que le film soit remarqué et remarquable. Sous la forme d'une boutade, l'affiche annonce *Le film qui a coûté plus cher que le Débarquement*. Si ce n'est pas tout à fait vrai il est par contre parfaitement exact que le budget fut Kolossal ! Il faut dire qu'avec un casting pareil, c'était difficile de faire à l'économie : tout ce que la France compte comme acteurs incontournables en 1983 semble s'être

« Pas de chichi, appelez-moi Super. »

« Mais bouffez-le ! »

Vous vous souvenez de cette scène hilarante dans *Les Bronzés font du ski* où un couple de paysans amène son porc malade à Jérôme/Clavier pour qu'il le soigne ?
Pour tourner cette séquence un vrai vétérinaire avait fait au cochon une piqûre de somnifère qui n'avait un effet que de 52 minutes exactement. Le vétérinaire avait également prévenu que l'animal sortirait agressif de sa léthargie. Signes du début de la phase de réveil, les spasmes du cochon durant le tournage de la scène ont fait vaciller Christian Clavier entre terreur et fous rire. Si l'acteur joue si bien la panique… c'est qu'il n'en menait vraiment pas large !

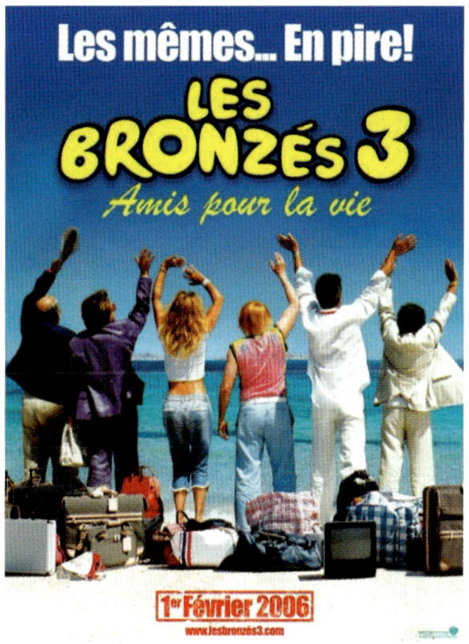

Les Bronzés, amis pour la vie… et pour de vrai !

Près de 30 ans après les deux premiers opus, les personnages des Bronzés se retrouvent en 2006. S'ils ont pas mal changé physiquement, pour le reste on reconnaît bien leurs travers, mesquineries, défauts… Petit récap de qui est qui :

Josiane Balasko: Nathalie Morin, la femme de Bernard. Elle n'aime pas trop la neige molle, pas trop son prochain, pas trop les voisins, pas trop les pauvres, pas trop Popeye… Par contre elle aime son fils, et son chien ! Et un peu Bernard aussi, quand même.

Michel Blanc: Jean-Claude Dusse, célibataire maladroit en quête de relations qui se prend des râteaux mais espère pourtant toujours qu'il va conclure. Et c'est chose faite dans *Les Bronzés 3* où, devenu Jessy, on le retrouve musclé, riche, chevelu et en couple avec Gigi, elle-même métamorphosée en bombasse atomique par la chirurgie esthétique.

Marie-Anne Chazel: Gisèle André, alias Gigi. En couple avec Jérôme dans *Les Bronzés 2*… et aussi dans la vraie vie puisque pendant plus de 30 ans Marie-Anne Chazel a été en couple avec Christian Clavier. Gigi aime les fleurs, les crêpes et Pépette sa petite chienne.

Christian Clavier: Médecin généraliste occasionnellement vétérinaire, fan de slalom, marié à Gigi puis à nouveau célibataire, radié de l'ordre des médecins, fauché, puis finalement moniteur d'auto-école, la vie n'est pas facile pour le pauvre Jérôme Tarayre !

Gérard Jugnot: Bernard Morin, le mari de Nathalie. Égoïste, beauf, et obtus, il n'est finalement peut-être pas aussi mauvais qu'il le montre si on creuse très très loin sous la carapace du sale type.

Thierry Lhermitte: Robert Lespinasse, alias Popeye, beau gosse aux yeux bleus magnifiques, sportif et éternel séducteur. Mais finalement, il fait un peu pitié le beau Popeye, tellement seul au milieu de toutes ses conquêtes.

Dominique Lavanant: Christiane, l'esthéticienne un peu godiche et en quête d'amour réserve bien des surprises. Dans *Les Bronzés 3* elle a finalement épousé Miguel Weissmuller et se révèle davantage psychopathe que nunuche.

Bruno Moynot: l'homme au slip noir dans *Les Bronzés 1*, et Gilbert dans *Les Bronzés 2* et *3*.

Martin Lamotte: Miguel Weissmuller, un animateur prof d'art plastique dans *Les Bronzés 1* et le mari de Christiane plus ou moins gourou dans *Les Bronzés 3*

« Duss avec un D comme Duss. »

donné rendez-vous devant la caméra de Jean-Marie Poiré, parfois même pour un rôle minuscule : Jacqueline Maillan, Jacques Villeret, Michel Galabru, Jean Carmet, Bernard Giraudeau, Julien Guiomar, Jean Yanne, Jacques François, Jean-Claude Brialy, Roger Carel, et, bien sûr, Le Splendid au grand complet !
Ajoutez à cela un final complètement barré et des répliques comme s'il en pleuvait. Le synopsis est simple : écrasée par la botte nazie, la France souffre.
La famille Bourdelle, soumise à l'occupation de son hôtel particulier par les Allemands prend sa part, à sa manière, au combat de l'ombre.
Des numéros d'acteurs inouïs (Jugnot/Ramirez en collabo bossant pour la Gestapo, Villeret en demi-frère d'Hitler, Maillan en cantatrice…), des répliques cultes, un final complètement loufoque, on peut dire que le film marque en fanfare la fin de l'aventure du Splendid !… et annonce le début d'un tandem qui va affoler les statistiques du cinéma hexagonal : Christian Clavier et Jean-Marie Poiré.
Okayyyye ?

Un dernier pour la route ?

Février 2005. Réalisé par Patrice Leconte, écrit et joué par Le Splendid au grand complet, *Les Bronzés 3* sort enfin au cinéma !
27 ans que les fans, dont certains n'étaient même pas nés au moment du premier opus, posaient la question : à quand le troisième ? Et en plus, le nombre de ces fans ne cessait d'augmenter, chaque rediffusion à la télé faisant de nouveaux adeptes. Quand ce n'était pas les parents (comme moi) qui biberonnaient leurs enfants (comme mes filles) à la liqueur d'échalote ou leur chantaient « *y'a du soleil, y'a des nanas, darla dirladada* » le parasol à peine planté dans le sable !
La ferveur des inconditionnels était un gage de succès, et avec plus de 10 millions d'entrées celui-ci fut au rendez-vous.
Cela prouve-t-il pour autant que le film est réussi ? On laissera à chacun le soin de se faire une opinion.
Quoi qu'il en soit, merci Popeye, Gigi, Jérôme, Bernard, Nathalie et Jean-Claude de rester nos amis pour la vie !

LES MÊMES… EN PIRE !

Pour les besoins du troisième opus des Bronzés, Marie-Anne Chazel et Michel Blanc ont accepté une transformation physique liée à l'évolution de leurs rôles. La première a ainsi dû subir la pose d'une énorme prothèse mammaire qui nécessitait trois heures de préparation, tandis que le second a dû se soumettre à un programme intensif de musculation afin d'« étoffer » son personnage.
Gérard Jugnot a, quant à lui, accepté d'arborer de nouveau la légendaire moustache de ses débuts.

PIERRE DESPROGES

« *On peut rire de tout, mais pas avec tout le monde.* » Cette phrase devenue culte, il en avait fait sa maxime. Éternel provocateur, prenant à contre-pied les positions convenues de son époque, brillant orateur aux indéniables qualités littéraires, durant toute sa carrière Pierre Desproges a su rire de tout. Anticonformiste, il a passé au crible de son humour noir et de son sens de l'absurde tous les sujets sensibles : la politique, le racisme, la religion, le sexisme, et même la maladie. Mélange corrosif d'intelligence pure et d'absurde, de cynisme et d'amour de la vie, Desproges était et reste à part. Pas la peine de lui chercher des héritiers, certaines personnes sont simplement irremplaçables.

« Il ne faut pas désespérer des imbéciles. Avec un peu d'entraînement, on peut arriver à en faire des militaires. »

Journaliste ? pourquoi pas...

Pierre Desproges naît en mai 1939 à Pantin. Viennent après lui une sœur et un frère. Leur père instituteur ayant fait le choix d'une carrière de directeur d'école dans les colonies, les enfants sont essentiellement élevés par leur mère. Adolescent, Pierre part vivre un an avec son père au Laos, puis trois ans en Côte d'Ivoire, dont un an dans un internat à Abidjan.

Les vacances se passent immanquablement à Châlus, dans la Haute-Vienne, chez ses grands-parents paternels. Pour le petit garçon, ces moments à la campagne sont des parenthèses enchantées. Pour ce qui est de l'école, il a par contre moins d'engouement. Élève médiocre et peu intéressé, il finira tout de même par décrocher son baccalauréat, mais sans éclat...

Il accomplit ensuite 28 mois de service militaire en Algérie. Une expérience très douloureuse dont il revient profondément antimilitariste.

Ne sachant pas trop quoi faire pour gagner sa vie, Pierre Desproges commence des études de kinésithérapie... vite abandonnées. Le jeune homme cumule des petits boulots comme auteur de romans-photos, vendeur d'assurances-vie (qu'il appelait « assurances-mort » !), puis de poutres en polystyrène expansé. Aidé par la journaliste Annette Kahn, une amie d'enfance, il entre au journal *L'Aurore*, où il a en charge la rubrique faits divers. Mais son style cinglant et son humour noir ne sont pas appréciés du chef de service des informations générales, qui ne le supporte pas et le fait renvoyer.

Sans rien connaître au monde des courses de chevaux, Pierre Desproges entre à *Paris-Turf*, journal hippique appartenant au même groupe de presse. Après un changement de direction, il réintègre *L'Aurore*. Sur un ton caustique et résolument décalé, il rédige *Bref*, une chronique relatant des faits divers insolites. Mais alors qu'il est à nouveau menacé de licenciement à cause de son humour grinçant, une intervention peu banale va le sauver : Françoise Sagan, au sommet de la gloire, écrit au directeur du journal que si elle achète *L'Aurore*, c'est uniquement pour lire la rubrique de ce jeune journaliste !

Le Petit rapporteur

Quelque temps après, en 1975, Desproges aura l'occasion de remercier sa bienfaitrice lors d'une interview surréaliste qui restera un des moments de bravoure de la carrière de l'humoriste : Installé dans le salon de l'écrivain, Desproges lui demande d'entrée de jeu : « *Françoise Sagan, comment ça va la petite santé ?* » Après quoi, tout au long de l'interview, il lui pose des questions

« *Françaises, Français ; Belges, Belges...* » Tous les jours le Procureur Desproges commence ainsi ses réquisitoires. Dans l'histoire de la radio, *Le Tribunal des flagrants délires* tient une place d'honneur.

« À part la droite, il n'y a rien au monde que je méprise autant que la gauche. »

totalement ineptes et complètement étrangères à la littérature, lui montre des photos de son beau-frère, de son chien... Interloquée mais charmante, Françoise Sagan joue le jeu, se proposant même de faire un tilleul à ce drôle de journaliste. Réalisée pour *Le Petit Rapporteur*, cette séquence hilarante était la première apparition de Desproges à la télévision. Pour un coup d'essai ce fut un coup de Maître !
Car quelque temps auparavant, alors qu'il venait de lancer *Le Petit Rapporteur* sur TF1, Jacques Martin était tombé sur cette chronique de Desproges en feuilletant *L'Aurore* : « *Le Belge John Huismans a réussi à tirer une locomotive sur 150 mètres à la seule force de ses dents. À notre connaissance, c'est la première fois qu'un Belge s'appelle John.* » Cet humour absurde et déjanté lui plaît ; il appelle Desproges et l'embauche.
Diffusé en direct tous les dimanches de 13h20 à 14h, *Le Petit Rapporteur* connaît un énorme succès, et les prestations de Pierre Desproges et de son complice Daniel Prévost, n'y sont pas étrangères. À l'instar de la séquence culte avec Françoise Sagan citée plus haut, leurs sketchs totalement délirants restent gravés dans l'esprit des amateurs d'humour noir, de cynisme et d'absurde. Souvenons-nous par exemple de l'entretien piégé avec l'écrivain Jean-Edern Hallier ou du combat à coups de boudins blancs dans une charcuterie au moment des fêtes de Noël... Inoubliables ! Heureusement pour les plus jeunes, on peut revoir aujourd'hui ces moments cultes sur Internet.
Malgré son succès, Pierre Desproges quitte l'émission en 1977. En effet, il ne supporte pas que ses interventions soient de plus en plus souvent coupées au montage, à la demande de Jacques Martin, jaloux de la popularité grandissante de son chroniqueur... Desproges retourne à *L'Aurore*.

Les premiers pas sur scène

Entre 1975 et 1979, Pierre Desproges joue fréquemment sur scène aux côtés de Thierry Le Luron. En 1978, il interprète des sketches avec Évelyne Grandjean. La même année, il débute en tête d'affiche dans un petit théâtre du quartier Mouffetard, *Le Théâtre des 400 coups*. Devant un public clairsemé, il y joue une pièce de théâtre drolatique « *Qu'elle était verte ma salade* »... tout un programme.
Toujours sur scène, mais dans un tout autre registre, il fait à plusieurs reprises les premières parties des tours de chant de Dalida. Étonnant, non ?
Avec l'aide de Guy Bedos, il remonte sur scène en 1984 dans le one-man-show « *Un cri de haine désespéré où perce néanmoins une certaine tendresse* ».
En 1986, il crée ensuite *Pierre Desproges se donne en spectacle*, sans savoir que ce sera son dernier spectacle...

Bonjour, ma colère ! Salut, ma hargne ! Et mon courroux, coucou !

Parallèlement a ses premiers pas sur scène, Pierre Desproges laisse très vite son talent s'exprimer à la radio. Totalement libre, ou presque, c'est sur les ondes de France Inter que l'on mesure à quel point son humour est corrosif et « sans filtre ».
En 1978 et 1979, il anime avec Thierry Le Luron, Bernard Mabille et Évelyne

LE PROFESSEUR CORBINIOU

En 1980 et 1981, Pierre Desproges participe à l'émission *L'Île aux enfants* : il y interprète le professeur Corbiniou dans une vingtaine de petits sketches destinés aux enfants afin de « *les abêtir davantage* » dit-il, provocateur.
Dans ces courtes séquences totalement loufoques, l'humoriste explique par exemple, aux enfants, comment réussir la recette de l'œuf dur, comment rendre visite à ses amis en restant poli, ou que pour bien répondre au téléphone il faut d'abord avoir un téléphone...Bref des tas de conseils plein de non-sens et d'ironie grinçante. Le Professeur Corbiniou est en quelque sorte l'ancêtre de Monsieur Cyclopède.

Grandjean l'émission hebdomadaire *Les Parasites sur l'antenne*.
Mais c'est surtout entre 1980 et 1983, grâce au *Tribunal des flagrants délires*, en compagnie de Claude Villers et Luis Rego, que Pierre Desproges va connaître un immense succès.
« *Françaises, Français ; Belges, Belges ; mon Président-mon chien ; Monsieur l'avocat le plus bas d'Inter ; Mesdames et Messieurs les Jurés ; public chéri, mon amour !* »
Procureur fantasque, Desproges introduit chacun de ses réquisitoires loufoques par cette accroche restée dans toutes les mémoires ! Des dizaines d'invités vont subir les foudres de ses sarcasmes et ses saillies hilarantes. Jacques Séguéla, Renaud, Coluche, Yannick Noah, Frédéric Mitterrand, Reiser, Josiane Balasko…
On pourrait en citer tellement de ces réquisitoires cyniques, insolents, voire « trash ».

Y'en aura pour tout le monde !

Le 9 janvier 1988, quelques semaines avant sa mort, Pierre Desproges présente en direct l'arrivée des invités de l'émission *Champs-Élysées* à la place de Michel Drucker. Mais sur un ton caustique et irrévérencieux bien sûr ! Ce sera l'une de ses dernières prestations et elle reste inoubliable. Un exemple ? L'arrivée de Serge Gainsbourg qu'il qualifie de « *seul génie qui ressemble à une poubelle.* »

Étonnant, non ?

Contrairement à ce que prétend la légende, ce n'est pas Pierre Desproges qui a rédigé la dépêche annonçant sa mort « *Pierre Desproges est mort d'un cancer. Étonnant, non ?* », en référence à la phrase de conclusion de *La Minute nécessaire de Monsieur Cyclopède*, c'est Jean-Louis Fournier, réalisateur de l'émission et grand ami de l'humoriste.

« Un gentleman, c'est quelqu'un qui sait jouer de la cornemuse et qui n'en joue pas. »

Allez, juste quelques extraits pour le plaisir. À Daniel Cohn-Bendit : « *comme disait Himmler "qu'on puisse être à la fois juif et allemand, ça me dépasse". C'est vrai, il faut savoir choisir son camp* ». À l'Académicien Jean d'Ormesson : « *N'avez-vous point honte, à votre âge, un grand garçon comme vous, de vous déguiser périodiquement en guignol vert pomme avec un chapeau à plume à la con et une épée de panoplie de Zorro ?* » À Ines de La Fressange : « *Madame, si ma robe était de bronze, vous entendriez sonner le tocsin.* » Et Jean-Marie Le Pen, bien sûr, pour lequel il développa sa fameuse argumentation *Peut-on rire de tout ? Oui, mais pas avec tout le monde.*

De gauche à droite : Pierre Desproges, Pierre Bonte, Jacques Martin, Stéphane Collaro, Daniel Prévost et le dessinateur Piem. L'équipe inoubliable du *Petit Rapporteur*.

En 1986, trois ans après triomphe du *Tribunal des flagrants délires*, Pierre Desproges revient sur l'antenne de France Inter avec *Chroniques de la haine ordinaire*. Faits divers, portraits, rumeurs à propos d'événements marquants étaient disséqués en cinq minutes, juste avant les informations de 19 heures. Diffusées du 3 février au 24 juin 1986, ces chroniques finissaient par ces mots « *Quant au mois de mars, je le dis sans aucune arrière-pensée politique, ça m'étonnerait qu'il passe l'hiver* »…

Étonnant, non ?

Célèbre, reconnu, voire redouté, Pierre Desproges fait son retour sur le petit écran en 1982. Dans un premier temps, il collabore pendant quelques mois au scénario de l'émission *Merci Bernard* sur FR3 – c'est d'ailleurs lui qui trouve le titre de l'émission, en hommage à Bernard Morrot, l'homme qui lui offrit une seconde chance à *L'Aurore*.
Mais c'est surtout avec *La Minute nécessaire de Monsieur Cyclopède* qu'il va définitivement marquer l'histoire de la télévision.
Créées en 1982, ces pastilles humoristiques diffusées pendant deux ans

À la radio, Pierre Desproges a bénéficié d'une liberté de parole totale, et désormais révolue. En effet, qui oserait/pourrait dire à l'antenne aujourd'hui « *Il y a plus d'humanité dans l'œil de mon chien quand il remue la queue que dans la queue de Le Pen quand il remue son œil* » ?

à 20 h 30 sur FR3 décoiffent le petit écran et explosent les records d'audience. Parodiant les leçons de choses et de savoir-vivre de son enfance, jonglant avec l'absurde et l'humour noir, Desproges ose tout. « *Notre objectif,* dit-il, *est de diviser la France en deux : les imbéciles qui n'aiment pas et les imbéciles qui aiment* ». Dans ces cent petites chroniques, il se joue de tous les sujets, qu'ils soient sacrés (« *Rentabilisons la colère de Dieu* »), loufoques (« *Sachons distinguer une gardienne d'immeuble d'un oléoduc* »), tabous (« *Jouons à colin-maillard avec un aveugle* ») ou politiquement incorrects (« *Évitons de sombrer dans l'antinazisme primaire* »). Et chaque soir l'humoriste conclut sa chronique avec la célèbre formule « Étonnant, non ? »

Plus cancéreux que moi, tumeur

« *Je vous donne quatre mots et vous trouvez l'intrus : "métastases, chimiothérapie, Schwartzenberg, avenir"* ». Tout au long de sa carrière Pierre Desproges s'est joué de la mort, de la maladie, et surtout du cancer, Comme si elles voulaient se venger des sempiternels sarcasmes de l'humoriste, les métastases auront finalement le dernier mot : en 1987 on lui diagnostique un cancer du poumon très avancé. Les médecins ne peuvent rien faire, les deux poumons sont touchés, Pierre Desproges est condamné. En accord avec Hélène, son épouse, les médecins décident de lui cacher la réalité de sa maladie et prétendent avoir retiré une tumeur bégnine.

Son état se détériore et l'humoriste ressent une fatigue chronique de plus en plus difficile à supporter. Sans se douter que le cancer le ronge, il continue tant bien que mal d'honorer ses engagements professionnels. Pour lui permettre de tenir le rythme de la tournée de son spectacle, des cocktails de remontants lui sont administrés directement dans les muscles. Quelques semaines avant sa mort, il tourne une publicité parodique avec Les Nuls. Comme le révèle Alain Chabat dans le livre *Desproges est vivant*, le tournage est difficile. Desproges, totalement épuisé, prétend s'être fêlé une côte durant l'enregistrement du sketch, ce qui explique sa fatigue du moment. Fin mars 1988, il lui faut rendre les armes contre les métastases.

Il abandonne la scène et rentre à l'hôpital pour reprendre des forces.

Mais le 18 avril, la mort prend sa revanche sur celui qui prétendait l'avoir tuée à coups de marteau… Il avait 49 ans. Pierre Desproges est mort d'un cancer. Étonnant, non ?

> « Marguerite Duras n'a pas écrit que des conneries. Elle en a aussi filmé. »

Tout au long de sa vie Pierre Desproges s'est joué de la mort. Manque de chance, c'est finalement lui qui a perdu. Faut dire qu'il l'avait bien cherché La Grande Faucheuse, avec ses éternels sarcasmes et ses provocations !

« ON S'ENNUIE VITE À JOUER AU TENNIS, À CAUSE, BIEN SÛR DE L'INERTIE DE LA BALLE, ALORS QUE SI VOUS REMPLACEZ LA BALLE PAR UN POUSSIN, C'EST LE FOU RIRE ASSURÉ ! »

PIERRE DESPROGES

RIRE À LA TÉLÉVISION

Le 29 juin 1949, Pierre Sabbagh présente le premier journal télévisé. La télévision ne compte alors qu'une seule chaîne, l'image en noire et blanc est médiocre et le nombre de spectateurs tout à fait anecdotique.

Et pour cause, en 1950 on ne recense dans toute la France que 3 794 postes de télévision ! En 1954, seulement 1% des ménages français sont équipés d'un téléviseur. Même le 13 juin 1958, ils ne seront qu'à peine 7% à voir dans leur poste la première allocution télévisée du général de Gaulle !

Côté programme, si les émissions proposées ne sont pas très nombreuses, plus de la moitié est consacrée au divertissement. La France sort de la tragique période de la Seconde Guerre mondiale, elle a besoin de légèreté, de bonne humeur. Elle veut RIRE !

Et aujourd'hui ? Ah, bien sûr les chiffres ont changé. Dans son rapport de 2015, le CSA révélait que le taux de pénétration de la télévision dans les foyers français était de… 96,7% !

En parallèle, si l'on se réfère aux grilles des programmes et au nombre croissant d'émissions de divertissement, il semble que nous avons de plus en plus envie, ou besoin, de nous amuser, de nous détendre, d'oublier notre quotidien.

Animateurs, jeux, humoristes, talk-show, bêtisiers, programmes courts,… toutes les chaînes (et elles sont nombreuses !) veulent faire rire les spectateurs. Comme il serait illusoire de répertorier l'intégralité des émissions d'humour diffusées depuis la création de la télévision, nous nous contenterons d'en évoquer quelques-unes qui ont marqué le petit écran.

Ne cherchez pas le Théâtre de Bouvard ou La Classe : étant donné l'importance que ces deux émissions ont eue sur la carrière de nombreux humoristes, elles sont traitées spécifiquement pages 104 et 109.

36 Chandelles

36 Chandelles

Diffusée d'octobre 1952 à juillet 1958 sur la RTF. Créée et présentée par Jean Nohain pour « *faire oublier aux gens leurs soucis quotidiens avec du rire et des surprises* », *36 Chandelles* a accueilli de nombreux comiques, parmi lesquels Fernandel, Bourvil, Fernand Raynaud, Darry Cowl, Roger Pierre et Jean-Marc Thibault. L'ancêtre des émissions de variétés et de divertissement !

La Caméra invisible

Créée par Jacques Rouland et Pierre Bellemare, diffusée sur la 2e chaîne de l'ORTF de 1964 à 1971. Cette émission de canulars consistait à piéger des gens anonymes dans la rue et de filmer, en caméra cachée, leur réaction face à une situation insolite. Véritable triomphe, *La Caméra invisible* a inspiré de nombreuses émissions basées sur le principe des canulars en caméra cachée, en particulier *Surprise sur prise*, diffusée sur TF1 au début des années 90.

Les Grands Enfants

Émission créée par Maritie et Gilbert Carpentier, diffusée de 1967 à 1970. Sur une scène, comme au théâtre, les invités improvisaient des sketchs ou participaient à des jeux. Parmi les humoristes participant à l'émission on retrouvait fréquemment Jacqueline Maillan, Sophie Desmarets, Francis Blanche, Jean Poiret, Jean Yanne, Darry Cowl, Jacques Martin, Roger Pierre et Jean-Marc Thibault. Fous rires garantis !

Le Petit Rapporteur

Le Petit Rapporteur

Émission créé par Jacques Martin, 58 éditions diffusées sur TF1 de 1975 à 1976. Journal télévisé satirique, *Le Petit Rapporteur* traitait l'actualité avec une incroyable liberté de ton et beaucoup d'impertinence, au point que le générique de fin se terminait sur les mots « *À dimanche prochain, peut-être…* » Jacques Martin était entouré de Stéphane Collaro, Piem, Pierre Desproges, Daniel Prévost et Pierre Bonte. Parmi les trouvailles de cette joyeuse bande, la reprise de deux vieilles chansons, *À la pêche aux moules* puis *Mam'zelle Angèle*. Gros succès dans les cours de récré de l'époque !

Les Jeux de 20 heures

Jeu créé par Jacques Solness, présenté par Maurice Favières, Jean-Pierre Descombes et Maître Capello, diffusé sur France 3 de 1976 à 1987. L'émission consistait à poser des questions de culture générale à des invités célèbres, chansonniers, comiques ou acteurs, et à des candidats en Province par l'intermédiaire de Jean-Pierre Descombes. En plateau, le jeu était arbitré par l'irascible Maître Capello. « *50 francs pour vous, 100 francs pour le nourrin* », lançait-il. Un immense succès !

Merci Bernard

Émission créée par Jean-Michel Ribes et Roland Topor, diffusée sur FR3 de 1982 à 1984. Successions de chroniques loufoques (Les trucs de Tante Aline, Connaissez-vous droits, Le cadeau de la semaine,...), de reportages bidon, de fausses réclames, de téléachats déjantés. Pendant plus de deux ans, *Merci Bernard* a cassé les codes des émissions d'humour et bousculé les téléspectateurs. Parmi les acteurs qui y participaient citons Tonie Marshall, Le Professeur Rollin, Éva Darlan, Claude Piéplu et Philippe Khorsand. À découvrir ou redécouvrir de toute urgence !

La minute nécessaire de Monsieur Cyclopède

Émission de Jean-Louis Fournier et Pierre Desproges, 98 épisodes d'une minute diffusés sur FR3 de 1982 à 1984.
Pierre Desproges ose tout, et aucun sujet n'est épargné ! À la manière des leçons de choses, il se livre chaque soir à des explications aussi farfelues qu'irrésistibles, concluant chaque épisode par sa célèbre formule « *Étonnant, non ?* ». Déjanté, libre, irrévérencieux, surréaliste, original, inattendu,... bref, CULTE !

L'Académie des Neuf

L'Académie des Neuf

Jeu présenté par Jean-Pierre Foucault, diffusé sur Antenne 2 de 1982 à 1987. Selon le principe du jeu du morpion, la case de l'invité qui a bien répondu était marquée d'une croix ou d'un rond. Tout l'intérêt du jeu tenait à ses neuf invités, humoristes, chansonniers, comédiens, qui ne ménageaient pas leurs efforts pour faire rire. Parmi la soixante de personnalités qui participaient régulièrement à l'émission, citons Yves Lecoq, Jean Lefebvre, Bernard Menez, Isabelle Mergault, Paul Préboist, Daniel Prévost, Sim, Patrick Topaloff et Marthe Villalonga.

Le Bébête show

Émission créée par Stéphane Collaro, Jean Roucas et Jean Amadou, diffusée sur TF1 de 1982 à 1995.

Par l'intermédiaire de marionnettes caricaturales, *Le Bébête show* se moque des hommes politiques avec un humour qui repose essentiellement sur les jeux de mots et les calembours. Kermiterrand la grenouille (François Mitterrand), Black Jack l'aigle (Jacques Chirac), Marchie la cochonne (Georges Marchais) battent des records d'audience ! Mais, concurrencée puis dépassée par *Les Guignols de l'info*, l'émission s'arrête définitivement en 1995.

Le Bébête show

Les Guignols de l'info

Émission créée par Alain de Greef, diffusée sur Canal+ de 1988 à 2018. Diffusée à l'origine sous le nom des *Arènes de l'info*, l'émission se présente sous la forme d'un journal télévisé quotidien animé par PPD. Caricature en latex de Patrick Poivre d'Arvor, PPD interviewe les marionnettes des célébrités faisant l'actualité du jour (politiques, sportifs, people...) L'impact des Guignols a été considérable, parvenant même à modifier l'image de certaines personnalités, comme ce fut le cas pour Jacques Chirac et son sympathique « *Mangez des pommes !* » Au gré des changements de dirigeants, d'auteurs, d'horaires, le concept a évolué, jusqu'à disparaître en 2018. « *Atchao, bonsoir* »...

La Télé des Inconnus

Série de 7 émissions créées et interprétées par Les Inconnus, diffusées sur Antenne 2 puis France 2 de 1990 à 1993. Parodies d'émissions de télé, de chanteurs, fausses pubs, clips,... Les Inconnus tirent sur tout ce qui bouge et on adore ça ! Leurs émissions ont un énorme succès et attirent entre 6,9 et 9,5 millions de téléspectateurs.
Voir également page 111.

Les Nuls, l'émission

56 émissions créées et présentées par Les Nuls, diffusées sur Canal+ de 1990 à 1992. Accompagnés d'un invité qui participe à leurs sketchs, tous les samedis soir à 22 heures, Les Nuls dynamitent la télé ! Faux journal télévisé présenté par Maurice Chevalier (Alain Chabat) et Pénélope Solète (Chantal Lauby), fausses pubs, fausses bandes-annonces, ils osaient vraiment tout, même le mauvais goût. Devant les propos et le ton parfois très crus de l'émission, la chaîne conseillait un accord parental, voire parfois une interdiction pour les moins de 12 ans ! Voir également page 117.

ROLAND MAGDANE

Quand Stéphane Collaro crée le *Collaro Show* en 1979 sur Antenne 2, il est déjà célèbre pour avoir animé, avec Jacques Martin, *Le Petit Rapporteur* et *L'école des fans*. En revanche, personne ne connaît les comiques débutants qui l'entourent, parmi lesquels Martin Lamotte, Guy Montagné, Jean Roucas, Claire Nadeau et… Roland Magdane. Ça ne va pas durer : en l'espace de quelques mois, impossible d'échapper à la grosse moustache de ce drôle de zigoto !

« Je récapépette depuis le bédut… »

Pas docteur : acteur !

De son vrai nom Magdanski, Roland Magdane naît à Grenoble en 1949. Après une brillante scolarité, il commence des études de médecine, qu'il abandonne très vite.
Car depuis son plus jeune âge, le jeune homme n'a qu'une idée en tête, devenir acteur !
En 1967, il monte à Paris, bien décidé à brûler les planches. Mais les débuts sont difficiles, et Roland est obligé de cumuler les petits boulots pour subvenir à ses besoins : chanteur des rues, brocanteur aux Puces de Vanves, vendeur de pantalons, chauffeur du mime Marceau, etc.
En parallèle, le jeune homme prend des cours de théâtre au Cours Simon, car il n'est pas question de renoncer à son rêve.
En 1970, il est engagé comme doublure dans une pièce de Théâtre… mais n'y fera qu'une seule apparition. En 1972, il joue dans une pièce d'Alain Scoff, qu'il retrouvera plus tard chez Stéphane Collaro.
Après une parenthèse « chanson » d'un an dans la troupe de Michel Fugain, il crée son premier one-man-show en 1978, au café-théâtre La Cour des Miracles. Le bouche-à-oreille fonctionne, très vite le public se presse pour découvrir ce nouvel humoriste.
Grace au succès du spectacle Roland arrive sur Antenne 2 pour participer au *Collaro Show*, de 1979 à 1980. Sa carrière est lancée.
En 1983, son nom s'affiche aux néons de l'Olympia. Son spectacle *Lettre à ma mère* est un triomphe. Suivent cinq années de tourbillon médiatique.
Roland Magdane est partout, sur scène, à la télé, en tournée, et même dans les cours de récré où les gamins « rissolent » en imitant ses défauts de « prononciapon » !
L'ascension est fulgurante. Ça va vite, trop vite…

Le rêve américain

Au sommet de la gloire, Roland Magdane frôle la mort au volant de sa Ferrari qui finit encastrée sous un camion.
L'accident agit comme un électrochoc : en 1986 l'humoriste décide de partir faire un break d'un an aux États-Unis.
Installé à Los Angeles, il passe une audition et se fait engager pour un an au *Comedy Store*. Son show, en anglais *of course*, dure 20 minutes et remporte un beau succès. D'ailleurs, aujourd'hui encore on peut voir son nom inscrit au fronton du théâtre à côté des plus grandes stars américaines qui s'y sont produites.
Cette consécration lui ouvre les portes de la télévision : après quelques apparitions dans des séries, il interprète pendant quatre ans le rôle de René, un flic français dans *Two of Diamonds* sur CBS.
Point d'orgue de sa carrière américaine, en 1989 Roland est élu par la chaîne de télévision NBC « Meilleur comique étranger ».
Pas mal pour un petit *Frenchie* !

Un come-back… qui dure !

Après un petit break qui aura finalement duré neuf ans, Roland Magdane revient

Roland Magdane est régulièrement invité dans l'émission *Vivement dimanche prochain* de Michel Drucker. Comme un chanteur reprend ses tubes, il y joue souvent d'anciens sketchs puisque c'est ce que le public lui demande.

« Un raciste, quand il commande un Black & White, demande deux verres séparés. »

à Paris en 1995, avec un album de chansons qui fait un flop.
À la télévision, par contre, ça marche très bien : quelques beaux rôles dans des fictions et des séries (comme *Le Tuteur*, sur France 2), l'écriture d'un scénario, jusqu'à l'animation du jeu *Êtes-vous plus fort qu'un élève de 10 ans ?* en 2007 sur M6.
En parallèle, Jean Becker lui offre deux très beaux rôles au cinéma dans *Les Enfants du Marais*, en 2000, puis dans *Un crime au Paradis*, en 2001. Cette nouvelle carrière d'acteur ne l'empêche pas pour autant de remonter sur les planches.
En 2005, il retrouve la scène pour son spectacle *Magdane craque !*, joué pendant deux ans.
Pour ses 30 ans de carrière en 2007, il revient avec son *Magdane Best Of*, regroupant ses meilleurs sketchs.
Puis, ce sera *Attention c'est show*, spectacle qui, régulièrement réactualisé, continue d'attirer des spectateurs toujours ravis d'entendre Roland Magdane écrire à sa mère…

Près de 40 ans que Roland Magdane a écrit à sa mère. Il doit y avoir grève à la Poste…

Et s'il avait gagné ?

En 1969, Roland Magdane fait partie des quatre finalistes de l'émission *La fine fleur de la chanson française*, organisée sur France Inter. Il est devancé pas Yves Simon, alors inconnu, et Hervé Christiani, qui remporte le concours.

J'ai écrit une lettre à ma mère…

C'est par ces mots que Roland Magdane introduit immuablement son célèbre sketch *La Lettre à ma mère*. Dépliant une feuille, il en fait ensuite la lecture aux spectateurs :
« Chère maman.
Je suis bien arrivé chez pépé et mémé…
À la guerre…
En vacances… »
Qu'importent l'endroit et les circonstances, depuis près de 40 ans la lettre n'est que le prétexte à énumérer une succession de blagues.
Contrairement au prix du timbre-poste, le sketch n'a pas bougé !

« Y'EN A QUI TIENNENT LE HAUT DU PAVÉ, MOI JE TIENS LE BAS DU FOSSÉ... »

FERNAND RAYNAUD

« J'EN CONNAIS QUI SERAIENT CAPABLES DE TUER POUR AVOIR LE PRIX NOBEL DE LA PAIX. »

JEAN YANNE

« "YAOURT ALLÉGÉ", ÇA VEUT DIRE : ILS ENLÈVENT DU GRAS, ILS AJOUTENT DU PRIX. »

ANNE ROUMANOFF

MICHEL BOUJENAH

Fidèle à lui-même, à son style, à l'enfant qu'il était et à ses origines méditerranéennes, depuis près de quarante ans Michel Boujenah se balade sur les scènes de théâtre comme sur les plateaux de cinéma. Raconteur d'histoires vraies, ce clown parfois triste jongle avec le rire et la lucidité.

« Un adulte, c'est un enfant qui a réalisé ses rêves. »

Un aller simple Tunis-Bagneux...

Michel Boujenah est né en 1952 à Tunis où son père, Joseph, est médecin. Il grandit entouré de ses trois frères, Yves, Jean-Louis et Paul, le cadet, qui deviendra cinéaste. Michel a 11 ans lorsque sa famille rentre en France et s'installe à Bagneux, en région parisienne. Le petit garçon a beaucoup de mal à supporter cette rupture avec sa terre et sa culture natale.
À 15 ans, il intègre l'École alsacienne à Paris. Avec un camarade de classe, il bricole un journal baptisé l'*Hebdromadaire*. Lors d'exposés présentés en cours, l'adolescent se découvre un don de conteur.
C'est le déclic : le jeune homme décide de réaliser son rêve d'enfance, devenir acteur. Dans un premier temps, il intègre le cours de théâtre dispensé par son lycée. Cette première expérience le conforte dans son choix et, après avoir obtenu son baccalauréat, il passe le concours d'entrée de l'École Supérieure d'Art dramatique du Théâtre National de Strasbourg. Mais le jeune homme est recalé… à cause de son accent tunisien !

Albert et Les Magnifiques

Michel ne se décourage pas pour autant. En 1972, après quelques stages de comédie, il monte avec ses deux amis, Paul Allio et Corinne Atlas, sa propre compagnie de théâtre *La Grande Cuillère*. La joyeuse troupe écrit et met en scène des spectacles, et invite également des amateurs à les rejoindre sur scène.
En parallèle, le jeune homme joue pour les enfants et commence à interpréter ses propres textes dans les cafés-théâtres parisiens.
En 1980, il crée son premier one-man-show, *Albert*, au théâtre du Lucernaire, à Paris. Très autobiographique, ce spectacle raconte le quotidien de juifs tunisiens immigrés en France et souffrant de ce déracinement. Le bouche-à-oreille fonctionne et le succès est très vite au rendez-vous.
Fort de l'accueil rencontré, Michel Boujenah enchaîne dès l'année suivante, avec *Anatole*. Malheureusement le public ne suit pas et ce second spectacle est un échec.
En 1984, il reprend son personnage d'Albert dans *Les Magnifiques*, galerie de portraits de juifs franco-tunisiens, truculents et drôlissimes. Le spectacle est à nouveau un grand succès. Michel est reconnu par le public, les médias et le monde du spectacle : sa carrière est lancée.

Des planches au grand écran

En parallèle, Michel Boujenah fait ses débuts d'acteur dans *Mais qu'est-ce que j'ai fait au bon Dieu pour avoir une femme qui boit dans les cafés avec les hommes ?* de Jan Saint-Hamont, puis devant la caméra de son frère Paul, dans *Fais gaffe à la gaffe !* en 1981.
Après quelques rôles de second plan, Coline Serreau lui confie un des rôles principaux dans *Trois hommes et un couffin* aux côtés d'André Dussolier et Roland Giraud (1985). Sa prestation est

Sous le soleil provençal
Homme de scène, en 2007 Michel Boujenah accepte de devenir le directeur artistique du Festival de Ramatuelle, succédant ainsi à Jean-Claude Brialy, son fondateur. Créée en 1985 dans un cadre idyllique, il avait à l'origine pour objectif de valoriser ce ravissant petit village provençal. Trente-cinq ans plus tard, la réputation du Festival de Ramatuelle n'est plus à faire : la fréquentation croissante des spectateurs témoigne de l'intérêt porté à une manifestation offrant tout à la fois chanson française, humour, théâtre classique ou contemporain, et chansonniers. Tout ça, au son du chant des cigales !

Un couffin *KOLOSSAL !*
Trois hommes et un couffin a remporté un énorme succès ! Avec plus de 9 millions de spectateurs, c'est le film qui a fait le plus d'entrées dans les années 80, devançant même *E.T. l'extra-terrestre* et *Les Aventuriers de l'Arche perdue* !

Raconteur d'histoires vraies, Michel Boujenah jongle avec le rire, la nostalgie et la tendresse.

« Si tu n'es pas capable d'avoir de l'humour, tu ne rencontreras jamais la femme de ta vie. »

récompensée par le César du Meilleur acteur dans un second rôle. Cette reconnaissance lui permet de tourner ensuite avec des réalisateurs prestigieux comme Claude Zidi (*La Totale !*), Claude Lelouch (*Les Misérables*) ou Ariel Zeitoun (*Le nombril du monde*).
Toujours au cinéma, il retrouve Coline Serreau en 2003 pour *18 ans après*, la suite de *Trois hommes et un couffin*. La même année, il endosse une nouvelle casquette, celle de réalisateur avec son premier long-métrage, *Père et fils* avec Philippe Noiret et Charles Berling, qui connaîtra un joli succès et sera nommé aux Césars de la meilleure première œuvre de fiction.

Maxo, Guigui et les autres

Côté scène, en 2004 Michel Boujenah fait « carton plein » avec son one-man-show les *Nouveaux Magnifiques*, nouvelle série de portraits de juifs tunisiens.
Vingt ans après la création des premiers, il convoque une fois encore ses personnages fétiches, comme autant d'avatars de lui-même et de ses proches : la famille Boutboul bien sûr, mais également Guigui et Maxo, ces oncles juifs tunisiens chez qui on retrouve un peu des « Valeureux » d'Albert Cohen, l'une des inspirations de l'humoriste.
Le public rit beaucoup, pris à partie par l'artiste qui passe de la nostalgie de l'enfance à un regard lucide sur notre époque. *L'ange gardien, Ma vie rêvée, Enfin libre, Ma vie encore plus rêvée* : à chaque fois sa faconde, son art de la narration, son don pour l'exagération, sa capacité à faire passer l'émotion et son sens de l'improvisation font mouche.
Amoureux de la scène, Michel Boujenah ouvre sa grande malle à personnages au gré de ses spectacles. Selon ce qu'il veut nous dire, il en sort Guigui, Albert, Maxo,... ou l'enfant qu'il fut de l'autre côté de la Méditerranée.

« MOZART ÉTAIT TELLEMENT PRÉCOCE QU'À 35 ANS IL ÉTAIT DÉJÀ MORT. »

PIERRE DESPROGES

« – T'ES RACISTE TOI ?
– MOI SURTOUT PAS, JE VOIS UN ÉTRANGER JE LUI PARLE PAS, PUIS C'EST TOUT ! »

CHEVALLIER ET LASPALÈS

« LES MOUSTIQUES ÇA SERT À RIEN. ÇA POLLUE LES VACANCES DES RICHES ET ÇA TUE LES PAUVRES ! »

FLORENCE FORESTI

LES GROSSES TÊTES

« *Question de Madame Bellepaire, de Loches* ». Depuis plus de 40 ans, du lundi au vendredi, de 16h à 18h, *Les Grosses Têtes* offrent à leurs très nombreux auditeurs une bonne tranche de rigolade. Alors, et même si elle ne fait pas toujours dans la dentelle, impossible de passer à côté d'une émission qui a reçu et reçoit encore quelques-uns des plus grands humoristes français.

Jacques Martin, Jean Yanne, Rika Zaraï, Olivier de Kersauson, Jean Amadou, Jacques Chazot, Gloria Lasso, Sophie Desmarest... Quelques-uns des sociétaires au début des *Grosses Têtes*, en 1977.

Poisson d'avril !

En 1977, Roger Krecher et Jean Farran, directeur des programmes de RTL, s'inspirent d'une émission de radio d'avant-guerre appelée *Les Incollables*, pour proposer à la station une nouvelle émission. Le principe est simple, il consiste à poser des questions de culture générale à un petit groupe d'invités, choisis pour leur humour et leur sens de la répartie. Afin d'être mis sur la voie et de trouver les réponses, les invités posent des questions à un animateur. La direction de RTL accepte. L'émission s'intitulera *Les Grosses Têtes*. Ne manque plus qu'à trouver un animateur à la hauteur.

C'est Jacques Martin qui eut l'idée de proposer Philippe Bouvard, persuadé que son humour et sa grande érudition lui permettraient de relever le défi d'une émission culturelle quotidienne.

Bingo ! Le 1er avril 1977, c'est la première. Quelques jours avant, Jacques Martin avait rassuré Bouvard « *Comme vous allez faire votre essai le 1er avril, si ça ne marche pas on arrêtera le 2 et on dira que c'était un canular* ». Un canular qui dure depuis plus de 40 ans...

Un succès aussi rapide qu'énorme

Philippe Bouvard raconte cette première émission : « *C'était dans un tout petit studio, sans public. Je crois me souvenir qu'il y avait Roger Pierre. Pour les autres, c'est beaucoup plus flou. Le malheur, c'est qu'on n'a pas gardé d'enregistrement de cette première émission... Sans doute étions-nous réservés à l'époque sur la pérennité de cette initiative.* »

À la rentrée en septembre 1977, le dispositif change : l'émission déménage dans le *Grand Studio* et l'enregistrement a lieu en public. Au bout d'un an, le programme marche bien, mais au bout de deux, c'est carrément un gros succès.

Répondant à l'invitation de son ami Philippe Bouvard, l'académicien Jean Dutourd est l'un des pères fondateurs de l'émission.

Son érudition sans limite et son sens de l'humour époustouflent les participants et le public des *Grosses Têtes*.

L'acteur comique Jean Lefebvre ne trouve, quant à lui, que très peu de réponses, mais provoque l'hilarité en demandant régulièrement « Est-ce que c'est sexuel ? ». Les deux autres « pères fondateurs » sont les comédiens Roger Pierre et Jacques Balutin, présents dès le début. Fin 1977 arrive Jean Yanne qui devient un pilier de l'émission, puis Jacques Martin, ainsi que l'imitateur Thierry Le Luron, sociétaire jusqu'à son décès. Exagérant son côté « oie blanche » un peu coincée, la comédienne Sophie Desmarets sera, elle, la première femme à participer à l'émission.

Yanne, Martin, Kersauson : la grande époque

Les années 1980 s'articulent autour d'un groupe de sociétaires récurrents, parmi lesquels on retiendra quelques piliers comme Olivier de Kersauson, Gérard Jugnot, Patrick Sébastien, Sim, Carlos, Philippe Castelli, Alice Sapritch, Léon Zitrone, Claude Sarraute, Jackie Sardou...

À cette époque, des improvisations loufoques du trio Jean Yanne, Jacques Martin et Olivier de Kersauson peuvent durer une émission entière. Mais le programme possède d'autres thèmes récurrents, comme les moqueries à l'égard d'Alice Sapritch et de Philippe Castelli (surnommé « le débris ») ou encore les histoires salaces de ce même Castelli, racontées sur un ton monocorde avant d'être interrompu par ses camarades.

Au début des années 90 s'ajoutent d'autres sociétaires marquants comme Jean-Pierre Coffe, célèbre pour ses coups de gueule culinaires, Isabelle Mergault, Francis Perrin, Guy Montagné, Thierry Roland, Stéphane Bern, Laurent Baffie, Chantal Ladesou, Pierre Bellemare, Vincent Lagaf' ou encore Amanda Lear.

Mais en 2000, Stéphane Duhamel, le nouveau patron de RTL, décide de rajeunir l'antenne. Philippe Bouvard, animateur historique, est remercié, et sera remplacé par Christophe Dechavanne.

La dernière émission animée par Bouvard a lieu le 30 juin 2000.

À la fin de cette grande époque, les sociétaires réguliers sont Jean Yanne, Isabelle Mergault, Olivier de Kersauson, Carlos, Jean-Jacques Peroni, Jacques Mailhot, Jean-Pierre Coffe, Thierry Roland, Stéphane Bern, Amanda Lear, Jean-Claude Brialy, Patrick Sébastien, Jacques Balutin, Pierre Bellemare, Macha Méril, Guy Montagné, Vincent Perrot, Michel Galabru, Pierre Bénichou et Marianne James.

La parenthèse Dechavanne...

C'est de bonne guerre, dès son arrivée Dechavanne veut marquer sa différence et modifier le programme.

DU CALEMBOUR HÂTIF AU JEU DE MOT LAID...

Si la majeure partie des questions sont envoyées par des auditeurs, d'autres sont composées par des assistants de l'émission, et posées comme si elles provenaient d'auditeurs aux noms fantaisistes. Quelques-uns pour le plaisir : M. Legrand d'Angers, M. Givet de Spa, Mme Boileau d'Évian, M. Jules d'Orange, Mme Pleine de Grasse, M. Sapan d'Houilles, Mme Lafille de Garches, Mme Touffu de Lamotte, Mme Lenvie de Béziers, et bien sûr la célèbre Mme Bellepaire de Loches !

L'AMIRAL

Ce surnom n'est pas usurpé : Olivier de Kersauson est effectivement un grand navigateur ! Ancien équipier d'Éric Tabarly, il détient de très nombreux records comme le Trophée Jules Verne ou le record du Tour du Monde en solitaire. Fin latiniste, misanthrope assumé et indécrottable misogyne, ses saillies en font trembler plus d'un. Admiratif, Bouvard raconte « *C'est Jacques Martin qui m'avait suggéré de l'inviter. J'étais prudent, je ne le connaissais pas et je ne voulais pas trop d'un comique de banquet. Et puis il est venu et il s'est révélé comme un immense talent.* » Et c'est vrai que l'Amiral a le sens de la formule, même si elle n'est pas toujours du meilleur goût. Un exemple : « *Le baisemain, c'est un bon début. Ça permet de renifler la viande.* » Un dernier pour la route : « *Le romantisme est à la femme ce que le couteau à huître est au mollusque : un moyen pour l'ouvrir.* »

L'émission est rallongée de 30 minutes, le générique est modifié, et surtout l'équipe de sociétaires est complètement revue : Michel Boujenah, Élie Semoun, Bruno Solo, Martin Lamotte, André Santini, Dominique Farrugia, Patrick Bosso sont les nouvelles Grosses Têtes. Seuls Michel Galabru, Isabelle Mergault et Olivier de Kersauson, anciens sociétaires de l'époque Bouvard, restent dans l'émission.
Mais la formule ne prend pas. En quelques semaines l'émission perd plus de 600 000 auditeurs ! « *Avec Bouvard, on mélangeait blagues de cabinet et citations de Marcel Proust,* explique un proche de Bouvard. *Le problème de Dechavanne, c'est que non seulement ses invités séchaient sur les questions, mais que lui aussi ignorait les réponses.* »
La direction de RTL décide d'arrêter les frais : le 29 décembre 2000, 3 mois après ses débuts, Christophe Dechavanne est remercié et l'émission supprimée.
Après un mois de rétrospective des meilleurs moments de l'émission Philippe Bouvard fait son retour à l'antenne dès le 26 février 2001. Pour la plus grande joie des auditeurs…

2001 - 2014 : Bouvard le retour

Après la parenthèse Dechavanne, Philippe Bouvard va transformer sensiblement l'émission. La part des questions des auditeurs diminue au profit de la promotion d'un invité d'honneur et d'une discussion autour de l'actualité.
L'équipe des sociétaires habituels évolue également avec l'arrivée des chansonniers Bernard Mabille et Jean Amadou, mais également d'anciens membres du *Petit Théâtre de Bouvard* comme Jean-Jacques Peroni et Philippe Chevallier.
Tout au long de cette décennie, il faut malheureusement faire face aux disparitions de grands noms de l'émission : Daniel Ceccaldi et Jean Yanne en 2003, Philippe Castelli en 2006, Jacques Martin et Jean-Claude Brialy en 2007, Carlos en 2008, Sim en 2009, Roger Pierre en 2010, Jean Dutourd et Jean Amadou en 2011, Thierry Roland et Sophie Desmarets en 2012.
Et puis, si le succès ne se dément pas, il faut quand même regarder les choses en face : Philippe Bouvard a 83 ans, pas mal de ses anciens complices sont décédés, le paysage audiovisuel a changé, de petits nouveaux piaffent d'impatience et parmi eux, il y en a qui sont truffés de talents. À l'exemple de Laurent Ruquier qui anime depuis 1999, de 16 heures à 18h30, l'émission *On va s'gêner* sur Europe 1, l'une des plus populaires de la station, et qui continue à progresser…
Le 26 juin 2014, après près de 40 ans, Philippe Bouvard anime sa dernière émission, entouré de ses plus fidèles Grosses Têtes de l'époque : Jean-Jacques Peroni, Bernard Mabille, Philippe Chevallier, Vincent Perrot, Jacques Mailhot, Jacques Balutin, Philippe Candeloro, Mylène Demongeot, Jacques Pradel, Chantal Ladesou et Laurent Baffie.
À la rentrée, il est remplacé par Laurent Ruquier.

L'ère Ruquier

Transfuges d'*On va s'gêner* ou même de *Rien à cirer* sur France Inter, Fabrice Éboué, Titoff, Florian Gazan, Michèle Bernier, Christine Bravo, Caroline Diament, Mustapha El Atrassi, Valérie Mairesse, Yann Moix, Guy Carlier, Steevy Boulay, Philippe Geluck compose la nouvelle génération des *Grosses Têtes*.
Mais, contrairement à Dechavanne qui avait bousculé les codes, pour ne pas trop dépayser les auditeurs de Philippe Bouvard, Laurent Ruquier conserve également des anciens de l'émission. Les fans ont donc le plaisir de retrouver les piliers Jacques Mailhot, Bernard Mabille, Chantal Ladesou ou Jean-Jacques Peroni., mais également d'assister aux retours de Pierre Bénichou, Claude Sarraute, Isabelle Mergault, Isabelle Alonso ou encore Jean-Pierre Coffe.
Avec près de 2 millions d'auditeurs tous les jours, *Les Grosses Têtes* est l'émission de radio la plus écoutée en France, aussi le challenge est-il de taille pour Laurent Ruquier : parvenir à maintenir l'audience de Bouvard et à éviter la catastrophe qu'avait connue Dechavanne. Au bout de quelques mois les résultats tombent : Ruquier est parvenu à faire mieux que Bouvard !
Excellent Monsieur Loyal, il a également réussi l'équilibre entre les sociétaires historiques (Olivier de Kersauson, Chantal Ladesou, Gérard Jugnot, Pierre Bénichou…), des humoristes « installés » (Muriel Robin, Élie Semoun, Dany Boon…) et des nouveaux venus qui décoiffent (Jérémy Ferrari, Jeanfi Janssens, Stéphane Plaza…).
Et même si depuis son arrivée les pics d'audience se sont un peu calmés, *Les Grosses Têtes* reste l'émission de radio la plus écoutée et la préférée des Français. Et il n'y a pas de raison que ça change !

En 2014, après plus de 40 ans passés aux commandes de l'émission la plus célèbre de la radio, Philippe Bouvard prend une retraite amplement méritée.

PATRICK SÉBASTIEN

« Ce que je regarde d'abord chez une femme c'est si la mienne me surveille. »

Patrick Boutot, né de père inconnu

Andrée Boutot n'a que 17 ans lorsque son fils Patrick naît en 1953, de père inconnu. À l'époque, il ne fait pas bon être fille-mère dans le village de Juillac, en Corrèze. Les insultes pleuvent sur la mère, et les coups de poing sur Patrick de la part de certains « camarades » de classe qui se moquent de ce gamin sans père. Heureusement, Jeannot, son oncle maternel, s'occupe beaucoup de lui et lui apporte une présence masculine rassurante. Plus tard sa mère se marie et aura deux autres enfants.

Adolescent sportif, Patrick partage son temps libre entre la création de petits sketchs pour sa famille et le rugby, sa grande passion qu'il pratique au club de Brive.

À 17 ans, il se marie avec Martine et, un an plus tard, en 1971, devient père d'un petit Sébastien.

Après de brèves études de lettres, il présente le concours d'inspecteur de police qu'il rate… d'un point !

S'étant découvert un talent d'imitateur durant son adolescence, en 1974 il décide de monter tenter sa chance à Paris avec 600 malheureux francs en poche ! Travaillant aux Halles pour subvenir à ses besoins, il écume les cabarets pour trouver un engagement. Grâce à ses imitations de Bourvil et de Joe Dassin, il réussit finalement à convaincre le directeur d'un petit cabaret parisien, La main au panier, de l'embaucher. Le 14 novembre 1974, le jour de ses 21 ans, Patrick fait ses premiers pas sur scène, sous le pseudonyme de Sébastien, le prénom de son fils aîné. Des débuts remplis de symboles !

Précoce, pressé, déterminé, bosseur

Peu à peu, son talent d'imitateur est remarqué et il enchaîne les numéros dans plusieurs cabarets.

En 1975, il présente Annie Cordy à l'Olympia. La même année, il fait sa première apparition à la télévision dans l'émission *Système Deux* présentée par Guy Lux et Sophie Darel sur Antenne 2.

En 1976 il sera invité dans les émissions de variétés *Numéro un* de Maritie et Gilbert Carpentier et *Le Rendez-vous du dimanche* de Michel Drucker.

À la même période, il assure la première partie de Michel Sardou à l'Olympia, mais également celles de Nicolas Peyrac, Hugues Aufray et Serge Lama. En à peine deux ans, le jeune Corrézien en a fait du chemin !

En février et mars 1977, il présente sur TF1 avec Évelyne Leclercq et Yves Lecoq *Le Grand Concours de la chanson française,* émission de la sélection française pour le Concours Eurovision. Il est le parrain de la première demi-finale ainsi que de la finale. Marie Myriam est choisie par le public, avec la chanson *L'oiseau et l'enfant.* Patrick a-t-il porté chance à la jeune fille ? Toujours est-il que c'est la dernière fois que la France a gagné l'Eurovision !

Et si on jouait à *Qui suis-je ? Imitateur, humoriste, acteur, réalisateur, chanteur, auteur-compositeur, écrivain, producteur, animateur d'émissions de télévision : je suis ?* Vous n'avez pas trouvé ? Et si j'ajoute ex-dirigeant de club de rugby, ça vous met sur la voie ? Toujours pas ? Et si je chantonne *Le Petit Bonhomme en mousse* en faisant tourner une serviette au-dessus de ma tête, c'est bon ? Ah, quand même !

La passion du ballon ovale

Enfant du sud-ouest, Patrick Sébastien est un amateur inconditionnel de rugby qu'il pratique dès son plus jeune âge en étant un espoir du Club de Brive. Jouant troisième ligne centre, il a notamment participé à la tournée du club en Afrique du Sud en 1973. Comme pour boucler la boucle, dans les années 90, puis de 2007 à 2009, il devient président de son ancien club. Pas étonnant que ses chansons fassent les belles heures des troisièmes mi-temps !

Jacques Chirac, une des imitations les plus célèbres de Patrick Sébastien.

> « Quand je sors du bistrot, je marche de travers… Il faut que j'arrête les chips au crabe. »

Joseph Lubsky, ancien taulard, auteur de polar

Le 10 mai 2007, dans *On n'est pas couché*, Laurent Ruquier reçoit Joseph Lubsky, l'auteur du thriller *La Cellule de Zarkane*, paru quelque temps avant et qui bénéficie de bonnes critiques. Même Éric Zemmour présent sur le plateau dit le bien qu'il a pensé de cette intrigue haletante. Michel Polac, lui, explique qu'il n'a pas trouvé cela très convaincant… mais doit vite reconnaître qu'il n'a lu que quelques pages. Monsieur d'âge mûr, chauve et à lunettes, Joseph Lubsky quitte le plateau, non sans avoir remis Michel Polac à sa place. Jusque-là, rien de très étonnant, sauf que… Joseph Lubsky n'était autre que Patrick Sébastien, méconnaissable, qui revint la semaine suivante s'expliquer chez Ruquier, le seul à avoir été dans la confidence. Depuis la sortie de son livre Patrick Sébastien était entré dans la peau de Joseph Lubsky, mentalement comme physiquement, allant même jusqu'à se raser le crâne. Il voulait pointer du doigt le manque d'objectivité des journalistes et des critiques littéraires, qui, s'ils avaient su que ce « bon » livre était de lui, n'auraient sans doute même pas pris la peine de le lire…

En 1978, la chanteuse se fiance avec Patrick Sébastien. Ils vivront ensemble pendant quatre ans, mais ne se marieront pas.

Les années TF1 : la consécration et la gloire

En 1984, l'imitateur arrive sur TF1. Très vite, il fait exploser les audiences et devient une des stars de la chaîne. Patrick adore « se faire la tête de quelqu'un », c'est-à-dire se maquiller et se déguiser afin de ressembler à une célébrité pour pouvoir l'imiter plus facilement. C'est sans doute pour cela qu'il aura l'idée d'inviter des célébrités à se déguiser en d'autres célébrités (chanteurs, acteurs, animateurs, etc.) dans ses émissions parodiques comme *Carnaval* et *Sébastien c'est fou* !

L'immense succès de ces divertissements incitera certains membres de la classe politique à s'y montrer sous un nouveau jour, inaugurant l'ère de la « politique spectacle ». Parmi les plus notables, Jack Lang reprenant avec Miou-Miou le sketch *La Drague* de Guy Bedos et Sophie Daumier, François Léotard et Lionel Jospin jouant les chanteurs, et même Jacques Chirac acceptant d'être interviewé par la marionnette Tatayet !

En 1990, au sommet de la gloire, l'animateur est frappé par drame dont il aura beaucoup de mal à se remettre : Sébastien, son fils aîné, se tue dans un accident de moto à 19 ans. *The show must go on*, mais rien ne sera plus tout à fait comme avant…

De 1990 à 1992, il coprésente avec Marcel Béliveau l'émission de caméras cachées *Surprise sur prise !*

En 1992, déguisé en candidats anonymes, Patrick participe à plusieurs émissions de TF1, notamment des jeux (*La Roue de la fortune, Tournez manège, Une famille en or*…) ou des émissions de variétés (*Sacrée Soirée, Stars 90*).

Remarquablement grimé, modifiant sa voix et sa gestuelle, au fil de ses prestations il réussit à tromper les animateurs Christian Morin, Annie Pujol, Évelyne Leclercq, Fabienne Égal, Simone Garnier, Patrick Roy, Philippe Risoli, Jean-Pierre Foucault, Michel Drucker, mais également d'autres personnalités comme Frédéric Dard ou Pierre Palmade, et même Andrée, sa mère !

Chacune des prestations de l'imitateur ayant été filmées, le résultat est présenté dans l'émission *Le Grand Bluff*, diffusée le 26 décembre 1992. Avec 17,5 millions de téléspectateurs, l'émission bat le record d'audience de l'époque ! Il ne sera détrôné que six ans plus tard, en 1998, par la finale France-Brésil de la coupe du monde de football qui a rassemblé 20,5 millions de téléspectateurs.

En 1995, l'imitateur créé la polémique à cause d'un sketch où, déguisé en Jean-Marie Le Pen, il chante *Casser du noir*, une parodie de *Casser la voix* de Patrick Bruel. La législation française ne tolérant pas les propos racistes,

Difficile de reconnaître sans le son ! Ceci dit, on parierait bien pour Johnny, ce que pourrait expliquer le tomber de veste !

GROS BOSSEUR !

Environ 40 émissions de télévision, des dizaines d'albums, 5 émissions de radio, une douzaine de livres, 1 film comme réalisateur et 4 en tant qu'acteur, plus de 100 chansons, 4 téléfilms, 2 pièces de théâtre, des centaines d'heures d'antennes, des tonnes de plumes et de paillettes, des tournées, des spectacles...

Le 14 novembre 2014, jour de son 61e anniversaire, Patrick Sébastien fêtait 40 années d'une carrière on ne peut plus remplie !

même à titre de parodie ou de satire, Patrick Sébastien est condamné à 30 000 euros d'amende.
À la suite de cette affaire, il quitte TF1 en mars 1996 et affirme dans la presse et les médias qu'il « *ne veut plus faire de télévision* »...

23 ans de paillettes sur France 2

... quelques semaines après cette annonce de retraite télévisuelle, Patrick Sébastien arrive sur France 2 ! Il y crée de nouvelles émissions, dont *Le Plus Grand Cabaret du monde*, lancé en septembre 1998 avec le succès que l'on sait.
L'émission alterne des numéros de clowns, magiciens, acrobates, jongleurs, etc. venant du monde entier. Patrick Sébastien est également entouré d'invités qui présentent leur actualité et font leur promotion.
À la fin de l'émission, l'animateur chante une de ses « chansons festives », entourées de danseurs et danseuses et de tous les artistes qui ont fait le spectacle dans la soirée.
7 d'or de la meilleure émission de divertissement en 2000 et 2003, *Le plus Grand Cabaret* a permis à certains artistes de se faire connaître du grand public, comme Shirley et Dino, le magicien Dani Lary et Jeff Panacloc.
À partir de 2006, en duo avec Karen Cheryl puis avec Fabien Lecoeuvre, il présente également *Les années Bonheur*, une émission teintée de nostalgie, qui met à l'honneur des chanteurs, imitateurs et humoristes n'ayant plus la faveur des plateaux...
En octobre 2018, la direction des programmes de France Télévisions annonce qu'elle ne renouvellera pas le contrat de Patrick Sébastien qui s'achève en juin 2019.
Le 4 mai il présente son dernier Grand Cabaret, et le 11 mai la dernière des Années Bonheur.
En attendant de revenir sur une autre chaîne, il remonte sur les planches, reprend les tournées, s'attelle à un nouveau livre, peaufine un nouveau spectacle,... tout en profitant de Nana, son épouse depuis 1998, et de Lily, la petite fille qu'ils ont adopté en 2007 à Tahiti. Qui a parlé de retraite ?

En haut : on retrouve Patrick dans le studio des *Grosses Têtes* en train d'imiter Bourvil, une de ses premières parodies.
En bas : on le voit avec Eddy Mitchell, qui lui aussi a droit à son imitation.

« C'est rarement dans les endroits où on finit ses nuits qu'on trouve celle avec qui on va finir ses jours. »

Aussi indissociables que Laurel et Hardy ou Tintin et Milou, Chevallier et Laspalès détiennent le record de longévité des duos français : 37 ans de vie commune sur les planches ! Caricaturant à merveille le Français moyen, râleur et mesquin, ils sont en parfaite harmonie. L'un est beau parleur et virevoltant, l'autre, renfrogné et pince-sans-rire. À l'instar du *Train pour Pau* ou de *La boulangerie*, certains de leurs sketchs sont devenus des classiques. Quant au fameux « *C'est vous qui voyez* » prononcé avec la voix si particulière de Régis Laspalès, il est quasiment entré dans le langage courant !

CHEVALLIER ET LASPALÈS

« C'est vous qui voyez. Y'en a qu'ont essayé. Ils ont eu des problèmes. »

À deux, c'est mieux !

Tous deux élèves au Cours Simon, mais pas en même temps, Philippe Chevallier et Régis Laspalès se sont réellement rencontrés après avoir quitté l'institution, en 1980. « *On suivait l'enseignement d'une même professeure, Françoise Engel-Piat, l'ex-femme de Jean Piat,* raconte Régis. *On a sympathisé parce qu'on riait des mêmes choses.* » « *On rigolait surtout du cours d'expression corporelle, que les autres prenaient très au sérieux* », ajoute Philippe.
Partageant le même goût pour l'absurde et l'ironie, en 1981 les deux anciens étudiants, l'un en droit (Chevallier), l'autre aux Beaux-Arts (Laspalès), écrivent et jouent au Café d'Edgar leur premier spectacle ensemble, *Pas de fantaisie dans l'orangeade*. Repérés par Philippe Bouvard, ce dernier leur permet d'intégrer son Théâtre en 1982.
Ils s'y produiront pendant 5 ans, jusqu'en 1987. C'est cette émission qui lance leur carrière et leur permet d'accéder à la célébrité.
Par la suite, leur popularité ne cesse de croître. Pendant dix ans, ils enchaînent avec un succès grandissant les *two-men show* dont les plus célèbres sont *Bien dégagés autour des oreilles SVP* (1988), *C'est vous qui voyez* (1992), *Chevallier et Laspalès vont au Dejazet* (1996).
Parallèlement, à leurs spectacles de sketchs, les deux compères ne se privent pas de monter sur les planches pour y interpréter des pièces de théâtres. Parmi les sept qu'ils joueront ensemble, on peut citer *Ma femme s'appelle Maurice* en 1998 (dont ils joueront une version cinématographique réalisée parJean-Marie Poiré en 2002), *Monsieur chasse !* de Feydeau en 2001, et le célèbre *Dîner de cons* de Francis Veber en 2009.
Au cinéma, le duo a partagé l'affiche six fois, notamment pour *Le Pari* de Didier Bourdon et Bernard Campan en 1997.

Une vie en solo aussi

Cette riche carrière en duo n'empêche pas les deux comiques de tourner ou de se produire sur scène chacun de leur côté. En 2005, c'est dans une pièce de Laurent Ruquier que Laspalès se fait remarquer en l'interprétant l'assassin Landru. En 2016, l'animateur-auteur écrit à nouveau pour Régis, et Francis Huster, *À droite, à gauche*. L'histoire d'un acteur riche et célèbre (Huster) qui vote à gauche et d'un ouvrier chauffagiste (Laspalès) qui vote à droite et qui, après avoir parlé de la réparation d'une chaudière, finissent par débattre de leurs choix politiques !
Quant à Philippe, pour faire cavalier seul au théâtre, il remplace son comparse par... la chanteuse Alice Dona dans la pièce *Ce soir ou jamais*.
Côté fiction, c'est essentiellement à la télévision que, depuis 2007, on retrouve Régis Laspalès. Il participe avec brio à plusieurs téléfilms de la série *Chez Maupassant* puis de la collection *Contes et nouvelles du XIX*^e^ *siècle*.

« – Est-ce que tu épouserais une noire ? – Je suis pas sûr que ma femme serait d'accord. »

Quand on voit les mines renfrognées de Chevallier et de Laspalès sur cette photo on pourrait en douter, mais pourtant ces deux-là ne se sont jamais embrouillés !

En plus de quelques collaborations avec Jean-Pierre Mocky, il retrouve Philippe Chevallier dans *Les affaires sont les affaires*, de Philippe Bérenger.

Et sinon, jamais de disputes ?

Eh bien non ! « *On est avant tout amis,* tranche Laspalès. *On ne fait pas un travail dans un bureau. On ne pourrait pas faire semblant.* » En dehors des planches, les deux copains dînent très souvent ensemble, ont des amis communs et ne « s'engueulent » quasiment jamais. « *On n'a jamais eu de vie de famille. Depuis plus de trente ans, on est tout le temps sur la route,* ajoute Philippe. *Ça explique sans doute pourquoi on est aussi proches.* »

En tout cas jusqu'à ce jour de décembre 2018 où, ému, Philippe Chevallier annonce à la radio : « *Le barbu m'a abandonné* ».
Pas de clash, pas d'embrouille. Son acolyte de toujours, a simplement décidé de se consacrer désormais uniquement à sa carrière en solo, et d'essayer de faire davantage de cinéma.
On a pourtant du mal à imaginer que ces deux-là ne remonteront pas à nouveau ensemble sur les planches…
Mais c'est vous qui voyez, Messieurs !

États civils

Régis naît en 1957 à Paris. Il est le fils unique d'une mère artiste peintre et d'un père photographe et inventeur à ses heures perdues (on lui doit par exemple « le ski sans neige » qui remportera une médaille au concours Lépine !). Après son bac, il entre à l'École nationale supérieure des Beaux-Arts de Paris, dont il ressort diplômé en arts plastiques, section sculpture. Après son service militaire, il s'inscrit au cours Simon, car sa vraie vocation c'est le théâtre.

Philippe naît à Redon, en Ille-et-Vilaine, en 1956. Cadet d'une fratrie de 4 garçons, il est le fils d'un magistrat et d'une mère au foyer drôle et fantasque selon l'humoriste. Après son bac, Philippe fait des études de droit pendant quatre ans et obtient un certificat en criminologie. Il se rend compte très rapidement que ce qu'il veut c'est monter sur les planches et, comme son futur camarade, rentre au cours Simon.

Des jardins secrets

En dehors de la comédie, chacun a sa passion. Laspalès possède des vignes en Bourgogne, où son grand-père était viticulteur, mais il aime également l'architecture, la décoration, les courses automobiles et surtout les voitures, dont il possède quelques magnifiques spécimens. Chevallier, lui, est fan de photographie et expose de temps en temps ses propres clichés.

La Matmut, elle assure…

Et pas que ses clients, mais également de confortables revenus au duo qui, pendant 10 ans, a touché près d'1 million d'euros par an ! En 2016, l'assureur décide de renouveler sa stratégie de communication. Nous n'entendrons donc plus la voix traînante de Régis Laspalès, ni ne verrons s'afficher les visages du célèbre duo sur tous les panneaux publicitaires de France.

Quelques-unes des très nombreuses affiches sur lesquelles, pendant 10 ans, le duo a vanté les mérites de la Matmut. Faut dire qu'avec ce qu'ils ont touché pour le faire…

« DE TOUS CEUX QUI N'ONT RIEN À DIRE, LES PLUS AGRÉABLES SONT CEUX QUI SE TAISENT. »

COLUCHE

« IL FAUT SE MÉFIER DE LA PSYCHANALYSE, ELLE A UN EFFET SECONDAIRE : TU DEVIENS PAUVRE. »

PATRICK TIMSIT

« TOUS CES NOIRS D'UN COUP D'UN SEUL, T'AS PAS PEUR QUE ÇA FASSE UN PEU DEUIL POUR UN MARIAGE, TOI ? »

MURIEL ROBIN

L'addition ? Le salon de coiffure ? Le testament ? Le noir ? La lettre ? La maison de retraite ? Le répondeur ?... Et vous, quel est votre préféré ? Difficile de répondre tant tous ces sketchs sont IMMENSES. Moi je les aime tous, j'en connais un bon nombre par cœur, et je serais bien en peine de dire combien de fois je les ai vus sur scène, à la télévision ou en DVD. Aujourd'hui c'est encore plus facile, un clic sur Internet permet de se remonter le moral les jours un peu gris. Une petite baisse de régime ? Il suffit que je rentre dans le salon « *I love you coiffure new création* » et que je vois Mâaame Vinard sous ses bigoudis pour aller beaucoup mieux. Même éplucher des légumes peut me mettre joie quand je fredonne en même temps « *Mamie Jacotte aime les carottes* ». Bref, j'ai attrapé la Robinite et je ne veux surtout pas qu'on me soigne !

MURIEL ROBIN

« Ah non, incinérée c'est hors de question, je ne supporte pas la chaleur ! »

Née pour faire rire

Muriel Robin naît à Montbrison, dans la Loire, en 1955. Elle a deux sœurs, Nydia et Martine, plus âgées qu'elle. Antoine et Aimée Robin, ses parents, tiennent un magasin de chaussures qui marche bien (Muriel aime rapporter que 2 Montbrisonnais sur 3 étaient chaussés chez Robin !). En réalité, lors du décès de sa mère et alors qu'elle a plus de cinquante ans, Muriel apprend qu'elle est la fille de Jacques Amalian, un marchand forain d'origine arménienne, avec qui sa mère a entretenu une liaison de plus de dix ans...
Alors que la petite fille a cinq ans, la famille part s'installer à Saint-Étienne. Dès son plus jeune âge, Muriel aime faire rire, et en premier lieu sa famille, comme si, inconsciemment, elle savait qu'elle était là pour ça. Dans *Fragile*, la très belle autobiographie qu'elle a sortie en 2018, elle relate un épisode déterminant : « *Est-ce que je sens qu'on va finir par s'entre-tuer dans cette bagnole ? Maman que tout agace, papa qui ne parvient plus à la calmer, mes sœurs qui veulent disparaître. J'ai cinq ans et j'ai l'intuition que ça pourrait mal finir, alors je vole au secours des miens et je fais le clown. Si je suis venue au monde avec ces yeux ronds et cette bouille qui fait sourire aussitôt que j'apparais, c'est sûrement pour mettre de la couleur sur le gris de notre vie.* » Au vu de sa vie personnelle et de sa carrière, cet événement revêt aujourd'hui un sens tout particulier... Sinon, à part faire le clown, la petite fille rêve de devenir chanteuse. Après une scolarité assez moyenne, son goût pour la fête étant nettement supérieur à celui des études, Muriel rate son bac deux fois de suite. Ne sachant pas quoi faire comme métier, en 1975 elle commence par vendre des chaussures dans le magasin familial, mais sans grande motivation.

Adieu chaussures, bonjour Paris !

Rêvant de devenir comédienne, Muriel quitte Saint-Étienne en 1977, et monte à Paris. Elle entre au Cours Florent où elle suit des cours de théâtre, et prépare le concours d'entrée au Conservatoire national supérieur d'art dramatique. Reçue première, pendant trois ans elle suit l'enseignement de professeurs éminents, notamment de l'acteur Michel Bouquet. Sortie lauréate en 1980... elle retourne vendre des chaussures dans le magasin de ses parents.
L'année suivante pourtant, elle part rejoindre le comédien et metteur en scène Roger Louret qu'elle a rencontré à Paris. Installé dans le Lot-et-Garonne, il a fondé une troupe très active *Les Baladins en Agenais*. Muriel partage la vie de cette joyeuse bande, jouant la comédie, mais s'occupant également de la comptabilité ou de la régie. C'est là qu'elle va faire la connaissance d'Élie Semoun et d'Annie Grégorio.
Si jouer au théâtre lui plaît, son ambition est de faire du cinéma et d'interpréter

Tailleur à épaulettes assorti à la couleur de ses cheveux : Muriel Robin au summum du chic des années 90 !

Engagée et en colère

Défendant ardemment la cause des femmes, Muriel Robin lutte également sans relâche contre l'homophobie. En 2018, avec plus de 70 célébrités, elle se mobilise à l'appel de l'association Urgence Homophobie et apparaît dans le clip de la chanson *De l'amour.* Défendant le mariage gay, elle explique : *« Ce qui n'est jamais dit, c'est qu'il faut beaucoup d'amour envers les homosexuels. Parce que ce n'est pas un choix. (..) Moi, j'ai été avec des hommes, des femmes, encore avec des hommes. Aujourd'hui, je suis avec une femme, parce que je suis tombée sur la bonne personne. Le mariage homosexuel, ce sont juste deux personnes qui s'aiment. Les mecs qui se font taper sur la gueule parce qu'ils sont homos, c'est honteux. »*

Jacques Amalian

Quand Muriel Robin découvre, à plus de cinquante ans, que celui dont elle porte le nom n'est pas son père, c'est un séisme. Son vrai père, c'est Jacques Amalian, un forain d'origine arménienne qui au marché avait son étal à côté de celui de la mère de Muriel. *« J'ai voulu voir si je lui ressemblais,* révèle l'humoriste. *J'ai trouvé des photos de lui et appris que j'étais à moitié arménienne. Petite, je voulais être juive. Je sentais quelque chose de très lourd sur mes épaules. Je ne savais pas d'où ça venait. Du génocide arménien sans doute ».*

des rôles comme ceux d'Annie Girardot, l'actrice qu'elle admire le plus (bien plus tard, devenue célèbre, Muriel la rencontrera et les deux femmes deviendront très amies.)
En 1983, elle remonte à Paris avec Annie Grégorio pour intégrer Le Théâtre de Bouvard, où elle rencontre Didier Bénureau. Fréquemment opposée aux méthodes de Philippe Bouvard, ce dernier, impressionné par le talent de la jeune femme, lui offre tout de même un rôle dans la pièce qu'il vient d'écrire, *Double Foyer*. En 1986, elle joue dans celle qu'elle a coécrite avec Didier Bénureau, *Maman* ou *Donne-moi ton linge, je fais une machine*.
C'est finalement en 1987, dans l'émission La Classe, qu'elle se fait connaître du grand public. C'est également là qu'elle fait la connaissance de Pierre Palmade. Cette rencontre sera fondamentale pour les deux humoristes qui deviennent rapidement de très grands amis et créent ensemble le premier one-woman-show de Muriel, *Les majorettes se cachent pour mourir*. Mis en scène au Tintamarre par Roger Louret en 1988, le spectacle remporte un vif succès. La carrière de Muriel Robin est définitivement lancée.

« Je ne cours pas après la sexualité… elle me le rend bien ! »

1990, les années Robin

Partout, tout le temps, sur toutes les scènes. Muriel Robin n'arrête pas. Chacun de ses spectacles est un triomphe, les salles sont combles, les tournées s'enchaînent.
La France pleure de rire devant cette mère qui craque quand elle apprend que sa fille va épouser un homme noir qui s'appelle Félix. Chaque dîner au restaurant entre amis se termine irrémédiablement par une allusion au sketch de *L'Addition*. Quant aux fans de Jacques Brel, difficile d'écouter *Ne me quitte pas* en gardant leur sérieux depuis *La Lettre* !
En 1992, Muriel Robin propose à Guy Bedos un spectacle commun à l'Olympia. Nouveau triomphe !
C'est ensuite Pierre Richard qu'elle retrouve, en 1994, pour *Feu la mère de Madame* et *On purge Bébé*, de Georges Feydeau.
Sélection de sketches anciens, *Tout Robin* fait un nouveau carton en 1996. L'année suivante, elle obtient son premier grand rôle au cinéma en remplaçant Valérie Lemercier dans la suite des *Visiteurs* aux côtés de Christian Clavier et Jean Reno. Toujours en 1997, elle écrit et met en scène, avec son ami Pierre Palmade, *Ils s'aiment*, joué par Pierre Palmade et Michèle Laroque. Là encore, le spectacle obtient un très gros succès public et une nomination au Molière du meilleur one-man-show ou spectacle de sketches. Quatre ans plus tard elle coécrira et mettra en scène la suite *Ils se sont aimés*.
En 1998, ce sera *Élie et Semoun*, le spectacle d'Élie Semoun, rencontré au temps des *Baladins Agenais*.

Robin et Bedos en duo à l'Olympia, c'est LA bonne idée de l'année 1992. Le spectacle fera un triomphe.

Dans *Les Visiteurs 2*, Muriel Robin remplace Valérie Lemercier dans le rôle de Béatrice de Montmirail. On hésite encore à savoir laquelle des deux porte le mieux le hennin ?

Puis, *Toute seule comme une grande*, nouveau one-woman-show, suivi d'une tournée de plus d'un an.
À l'occasion de la dernière de ce spectacle à l'Olympia, en mai 2000, Muriel annonce son intention d'en finir avec le one-woman-show traditionnel afin de se consacrer à son métier de comédienne.

Actrice, enfin !

En 2000, premier vrai grand rôle au cinéma dans le rôle éponyme de *Marie-Line*, de Mehdi Charef. Totalement à contre-emploi, sa prestation est unanimement saluée. Remontant sur scène, Muriel Robin crée en 2004 un spectacle d'un genre différent, mêlant sketchs et music-hall, intitulé *Au secours !*
L'année 2006 permet à Muriel d'obtenir, en tant qu'actrice, la reconnaissance dont elle rêvait. Pas sur grand écran, mais à la télévision où elle crée l'événement avec *Marie Besnard, l'empoisonneuse*, réalisé par Christian Faure. Sa performance lui vaut de remporter l'*International Emmy Award* de la meilleure actrice.
Continuant d'alterner scène, télévision et cinéma, faisant face à plusieurs drames personnels, traversant de graves passages dépressifs, bouleversée à la fois par la mort de sa mère et la révélation concomitante de l'identité de son vrai père, fragilisée par un burn-out, Muriel Robin finit par devoir se retirer de la scène médiatique. Il lui faut du temps à soi, sur soi, pour essayer de retrouver l'envie d'avancer…

Une cure de jouvence

Quand elle a commencé à aller mal, Muriel s'est réfugiée sous une carapace, son poids devenant une armure. Mais puisque désormais elle allait mieux psychologiquement, l'humoriste avait également besoin d'aller mieux physiquement : « *Jeune, j'étais bien gaulée. J'adorais les fringues, je portais des escarpins, une vraie fille quoi. J'ai voulu intensément redevenir celle que je suis. J'ai fait un jeûne en clinique. Cela passe d'abord par le mental. J'ai perdu beaucoup plus de kilos dans ma tête que sur la balance.* » Dans *Psychologies Magazine*, elle ajoute : « *J'avais besoin de silence, de me laver comme pour installer du neuf à l'intérieur de moi.* » Eh oui, car plus qu'une cure de minceur, cette épreuve a finalement été une cure de jouvence !

Retour gagnant

C'est en 2013 que Muriel fait réellement son grand retour. D'abord avec un nouveau spectacle intitulé *Muriel Robin revient… Tsoin Tsoin*, puis à la télévision, où, sous la direction de Josée Dayan, elle interprète *Entre vents et marées*, puis un épisode de *Capitaine Marleau*, la série à succès de France 3 portée par Corinne Masiero.
Au cinéma, elle est dirigée en 2016 par Christophe Honoré dans *Les Malheurs de Sophie*, qui remporte un joli succès.
2018 est une année fructueuse : non seulement elle intervient de façon récurrente dans l'émission à succès *Les Grosses Têtes* de RTL, mais elle est l'héroïne du téléfilm dramatique *Jacqueline Sauvage : C'était lui ou moi*,

« Aspirine : Épouse d'un aspirant de marine, généralement très élégante elle donne à la mode un caractère particulier. Exemple : un cachet d'aspirine. »

Ah, Muriel et Pierre. Plus de 30 ans qu'ils s'aiment et qu'ils s'admirent mutuellement ! Quand on l'attaque, elle le défend ; quand il le faut, il la soutient.

Muriel Robin revient... Tsoin Tsoin. En 2013, après plusieurs années d'absence, Muriel remonte sur scène. Le public lui fait un triomphe, lui montrant combien il l'aime ! Si ce n'est pas le meilleur des baumes pour le cœur et l'âme, ça ?

« Moi, à 4 heures du matin, je n'aime personne, JE DORS ! »

réalisé par Yves Rénier. Cette fiction offre un record d'audience à TF1 avec près de 8 millions de téléspectateurs, et montre aussi à Muriel, s'il en était besoin, à quel point les gens l'aiment.
Mais surtout, en octobre, elle sort *Fragile*, son autobiographie acclamée par la critique. Longtemps discrète, voire secrète, Muriel Robin s'expose beaucoup dans ce livre. « *J'avais envie de tout dire dans un souci de vérité. Et aussi de laisser quelque chose de ma mère, de son histoire si douloureuse. Je dis tout sans filtre, mais je n'aurais pas pu le faire avant. C'est important de confier que je suis cette fille-là et pas seulement celle qui fait rire. [...] Mes moments sombres m'ont construite, mais ont failli me perdre. Je m'en suis sortie à 50 ans. Malgré les salles pleines et l'argent qui va avec, ce n'était pas facile. Si la vie c'était ça, je préférais mourir. Aujourd'hui, j'ai 63 ans et je m'en suis sortie. Je ne peux plus perdre du temps à rester 15 jours couchée. Ce serait 15 jours de perdu.* »
Si Muriel Robin a mis du temps à publier son autobiographie, c'est qu'elle voulait écrire sans tricher. Sans rien cacher de ses fêlures, de ses faiblesses, de ses amours pour les hommes, pour les femmes, jusqu'à l'amour qu'elle partage depuis 2006 avec la comédienne Anne Le Nen.
Après 30 ans d'analyse, quatre dépressions, un burn-out et pas mal de drames personnels, on lui souhaite tout le bonheur du monde.
En attendant de découvrir de nouveaux textes, on est ravis de la retrouver dans *Et pof !* spectacle où elle reprend ses sketchs cultes !

Joyeuse, lumineuse, amoureuse... Muriel semble être enfin heureuse.

LES « SNIPEUSES » DU RIRE

Pour ce qui est de viser juste et de mettre dans le mille, elles sont imbattables ! Drôles, impertinentes et libres, elles cartonnent sur scène, à la télévision, à la radio, sur Internet, etc. Elles jouent les mères indignes, les névrosées, les connasses ou les éternelles célibataires. Dignes héritières de Jacqueline Maillan, filles spirituelles de Sylvie Joly ou petites cousines de Muriel Robin, voici quelques amazones du rire à ne surtout pas rater.

Sophia Aram Encore une humoriste qui vient de Trappes et qui a fait ses classes avec Jamel dans le Déclic Théâtre d'Alain Degois. Dans ses spectacles, comme à la radio, elle dénonce essentiellement les dérives religieuses et le sexisme : « *Dans les religions, Dieu est le chef de l'homme et l'homme est le chef de la femme.* »

Laurence Arné « *Faut que je me fasse le maillot moi, j'ai le foin qui déborde de la charrette !* » Sous ses allures de jeune fille de bonne famille, cette blonde ravissante est capable de toutes les audaces. De plus en plus présente au cinéma, elle est la femme de Dany Boon dans *La ch'tite famille*… mais également dans la vraie vie.

Camille Chamoux Après des débuts au théâtre pour jouer Racine ou Molière, elle franchit le cap de l'humour avec *Camille attaque*, un premier one-woman-show dans lequel elle distille son talent et sa drôlerie pour dépeindre la femme moderne et ses contradictions. Essai transformé en 2014, avec son second spectacle, *Née sous Giscard*.

Constance Encore une jolie blondinette à qui on donnerait le Bon Dieu sans confession ! Chroniqueuse à France inter, elle s'est fait connaître dans *On ne demande qu'à en rire*, où elle remporte un grand succès grâce à ses rôles de femmes névrosées. Dans un registre axé sur l'obscénité, elle explore la cruauté du monde féminin avec un jeu intense et un remarquable sens de l'observation.

Karine Dubernet Artiste aux multiples talents, elle alterne théâtre (avec Laurent Baffie notamment) et one-woman-show. Révélée grâce à *On ne demande qu'à en rire*, elle est également chroniqueuse sur *Rire et Chansons* où elle livre une revue de presse légèrement décalée, pour ne pas dire déjantée…

Nicole Ferroni Prof agrégé de SVT, en 2009 elle demande un mi-temps pour écrire son premier spectacle. Après l'avoir joué plusieurs fois au Point-Virgule, elle intègre la troupe d'*On ne demande qu'à en rire*. Sa carrière lancée, elle quitte l'enseignement, devient chroniqueuse à France Inter et rejoint Michel Cimes sur France 2 dans *ça ne sortira pas d'ici*.

Nora Hamzawi Abandonnant ses études de droit pour le Cours Florent, elle écrit un premier spectacle puis devient scénariste pour *Scènes de ménages*, sur M6. Ses chroniques sur Canal+, puis sur France Inter et dans *Quotidien* sur TMC, la révèlent au grand public. Alternant scène, cinéma, télé et radio, la jeune humoriste n'a pas fini de faire parler d'elle.

Bérengère Krief Sa blondeur candide, ses nœuds dans les cheveux, ses vêtements de petite fille sage et son sourire désarmant sont en décalage complet avec son humour potache et sa gouaille insolente ! Révélée grâce à *Bref*, où elle était le PQR (Plan Q Régulier) de Kyan Khojandi, c'est aujourd'hui essentiellement au cinéma qu'on retrouve cette pétillante humoriste.

La Bajon Se renouvelant sans cesse avec des sketchs alliant humour noir, cynisme et impertinence, l'humoriste porte un regard acéré sur l'actualité. Tour à tour, elle endosse le costume de l'avocate de Pénélope Fillon, celui du médecin de Jacques Chirac, d'une policière égarée dans une cité du 9-3 ou de la banquière d'Emmanuel Macron… Postant ses vidéos sur les réseaux sociaux, elle montre également l'étendue de ses talents sur scène.

Léa Lando Un mois avant de passer l'examen pour devenir avocate, elle plaque tout ! Elle qui rêvait de présenter des émissions télévisées devient chroniqueuse auprès d'Anne Roumanoff sur Europe 1 où elle décrypte l'actualité et les nouvelles tendances d'une manière décalée. Côté scène, elle a créé un one-woman-show intitulé *Elle tue*. Tout un programme…

Laura Laune Derrière ses airs candides de petite fille innocente se cache en réalité une humoriste décapante qui n'a pas sa langue dans sa poche ! Originaire de Belgique, après avoir exercé quelque temps comme professeur, elle s'oriente vers la comédie. En 2017, elle vient tenter sa chance en France et elle remporte la 12e saison de *La France a un incroyable talent*. Son humour noir, décalé et acide ne laisse personne indifférent !

Nawell Madani D'abord danseuse, en 2011 elle décide de se tourner vers l'humour. En 2011, elle écrit son premier one-woman-show *C'est moi la plus Belge !* Après un passage au *Jamel Comedy Club* et au *Grand Journal* de Canal+, elle arpente les petites salles. Elle publie ensuite des vidéos d'humour sur Instagram, les « *Instawell* », qui remportent un gros succès.

Laurie Peret Originaire de Trappes (décidément !), elle est attirée par la comédie, et rejoint, elle aussi, le *Déclic Théâtre* ! Après quelques petits rôles au théâtre et à la télévision, elle crée en 2018 son premier one-woman-show *Spectacle alimentaire en attendant la pension*. Elle y évoque avec un humour corrosif la maternité et les déboires amoureux d'une trentenaire fragile.

Nadia Roz À la fin de ses études, pour subvenir à ses besoins, elle travaille comme secrétaire, mais décide d'abandonner pour réaliser son rêve. En 2009, avec plusieurs humoristes elle fonde *Le Connasse Comedy Club*. Elle commence à se faire connaître grâce à son one-woman-show, *Ça fait du bien*. Remarquée par Jamel, elle participe au Marrakech du Rire en 2015 et y reçoit le prix de la Révélation de l'année.

Shirley Souagnon Après avoir débuté dans le stand-up en 2008 dans le *Jamel Comedy Club*, elle s'impose deux ans plus tard auprès du grand public grâce à l'émission *On n'demande qu'à en rire*. En 2012, elle crée son premier one-woman-show *Sketch Up*. Ancienne joueuse de basket, elle a fait partie de l'équipe de la *Madison High School* de Houston au Texas pendant un an !

Caroline Vigneaux Des salles d'audience aux salles de spectacles, l'ancienne avocate a toujours cherché à comprendre pourquoi Diable Ève devrait être soumise à Adam ! Sur scène, continuellement en interaction avec son public, elle alterne les moments de réflexions acides et profonds avec des blagues crues et un humour carrément trash !

LES VAMPS

Tout semble opposer Lucienne Beaujon, fluette, naïve, gentille et un peu niaise, à Gisèle Rouleau, autoritaire, méchante, sans gêne et bien en chair ! Et pourtant ces deux-là sont inséparables, surtout quand il s'agit de dire du mal des voisines, cette pov' Mâme Jansen en tête ! Vieilles dames habillées en ménagères des années 1950, le duo formé par Gisèle et Lucienne, alias les Vamps, n'a quasiment pas pris une ride... faut dire qu'avec toutes celles qu'elles avaient déjà sous leurs foulards !

« - Oh Gisèle, vous savez que Mâme Forget est toujours dans le coma !
- Ah, j'espère qu'elle aura beau temps. »

C'est pas beau de vieillir !

Après avoir arrêté ses études de droit, Dominique de Lacoste/Gisèle (née en 1958) fait divers petits boulots pour gagner sa vie, avant de rencontrer sa comparse Lucienne, euh, Nicole Avezard, née en 1951 et titulaire d'un doctorat en mécanique des fluides. En 1984, les deux jeunes femmes créent les personnages de Praline et Berlingote. Elles écument les petites salles et se produisent durant le festival d'Avignon. Dans ce premier spectacle, elles interprètent notamment deux vieilles dames caricaturales des petites manies des personnages âgées. Face au succès remporté par ces deux personnages, Nicole et Dominique décident de créer tout un spectacle sur ce thème, *Il était une fois Gisèle Rouleau et Lucienne Beaujon*.
Très vite le spectacle devient *Les Vamps*, Lucienne et Gisèle y affirmant leurs différences et les caractères qui leur sont propres :
Autoritaire, méchante et envahissante Gisèle domine, voire martyrise, cette pauvre Lucienne qu'elle aime reprendre et contredire. Elle adore aussi critiquer les autres et veut toujours avoir raison. Malgré les apparences, elle est attachée à Lucienne, bien que les preuves de cet attachement soient rares ! Gisèle aime également bien manger, bien boire et tricoter. Elle a eu deux maris, l'un mort, l'autre emprisonné sur dénonciation de Gisèle après avoir tué le premier mari !
Vieille fille gentille, pas très cultivée, naïve et plutôt niaise, Lucienne est sous l'emprise de Gisèle, qu'elle n'ose pas contrarier. Bien qu'elle n'ait « *pas encore servi* » elle croit toujours au grand amour. Elle aime les séries américaines et ses oiseaux que Gisèle a en horreur. De santé fragile, Lucienne possède une valise remplie de médicaments, utiles ou non, qu'elle trie sans cesse.

Rien n'arrête Les Vamps

Après un passage au *Théâtre de Bouvard*, le duo se produit dans *La Classe*. Révélées par l'émission, en 1988 Dominique et Nicole créent leur premier grand spectacle, simplement intitulé *Les Vamps*. On y voit Gisèle et Lucienne se rendre à Lourdes lors d'un voyage organisé par le Club des Joyeux Moutons – prononcé « clûb » et pas « cleub », car nos vamps prononcent les mots anglophones à la française, comme elles s'obstinent à parler en anciens francs !
Le spectacle fait un triomphe et la tournée qui va durer deux ans également.
En 1991, c'est à l'Olympia que les Vamps créent leur second spectacle, *Autant en emportent les Vamps*.

Vous vous souvenez, Gisèle, quand on était jeunes on voulait ressembler à Brigitte Bardot, et ben maintenant c'est fait.
C'est vrai qu'au premier regard leur physique n'est pas franchement engageant. Mais attendez qu'elles causent, c'est pire !

« Les flics, c'est un peu comme les champignons. Quand t'en cherches, t'en trouves pas ! Quand t'en cherches pas, t'en as sous les bras ! »

Après deux ans de tournée devant des salles combles, elles écrivent *Adieu Les Vamps*. En effet, d'un commun accord, les deux protagonistes décident de se séparer provisoirement. Nicole souhaite se consacrer à la peinture et Dominique veut tenter une carrière solo. Les deux humoristes se retrouvent en 1995 avec *Lâcher de Vamps*. Mais leur véritable retour a lieu en 2003, quand elles remettent au goût du jour leur premier spectacle et se lancent dans une tournée de trois ans.

Chacune pour soi

En 2008, Nicole et Dominique se disent définitivement adieu, sans toutefois être brouillées précisent-elles.
La même année Dominique crée *En coup de Vamp*, mais il s'agit cette foi d'un one-woman-show sans Lucienne, où Gisèle/Dominique doit s'occuper de Mâme Jansen, hospitalisée. Idem en 2013, dans *Sous les feux de la Vamp*, spectacle dans lequel Gisèle devient « professeuse » dans une classe d'insertion sociale. Depuis 2018, c'est dans *Vamp privée.com*, que l'on peut voir Gisèle. Ayant enterré tous ses proches et de plus en plus seule, la matrone a décidé de rentrer en maison de retraite.
De son côté, Lucienne/Nicole remonte sur les planches en 2009 dans *Lucienne fait sa Vamp*, accompagnée de sa nièce Solange, une fille « pas finaude » en formation couture option ourlet. Ce nouveau personnage est joué par Isabelle Chenu qui, en dehors de la scène, est médecin ! Le nouveau duo enchaîne avec deux autres spectacles : *Label Vamp*, en 2012, et *Vamp in the Kitchen*, à partir de 2015. À côté de sa fructueuse carrière sur les planches, Nicole exerce également avec succès son activité d'artiste peintre. Richement colorées, pleines de tendresse et de poésie, ses toiles sont très appréciées. Pas si cloche que ça la Lucienne, hein Gisèle ?

Jean-Luc et Geneviève

Contrairement à ce que l'on pourrait croire en entendant leur nom, ce ne sont ni des voisins, ni de lointains cousins, mais les oiseaux chéris de Lucienne qui trouve dans leur présence un vrai réconfort à sa solitude et ne s'en sépare jamais, même pas pour partir en pèlerinage à Lourdes. Au grand désespoir de Gisèle qui les a en horreur, ne cesse de les critiquer et ne supporte pas leur odeur. C'est d'ailleurs à leur sujet qu'une dispute éclate entre les deux vieilles dames à la fin du spectacle *Les Vamps*, après que Gisèle les a vaporisés avec du désodorisant…

Filles ou garçons ?

En 1988, au début de leur carrière, Les Vamps ont laissé planer le doute. En effet, ne s'étant jamais montrées à la télévision ni sur scène sans leur accoutrement caricatural, certains pensaient que, sous leur déguisement, les deux humoristes étaient en réalité… des hommes ! Amusées par cette méprise et le bruit fait autour, Nicole et Dominique ne se sont pas empressées de démentir…

« TANT VA LA CRUCHE À L'EAU QU'À LA FIN TU ME LES BRISES ! »

LES INCONNUS

« CE MATIN, J'AI FAIT L'OUVERTURE DE LA PÊCHE. RIEN DE NEUF... IL Y A TOUJOURS UN NOYAU À L'INTÉRIEUR. »

PATRICK SÉBASTIEN

« TOUS LES CHAMPIGNONS SONT COMESTIBLES. CERTAINS UNE FOIS SEULEMENT. »

COLUCHE

JEAN-MARIE BIGARD

Hilarant et authentique pour ses fans, vulgaire et misogyne pour ses détracteurs, depuis plus de trente ans Jean-Marie Bigard s'est fait autant d'amis que d'ennemis. Quoi qu'on en pense, avec 8 millions de DVD vendus et 4 millions de spectateurs venus l'applaudir, c'est un poids lourd de la scène qui remplit les salles, réussissant même à réunir 52 000 spectateurs au Stade de France en 2004 !

« Quand on voit les dégâts que font les pigeons, on remercie Dieu de ne pas avoir donné d'ailes aux vaches. »

Des ballons de hand aux ballons de rouge...

Né près de Troyes en 1954, Jean-Marie est issu d'une famille modeste de quatre enfants.
Préférant les vacances dans la ferme de ses grands-parents aux bancs de l'école, le garçon n'a vraiment pas de goût pour les études.
À 16 ans, il est orienté dans un lycée professionnel afin de passer un BEP de mécanique.
S'il ne brille pas côté scolaire, le jeune homme s'illustre par contre au handball : membre de l'équipe junior de la région nord-est, il remporte de nombreux tournois.
Son BEP en poche, mais ne souhaitant pas suivre le même parcours que ses parents « *qui ont bossé toute leur vie en se privant de tout* », Jean-Marie enchaîne les petits boulots et vit d'expédients. D'abord pompiste, il met à profit ses connaissances en mécanique pour retaper des vieilles voitures qu'il revend ensuite.
Très proche de sa mère, pour la rassurer il accepte toutefois de trouver un « vrai » travail et se fait embaucher comme barman dans un café de Troyes.
Cette expérience lui confirme qu'il a un don pour faire rire les gens : comme ses copains dans la cour d'école, les clients se marrent aux blagues de ce drôle de gars derrière le comptoir ! Sa vocation est née.

Du rire aux larmes

Peu de temps après, alors qu'il a 20 ans, sa mère meurt des suites d'un cancer. Pour Jean-Marie, c'est un drame. Alors que dire quand, l'année suivante son père est assassiné ? À la suite de ce séisme, il décide de changer de voie.
À 24 ans, son goût et son talent pour le handball l'incitent à devenir professeur de sport. « *Le cancre tombé dans la mécanique par désœuvrement, devenu barman par accident, reconverti dans le professorat* » est très apprécié de ses élèves, qu'il réussit à faire rire et à se mettre dans la poche.
Comme lassé par cette routine, après quelques années de professorat, Jean-Marie quitte l'Éducation Nationale. Il redevient barman, dans une discothèque cette fois.
C'est à cette époque qu'il rencontre Jean-Christophe Le Texier, le futur Tex, animateur d'un théâtre avec qui il commence à écrire des sketchs.
C'est la révélation. Jean-Marie abandonne son travail et monte à Paris avec Tex.

Des débuts difficiles

Les deux hommes tentent de convaincre Philippe Bouvard de les engager sur son émission *Le Théâtre de Bouvard*, véritable tremplin pour les humoristes débutants et qui connaît alors un énorme succès. Malheureusement l'animateur préfère

DES DÉBUTS TROP DISCRETS !

Espérant intégrer *Le Théâtre de Bouvard*, le jeune Jean-Marie Bigard présente un sketch avec son copain Tex. Lors de l'audition, Philippe Bouvard fait modifier le numéro, ne mettant en valeur que Tex et plongeant Bigard dans l'anonymat : caché sous une couverture, Jean-Marie joue le rôle d'un moteur de voiture alors que Tex joue le conducteur !

mettre en valeur Tex, au détriment de Bigard, à qui il conseille d'écrire pour les autres.
Enchaînant les castings sans succès, le jeune homme galère. Hébergé chez une amie, il écrit *Pièces détachées*, qu'il monte au Point-Virgule avec deux autres comédiens. Sans promotion et sans soutien, le spectacle se joue devant un public ne dépassant pas souvent les dix spectateurs…
Mais Jean-Marie ne se décourage pas. Il a entendu dire que, désireuse de concurrencer *Le Théâtre de Bouvard*, FR3 allait lancer *La Classe*, une nouvelle émission avec de jeunes comiques inconnus.
Il tente sa chance et passe les auditions – c'est à cette occasion qu'il rencontre Laurent Baffie, qui écrira pour lui de nombreux sketchs et deviendra son ami. D'abord évincé du programme, Jean-Marie ne rejoint l'émission que quelque temps plus tard, en juin 1987. Le succès est ENFIN là, il était temps.

Tout de noir vêtu, sobre, sérieux, presque sinistre. Mais l'habit ne fait pas le moine… Attention chastes oreilles !

Vous avez dit Bigard ?

Un an après ses débuts dans *La Classe*, il crée son premier one-man-show *Vous avez dit Bigard ?*, sorte de *stand-up* avant l'heure, et dont la particularité est de ne pas jouer les sketchs, mais de s'adresser directement au public durant toute la représentation. Les spectateurs adorent et le spectacle est un énorme succès !
À partir de là, Bigard enchaîne les one-man-shows qui se jouent à guichets fermés. Les tournées sont triomphales et les fans de plus en plus nombreux.
Bigard a trouvé son style : convaincu qu'il ne sera jamais aussi célèbre qu'en étant vulgaire et en parlant de sexe, il est devenu le spécialiste de l'humour grivois.
En 2000, il revient sur scène et prévient : *Bigard met le paquet*. Sur l'affiche un simple slip kangourou blanc très moulant… Le ton est donné. Malgré la polémique, ce nouveau spectacle fait un carton.
Ses excès et ses dérapages ne l'empêchent pas de continuer sa carrière avec succès et de remplir les salles.
En 2004, un sondage IFOP le désigne même « Humoriste préféré des Français ».
Parallèlement à sa carrière de comique, Jean-Marie fait plusieurs incursions au cinéma, principalement comme acteur mais également derrière la caméra en réalisant *l'Âme sœur* (1999)… qui sera un échec cuisant.

« Pet retenu. Furoncle au cul ! »

Un temps désireux de changer de registre, il interprète au théâtre *Le Bourgeois gentilhomme* (2006), puis publie l'année suivante son autobiographie *Rire pour ne pas mourir*, où il raconte sa jeunesse, ses drames et ses débuts. En février 2011, il participera même à la première saison de *Danse avec les stars* !
En 2015, il présente son nouveau spectacle : *Nous les femmes*. Déguisé en femme, il dit vouloir leur donner la parole, comme pour se faire pardonner les horreurs proférées depuis tant d'années !
En 2016, à la suite d'une infection, il frôle la septicémie mortelle. Ce souci de santé, ajouté à ses graves problèmes de diabète, semble faire prendre conscience à l'humoriste qu'il est peut-être temps de lever le pied, surtout s'il veut profiter de ses enfants, son fils Sasha né en 2009 de son premier mariage, et ses jumeaux, Bella et Jules, nés en 2012 de sa femme Lola Marois.
En 2017, Jean-Marie Bigard crée *Il était une fois* et annonce « *ce sera mon*

« Les élèves c'est comme le linge : quand il fait beau, ça sèche ! »

Seul sur scène, sans décor ni accessoire, Jean-Marie Bigard a une incontestable présence scénique. Vous vous souvenez du sketch de la chauve-souris ? Sinon aller sur Youtube, 30 ans après c'est toujours aussi hilarant !

Brut de décoffrage

Jean-Marie Bigard tente régulièrement d'expliquer que ses blagues graveleuses ne sont pas de la provocation mais plutôt une vocation. « *Je suis devenu drôle en me cognant dans une porte et comme c'était la porte des chiottes, je suis devenu drôle et vulgaire* », se plaît-il à dire. Avec un brin de provoc' ?

dernier spectacle. Et il est temps que ça se termine, j'ai 63 ans. » Il y reprend les sketchs les plus emblématiques de sa carrière, comme à l'heure du bilan.

À poil, on est tous pareils !

« *Je n'ai pas choisi la vulgarité, c'était le seul créneau disponible quand j'ai débuté* » aime-t-il à répéter.

« *Tout ce que je fais me ressemble. Je ne joue pas un personnage, je ne suis pas un concept. Je suis moi. Mon père et mon grand-père étaient très grivois. Ils m'ont transmis ça.* »

Perçu comme trop vulgaire et grossier, souvent dans l'excès, voire *borderline*, Bigard fait face à de nombreuses controverses, contribuant parfois à alimenter la polémique par des prises de position outrancières. Comme lors des attentats du 11 septembre 2001 aux États-Unis où il affirmait qu'il s'agissait d'un complot ourdi par les Américains ! Ou lorsqu'en mars 2019, il osa une blague nauséabonde sur le viol dans l'émission de Cyril Hanouna sur C8, ce qui entraîna l'annulation d'une partie des dates de sa tournée.

Comme s'il se sentait incompris, il explique : « *Ma grossièreté, que je refuse d'appeler de la vulgarité, est très enfantine. (...) À poil, on est tous pareils, avec les mêmes angoisses et les mêmes soucis !* »

Jean-Marie choque et Bigard assume. Et ceux qui l'aiment le suivent...

« Frappe ta tête contre une cruche. Si tu obtiens un son creux, n'en déduis pas que c'est forcément la cruche qui est vide. »

LE THÉÂTRE DE BOUVARD

Philippe Bouvard entouré de quelques-uns de ses pensionnaires, parmi lesquels on peut reconnaître Michelle Bernier, Mimie Mathy, Isabelle de Botton, Bruno Gaccio, Lime, Richard Taxy...

La guerre des JT du soir ne date pas d'hier...
Au début des années 80, Jean-Claude Narcy, pour TF1, et Patrick Poivre d'Arvor, sur Antenne 2, « se tirent la bourre » !
Pour les chaînes de télé, l'émission qui précède le journal télévisé est donc absolument stratégique : elle doit attirer et fidéliser le plus de spectateurs possible devant l'écran avant la grand-messe du 20h.
Philippe Bouvard a bien une idée...

Un « carton » historique !

Lundi 13 septembre 1982, à 19h45 Philippe Bouvard apparaît sur Antenne 2. Ayant déjà présenté plusieurs émissions à succès à la télévision et très célèbre grâce à ses *Grosses têtes* à la radio, il a proposé à la chaîne un concept tout à fait original : mettre en avant de jeunes comédiens totalement inconnus du grand public.
Le Théâtre de Bouvard est né !
Avec un ton et un format résolument modernes, l'émission « décoiffe » le petit écran. Le succès est aussi immédiat qu'exceptionnel : chaque soir le programme récolte plus de 50% d'audience, réunissant souvent plus de 20 millions de téléspectateurs !
Lorsque l'émission s'arrête, en juin 1985, elle aura permis à 122 jeunes comédiens et humoristes de tenter leur chance. Une vingtaine d'entre eux sont aujourd'hui des vedettes, et une trentaine d'autres vivent de leur profession.

L'apéritif de la bonne humeur !

Le principe de l'émission ? Très simple : tous les soirs Philippe Bouvard s'entoure de personnalités pour « *un rendez-vous apéritif de la bonne humeur, tantôt sur des sujets d'actualité, tantôt sur des sujets éternels, cycliques et saisonniers* ». Lors de la première, Philippe Bouvard reçoit Jean Yanne, Jacques Martin, Jean d'Ormesson et Jacques Balutin pour traiter du thème des impôts. Le public est conquis !
Après deux mois de diffusion, *Le Théâtre de Bouvard* change de formule : un seul invité rejoint Philippe Bouvard à sa table.
L'improvisation et les jeunes comiques deviennent les vraies vedettes de l'émission.
Avant chaque numéro, l'animateur tire un sujet de sketch dans une corbeille en osier. Les comédiens volontaires montent alors sur scène, en n'oubliant pas de prendre costumes et accessoires auprès de Jean-Claude, le machiniste.
À la fin du sketch, l'invité du jour donne son point de vue et livre quelques conseils aux humoristes. Il peut également rejoindre les comédiens sur scène pour participer aux sketchs, comme le fera par exemple Michel Serrault avec les futurs Inconnus dans un numéro inoubliable !

Un tremplin vers le succès

Très vite, l'émission devient une institution et permet à de nombreux jeunes comiques, issus du café-théâtre, d'éclore et de devenir célèbres.
Parmi ceux qui sont toujours bien présents aujourd'hui, citons : Didier Bourdon, Bernard Campan et Pascal Légitimus, Philippe Chevallier et Régis Laspalès, Muriel Robin, Mimie Mathy, Michèle Bernier et Isabelle de Botton, Smaïn, Jean-Jacques Péroni (un des piliers des *Grosses têtes* de RTL), Didier Benureau, Tex, Bruno Gaccio (un des créateurs des *Guignols de l'info* sur Canal+),
Si les noms de certains autres sont un peu oubliés, leurs visages, par contre, sont toujours reconnus par le grand public.
À l'instar d'Annie Gregorio, Laurent Gamelon, Michel Crémades et Jean-François Derec qui n'arrêtent pas de tourner et de se produire sur scène, de Bruno Chapelle (auteur prolixe pour la télé et le théâtre), ou de Dominique de Lacoste et Nicole Avezard, vrais noms du célèbre duo *Les Vamps* !

La fin du règne

Pour essayer de mettre fin à la suprématie de Bouvard et de son émission, le 3 septembre 1984 TF1 dégaine Stéphane Collaro et *Cocoricocoboy*, sur le même créneau horaire.
En mars 1985, *Les Barjeot* prennent la relève, toujours imaginés par Stéphane Collaro. Le match de l'audience étant finalement remporté par TF1, *Le Théâtre de Bouvard* disparaît en juin 1985.
Lors de la dernière, Philippe Chevallier commence en parodiant un journal télévisé, annonçant la fin de l'émission. Ensuite, quatre membres de la troupe entonnent « *Ce n'est qu'un au revoir* ».
Ce ne sera effectivement qu'un « au revoir », puisque de septembre 1986 à août 1987, Antenne 2 relance *Le nouveau Théâtre de Bouvard*.
Malheureusement sans parvenir à retrouver la folie, l'originalité et l'immense succès des premières années...

CHANGEMENT DE DIRECTION

Parmi les très rares participants du Théâtre de Bouvard ayant changé de voie, citons Christian Jolibois qui, installé en Bourgogne, écrit des livres pour enfants.

Plus radicale encore, la reconversion de Seymour Brussel (l'un des *Cinq* avec Smaïn, Didier Bourdon, Bernard Campan et Pascal Légitimus), devenu praticien en développement personnel et ostéopathe !

MANQUE DE FLAIR !

Si le don de Philippe Bouvard pour dénicher les talents est indéniable, ce dernier reconnaît lui-même s'être bien planté à une occasion : à l'issue d'un sketch, il recale un jeune homme qui ne l'a pas du tout convaincu et auquel il ne prédit pas un grand avenir. Ce malheureux recalé c'est... Fabrice Luchini !

« MOI JE SUIS JAMAIS POMPETTE, JE SUIS TOUJOURS BOURRÉE ! »

FLORENCE FORESTI

« C'EST MARRANT, JE NE T'IMAGINAIS PAS COMME ÇA, REMARQUE ÇA TOMBE BIEN, J'AIME PAS LES MANNEQUINS ! »

ELIE SEMOUN

« L'INTELLIGENCE, C'EST COMME LE PARACHUTE, QUAND ON N'EN A PAS, ON S'ÉCRASE. »

PIERRE DESPROGES

ANNE ROUMANOFF

Si on vous dit « petite brune marrante », vous n'allez pas forcément trouver du premier coup. Par contre, si on précise « toujours habillée en rouge », bingo ! Vous avez la réponse, c'est Anne Roumanoff ! « *Lors de mon premier passage à la télévision en 1987, j'étais habillée en rouge et j'ai gardé cette couleur.* » Par habitude ou superstition, pas question de porter autre chose sur scène que des tenues rouges éclatant. Jusqu'à ce jour de 2018 où Anne arrive sur un plateau télé vêtue de noir, suscitant étonnemment et interrogation. Amusée, elle explique : « *Au tout début, j'étais en rouge pour qu'on me regarde. Mais bon, ça y est, on m'a remarquée.* » C'est le moins qu'on puisse dire…

« La femme veut toujours changer l'homme. L'homme veut toujours changer de femme. »

Une vocation très très précoce

Fille de Daniel Roumanoff, importateur de chemises indiennes, et de Colette, ancienne journaliste aujourd'hui directrice et metteur en scène de théâtre, Anne naît à Paris en 1965.
Avec une grand-mère marocaine et un grand-père russe, elle revendique ses origines métissées. Aînée de quatre enfants, elle a un frère, Patrick, et deux petites sœurs, Catherine et Valérie.
La petite fille passe toutes ses vacances dans la maison de campagne familiale de Normandie. Elle s'y improvise chef de bande et entraîne la fratrie et les voisins dans les préparatifs d'un petit spectacle qui est joué devant toute la famille avant de rentrer à Paris. À 12 ans, elle imite Sylvie Joly pour amuser la galerie et prend ses premiers cours de théâtre à 12 ans.

De Sciences Po à La Classe : le grand écart

Attirée par la comédie et voulant faire de la scène son métier, elle poursuit cependant une scolarité classique. Comme sa mère avant elle, elle intègre l'Institut d'études politiques de Paris (autrement dit Sciences Po) en 1982.
« *C'était un peu par défaut. Je me suis dit "je fais faire ça pour avoir un diplôme si je n'arrive pas à être actrice".* »
Mais le désir de la scène ne la quitte jamais vraiment : déterminée, elle s'inscrit au Cours Florent et monte ses premiers sketchs au Club Med, en 1985.

En 1986, son diplôme en poche, elle peut enfin se consacrer à l'écriture de sketchs et commence à écumer les petites salles de spectacle.
En 1987, elle passe une audition à France 3 et séduit Guy Lux qui l'intègre aux joyeux trublions de *La Classe*, l'émission quotidienne animée par Fabrice, où elle retrouve Jean-Marie Bigard, Vincent Lagaf', Pierre Palmade, Michelle Laroque… Comme pour beaucoup d'autres humoristes de sa génération, l'émission sera pour Anne un tremplin vers le succès.
La même année, elle crée son premier one-woman-show au Théâtre des Blancs-Manteaux, *Bernadette calme toi*. Le succès est immédiat et le spectacle reste plusieurs mois à l'affiche : « *J'ai joué neuf mois d'affilée, six fois par semaine dans une salle de 100 places. Je n'osais pas prendre un jour de vacances parce que j'avais peur qu'on me remplace.* »
Sa carrière est lancée, mais cela ne suffit pas à rassurer la jeune femme.

Une boulimique de travail

En 1991, Anne rencontre Philippe Vaillant, son producteur… et époux pendant 25 ans ! Marié en 1995, le couple a deux filles, Alice, née en 1995, et Marie, née en 2002. Anne et Philippe se séparent en 2016, mais restent en très bons termes, continuant même à travailler ensemble.
Toujours en 1991, Laurent Ruquier propose à la jeune femme de collaborer

Jusqu'à très récemment Anne et sa robe rouge ne faisait qu'une, jusqu'à intituler un de ses spectacles *Anne (Rouge)manoff.*

Copains d'avant !
Quel est le point commun entre Anne Roumanoff, Frédéric Beigbeder, Claude Chirac, Isabelle Giordano, David Pujadas, Jean-François font Copé, Arnaud Montebourg, Alexandre Jardin et Frigide Barjot ? Ils tous partie de la promotion 86 de Sciences Po ! Un bon cru, non ?

« On pleure souvent dans les mariages : c'est de l'émotion ou de l'anticipation ? »

à son émission *Rien à cirer* sur France Inter, ce qui contribue à étendre sa notoriété et à l'installer sur le devant de la scène comique hexagonale.
Pourtant, comme si elle avait peur que tout s'arrête, semblant craindre que le succès l'abandonne à peine arrivé, l'humoriste enchaîne les spectacles, les tournées, les émissions de radio, de télé, les chroniques dans la presse…
En 1998, Anne fête ses dix ans de carrière à l'Olympia avec *Complètement Roumanoff.* Le spectacle affiche complet et se joue également à guichets fermés en tournée.
En 2003, son spectacle *Follement Roumanoff* reste treize mois à l'affiche de Bobino. C'est dans ce spectacle qu'elle crée, avec un vif succès, *Radio Bistrot*, des chroniques de la vie politique française vue par un pilier de comptoir.

Le temps de la consécration

En 2007, année de ses 20 ans de carrière, l'humoriste adapte *Radio Bistrot* pour la télévision en créant *On ne nous dit pas tout*, chronique bimensuelle sur l'actualité, dans l'émission *Vivement Dimanche* de Michel Drucker. Le 3 janvier 2007, elle y brocarde de façon désopilante le couple Nicolas Sarkozy et Carla Bruni. Visionné par plus de deux millions d'internautes en moins de trois semaines, le sketch fait un énorme buzz !
Toujours à la télé, elle crée *Anne et ses chéris* sur Paris Première puis *Les chéris d'Anne* sur NRJ 12 et Comédie, émissions dans lesquelles elle présente ses coups de cœur de la nouvelle génération d'humoristes.
À la radio également, l'humoriste intervient régulièrement. Après *Rien à cirer* sur France Inter (1991-1997), elle intègre *Les Grosses têtes* sur RTL (2003-2008) puis rejoint Europe 1 (depuis 2009).
En 2010, c'est la consécration : un sondage la désigne humoriste préférée des Français.
Mais la pétillante quarantenaire ne s'endort pas sur ses lauriers, elle continue d'enchaîner les spectacles et multiplie les personnages dont elle se sert pour dénoncer les travers de notre société : *Anne naturellement, Les petites résolutions, Anne (Rouge)manoff, Aimons-nous les uns les autres*, autant de spectacles dans lesquels elle porte un regard acéré sur notre société et décortique les petits tracas du quotidien.

La cinquantaine triomphante !

Le titre de son nouveau spectacle le proclame : *Tout va bien !* Et c'est vrai qu'Anne Roumanoff rayonne : « *Tout le monde me le dit, donc ça doit être vrai ! Je préfère qu'on s'exclame "T'as embelli" plutôt que "T'as amochi".* »
La cinquantaine dépassée, croulant sous le travail, divorcée, et reconnue, l'humoriste semble apaisée : « *Je suis mieux dans ma peau maintenant qu'à 25 ans, ça c'est sûr. J'arrive mieux à savourer la vie. J'ai réussi à m'alléger des mauvaises opinions que j'avais de moi-même. Je suis plus gaie qu'avant mais j'ai passé de longues années à être assez torturée. C'est la maturité. Mais ce n'est pas arrivé comme ça, j'ai vu des psys, j'ai fait un travail. Ça a coïncidé avec plusieurs évènements : la mort de mon père, ma rupture, une espèce de remise en cause.* »
Plus besoin de rester en rouge comme pour conjurer un destin contraire. Aujourd'hui, Anne voit la vie de toutes les couleurs ! Et ça lui va drôlement bien.

Dans *Radio Bistrot* Anne donne des coups de griffes qui égratignent surtout les hommes politiques, sa cible préférée. Les séquelles de ses années à Sciences Po ?

Ô RAGE, Ô DÉSESPOIR !

Anne Roumanoff veut faire du théâtre, rien d'autre. Elle rêve même d'entrer à la Comédie Française. Dès l'âge de 12 ans, elle ne pense plus qu'à ça et fait tout pour y parvenir. Elle raconte : « *Tous les examens des écoles de théâtre, je les ai ratés, le Conservatoire je l'ai raté une fois, la Rue blanche trois fois, la Classe libre une fois. Les castings je les ratais. Les courts-métrages pas payés, je n'étais pas prise… J'ai eu un nombre d'échecs incalculable.* »
La jeune fille s'accroche, mais l'échec l'éprouve. « *Quand je n'ai pas eu le premier tour du Conservatoire, c'était un drame, j'ai cru mourir de chagrin. Pour moi, c'était viscéral d'arriver à monter sur scène.* » Rassurée Anne ?

LA CLASSE

Après 10 ans de bons et loyaux services, Maître Capello et ses camarades n'ont pas volé leur retraite ! Pour remplacer *Les Jeux 20 heures*, la direction de FR3 demande à Guy Lux d'imaginer une nouvelle émission, plus moderne, plus jeune, plus « marrante ». Déjà créateur d'un grand nombre de programmes et de jeux télévisés à succès (dont *Intervilles*) Guy Lux propose à la chaîne un divertissement mêlant humour et variétés. Tout en s'appuyant sur quelques valeurs sûres, cette nouvelle émission donnerait sa chance à de jeunes comiques inconnus.
Cela ne vous rappelle pas quelque chose ?

Dans le rôle du maître d'école, avec son cahier de notes et sa grande règle, l'animateur Fabrice tentait de faire régner la discipline dans sa classe...

PATRIIIIIIICK !

La Classe se terminait toujours par une séquence musicale. Lors de la première, le 26 janvier 1987, c'est Patrick Bruel qui eut l'honneur « d'essuyer les plâtres ». Par la suite, l'émission rencontrant de plus en plus d'audience, les chanteurs en promotion ne se sont pas fait prier pour y participer.

Une pépinière loufoque

Le concept ayant déjà fait ses preuves sous la houlette de Philippe Bouvard, il faut essayer de s'en démarquer le plus possible.
Bingo ! Puisqu'il s'agit de jeunes talents, fougueux et insolents, on allait les faire évoluer dans le décor d'une salle de classe. Les élèves/humoristes y seront encadrés par un professeur qui notera leurs performances. Et bien sûr, comme dans toute salle de classe, il y aura des bons élèves, des cancres, des chouchous, des lèche-bottes et des perturbateurs !
Initialement, l'émission devait s'appeler *Chahut-Bahut*, mais comme ce nom avait déjà été déposé, Guy Lux dû en trouver un autre : ce sera *La Classe*, tout simplement.

Bons points et zéros pointés !

Dans le rôle de l'enseignant qui interrogeait et surveillait la classe, les créateurs de l'émission avaient choisi Fabrice, animateur de radio déjà célèbre sur RTL. Comme tout enseignant de la vieille école, Fabrice avait une grande règle qu'il tapait contre son bureau afin de ramener l'ordre dans les rangs. Il avait également un crayon géant avec lequel il écrivait, dans un carnet, les notes qu'il attribuait aux élèves. Chaque émission était composée de plusieurs sketchs interprétés par des élèves choisis par Fabrice. À l'issue de leur prestation, les élèves étaient notés. Dans la catégorie des cancres du fond de la classe, il y avait Blèze et ses blagues pas drôles, Pompon et ses rébus tirés par les cheveux, et Bézu l'éternel chahuteur, toujours au fond de la classe !
Dans les élèves moyens, il y avait Muriel Montossey, une blonde ravissante qui récitait des fables sur un ton un peu coquin. Chouchou de Fabrice, elle obtenait toujours au moins 10 sur 20. El Chato aussi, chanteur et guitariste, d'origine gitane et qui intervenait pour de petits intermèdes musicaux.
Mais *La Classe* c'était surtout un vivier de jeunes talents, composé d'une cinquantaine d'humoristes. À raison d'une dizaine présents chaque soir, ils intervenaient à tour de rôle et à la demande de Fabrice.

AUX SUIVANTS !

Suite au succès du *Théâtre de Bouvard* et de *La Classe*, d'autres émissions ne tarderont pas à reprendre le concept.
En 2006, Jamel Debbouze créé le *Jamel Comedy Club* sur Canal+ avec le succès que l'on sait. À sa suite, Pierre Palmade présente l'éphémère *Made in Palmade* sur France 3. Puis ce sera le tour de Laurent Ruquier, avec *On n'demande qu'à en rire*, sur France 2, en 2010.

Le creuset du succès

Pour beaucoup de nos humoristes actuels, *La Classe* a été un véritable tremplin. Parmi la longue liste de ceux qui s'y sont illustrés, citons Chantal Ladesou, Anne Roumanoff, Michèle Laroque, Virginie Lemoine, Les Vamps (appelées Les Voisines au début de l'émission), Pierre Palmade, Jean-Marie Bigard, Vincent Lagaf' (sous le nom de Lagaf'), Élie Kakou (d'abord sous le nom de Gargamel), Olivier Lejeune, Didier Gustin, Jean-Jacques Vannier, Pascal Brunner, Gustave Parking, Maurice Barthélémy et Pierre-François Martin-Laval (de la troupe des *Robins des Bois*), et même Laurent Ruquier.
Malgré un succès jamais démenti et de très bonnes audiences, l'émission s'arrête en février 1994.
À l'été 2005, présentée par François Rollin, *La Classe* fait un timide retour, mais, ne parvenant pas à renouer avec le succès d'antan, elle disparaît définitivement du petit écran au bout d'une saison.
Fini les maîtres d'école et leur baguette, les temps ont changé, irrémédiablement.

Autour de Fabrice on reconnaît Muriel Montossey, Jean-Jacques Devaux, Bézu, Bigard, Lagaf, El Chato, Pompon, Blèze...

LES INCONNUS

« Stéphanie de Monaco ! », « Cela ne nous regarde pas », « Vous pouvez répéter la question ? », « Eh, Manu, tu descends ? »... Cultes dans les années 1990, les répliques des Inconnus font toujours recette dans la cour du collège. Et pour cause : bien qu'ils soient séparés depuis près de 25 ans, leur œuvre est largement diffusée sur Internet où le trio flirte avec les 400 millions de vues ! Les bons et les mauvais chasseurs de gallinette cendrée, les rappeurs BCBG de Neuilly, les pétasses en discothèque, le Père Ducrasse et sa gerbouillade, les flics a fortiori gardiens de la paix et tant d'autres personnages aussi déjantés qu'hilarants font définitivement partie de notre mémoire collective. Culte et inoxydable !

« Ingrid, quand tu vas au cinéma, est-ce que tu préfères les films d'aventures ou les comédies, et surtout après, est-ce que tu baises ? »

Le Théâtre de Bouvard, le tremplin vers le succès

En 1982, Philippe Bouvard cherche de jeunes comiques pour sa nouvelle émission. Parmi la centaine d'humoristes débutants qu'il retient, il y a Didier Bourdon, Bernard Campan et Pascal Légitimus, mais également Smaïn et Seymour Brussel avec lesquels le futur trio va commencer à se produire sur scène. Dès leurs premiers passages, on perçoit l'énorme potentiel comique de ces jeunes gens !
Les spectateurs ne s'y trompent pas qui font très vite un triomphe à l'émission et à ses pensionnaires.
En 1984, quelques mois avant la fin du Théâtre de Bouvard, Bourdon, Campan, Légitimus, Smaïn et Seymour Brussel créent un groupe qu'ils nomment Les Cinq. C'est sous ce nom qu'il commence à jouer un petit spectacle. Pour l'occasion, ils font imprimer une affiche où le nom Les Cinq est suivi de l'accroche « Découverts par Philippe Bouvard » pour profiter de sa notoriété. Or, ce dernier n'apprécie pas et leur interdit d'utiliser le nom Les Cinq, estimant qu'il appartient à son émission. En 1985, après *Le téléphone sonne toujours deux fois !!*, film dans lequel ils jouent tous les cinq, Smaïn les quitte pour entamer une carrière solo.

Devenu Les Inconnus (suite aux injections de Philippe Bouvard à propos du nom Les Cinq), c'est à cette époque que le quatuor rencontre Paul Lederman, découvreur de bien d'autres talents comme Claude François, Thierry Le Luron ou Coluche. Sous la houlette de leur nouveau producteur, les quatre Inconnus obtiennent un prix lors du festival « Performance d'acteur » à Cannes. Ce début de reconnaissance sera suffisant pour les persuader qu'il faut persévérer, s'accrocher, et, qui sait, atteindre le succès...

De jolis succès en... triomphes !

En 1987, les quatre jeunes comiques créent leur premier spectacle *Au secours... Tout va bien !* Ils le montent devant 46 spectateurs dans une salle de 1 000 places... où un an plus tard, grâce au bouche-à-oreille, ils joueront à guichets fermés !
En 1987 et 1988, le quatuor anime l'émission *Les Inconnus de l'après-midi*, sur Europe 1. C'est peu après que Seymour Brussel les quitte pour devenir... bio énergéticien et ostéopathe.
De mai à septembre 1989, Les Inconnus, devenu le trio que l'on connaît, jouent leur second spectacle *Au secours tout va*

« Eh Manu, tu descends ? » Un immeuble en carton, une casquette, une mobylette, ça suffit pour qu'on y croie. Bienvenue dans la cité de Manu.

« T'as déjà vu Schwarzenegger ? Tu lui mets des boucles d'oreilles c'est la mère à Manu. »

mieux. C'est un triomphe ! Chaque soir, la salle archi bondée est pliée de rire. Tous les sketchs de ce spectacle sont devenus cultes.
Par exemple la parodie délirante d'un spectacle fait par des enfants d'école primaire sur la Révolution française. Avec sa perruque poudrée et son accent maghrébin, Didier Bourdon incarne le jeune Mohamed qui doit jouer le rôle de Louis XVI, tandis que Pascal Légitimus, bonnet phrygien sur la tête, représente le peuple en colère en hurlant « *À mort Louis croix V bâton !* » « *Liberté, égalité, va t'faire niquer* » lui répond le roi/Mohamed. Tout ça au grand désespoir de Bernard Campan, le pauvre instituteur... Les trois humoristes perdent bien vite le fil du sketch, improvisent, se marrent. Le public, complice et hilare, en redemande ! Idem quand Pascal Légitimus, casquette à l'envers, veut faire descendre Manu/Didier Bourdon devant son immeuble pour lui montrer son scooter rutilant. Mais Manu ne décroche pas des pubs à la télé : « *He Manu ! Tu descends !* » « *Et pour quoi faire ?* »
Et Véronique ? Vous vous souvenez de Véronique candidate godiche du jeu Télé Magouille qui n'arrête pas de demander à Campan/l'animateur « *Vous pouvez répéter la question ?* » et répond invariablement « *Stéphanie de Monaco !* » quel que soit le sujet. Inoubliable !
Tout le talent comique du trio est dans ce spectacle. Leur sens de l'observation et de la caricature, ajouté à leur numéro de ping-pong à trois, fait un carton !
Le succès est tel que, parallèlement au spectacle, des extraits de leurs sketchs sont diffusés tous les soirs à la télévision avant et après le Journal de 20h sur La Cinq, qui parraine le spectacle.

Vous pouvez répéter la question ?

En 1990, forts de leur nouvelle notoriété, Les Inconnus reviennent sur le petit écran et créent *La Télé des Inconnus*, sur Antenne 2. Jusqu'en janvier 1992, le trio réalise sept émissions d'environ 25 sketchs et 80 minutes chacune.
Ce n'est pas exagéré de dire qu'il y a un avant et un après ce programme, ni que les trois humoristes ont ouvert la voie à tout ce qui suivra en matière d'humour à la télé. Fausses pubs, parodies d'émissions télé ou de films, détournements des faits d'actualité, faux reportages, clips déjantés,... Bourdon, Campan et Légitimus ont tout inventé ! Pas étonnant que leurs successeurs continuent à leur rendre régulièrement hommage. Attirant entre 7 et 10 millions de téléspectateurs, chacune des sept émissions est un record d'audience.
Et aujourd'hui encore c'est par millions que l'on comptabilise les vues de ces sketchs sur les plateformes comme YouTube ou Dailymotion !
En mars 1990, lors de la première émission, le premier sketch présenté est « *Isabelle a les yeux bleus* », parodie

États civils

Didier naît à Alger en 1959 d'un père agent EDF et d'une mère au foyer. Comme beaucoup de pieds-noirs, les Bourdon sont rapatriés en France en 1962. La famille déménage au gré des mutations professionnelles du père de mais finit par s'installer à Saint-Germain-en-Laye. À 11 ans, en 1970, Didier monte une pièce de Courteline avec ses amis de collège. C'est une révélation, le jeune garçon veut être acteur ! En 1979, il a 20 ans quand il entre au Conservatoire National et a pour camarade de promotion l'acteur Christophe Lambert.
Pascal naît à Paris en 1959. Fils de l'acteur Théo Légitimus et de la couturière de théâtre arménienne Madeleine Kambourian, il est également le petit-fils de la comédienne martiniquaise Darling Légitimus et du journaliste guadeloupéen Étienne Légitimus et le neveu du producteur de télévision Gésip Légitimus.
Entouré de nombreux frères, sœurs, cousines et cousins (dont Laurent Voulzy !) pour la plupart artistes dans différents secteurs, c'est logiquement que Pascal se découvre très vite une vocation d'acteur.
Bernard naît à Agen en 1958, d'un père professeur d'italien et d'une mère professeure de français. Il passe ensuite une enfance heureuse et tranquille à Tours. Son baccalauréat en poche, il monte à Paris pour suivre des cours de théâtre et s'inscrit au Cours Simon. Si ses parents l'aident un peu financièrement, il est persuadé que, pour être un bon acteur, il faut d'abord « galérer ». Il ne va pas être déçu... et va connaître des années difficiles avant d'intégrer Le Petit Théâtre de Bouvard.

de groupes new wave alors très populaires, comme Indochine. Entrecoupée par une interview plus vraie que nature du faux groupe, la performance des Inconnus est d'autant plus réussie qu'elle n'est pas pire que certaines « vraies » chansons d'une époque où la déferlante des radios libres et le Top 50 règnaient sur… nos oreilles ! Cette première parodie musicale va devenir une des marques de fabrique du trio qui ne tardera pas à en commettre d'autres avec le même succès.
Si on compte bien, 7 émissions multipliées par environ 25 sketchs, ça fait 175 pépites quasiment toutes devenues cultes ! *Tournez Ménages, Perdu de recherche, Stade 2, Fort Boyaux, Les chasseurs, Le Commissariat de police, Des chiffres et des lettres, L'hôpital,…* rien n'échappait aux pastiches corrosifs du trio, et on serait bien en peine de n'en retenir qu'un !
C'est donc en toute subjectivité, et après un choix cornélien que, pour ma part, je retiendrais le délirant *Télé Boutique Achat* dédié au Tastevin. Superbe objet en étain massif, le tastevin permet de tester les vins et alcools sans mélanger les goûts car il a plusieurs trous ! Criant de vérité, Bernard Campan incarne Valérie, l'animatrice blonde un brin coincée, quant à Didier Bourdon, il interprète Jean-Pierre, son acolyte alcoolique, qui au fil de la dégustation est de plus en plus saoul et finit par dire des obscénités et des horreurs (*Oh, y'a un trou propre, là encore !*). 3 minutes et 5 secondes qui devraient être remboursées par la Sécurité sociale en cas de déprime !

Bernard, Didier et Pascal sages comme des images ? Qu'est-ce qu'il se passe ? Mais cela ne nous regarde pas !

Télé Magouille, un jeu pour s'en mettre plein les fouilles !

« C'est Darty mon kiki ! »

Des Trois frères à la rupture du trio

En 1991, parallèlement à leur carrière sur le petit écran, Les Inconnus créent leur troisième spectacle, intitulé *Isabelle a les yeux bleus*, et pour lequel ils reçoivent le Molière du rire.
Au sommet de la gloire, tant sur scène qu'à la télévision, ils se lancent alors dans le cinéma avec *Les Trois Frères*. Sorti en 1995, le film est un énorme succès avec 7 millions d'entrées et obtient le César de la meilleure première œuvre.
C'est à ce moment-là que leur ex-producteur Paul Lederman, qui détient les droits du nom « Les Inconnus », leur interdit par contrat de se produire ensemble. Face à ces problèmes contractuels, le trio n'a pas d'autre solution que de se séparer…
Les deux films suivants, *Le Pari* (1997) et *L'Extraterrestre* (2000), ne réunissent donc que Bernard Campan et Didier Bourdon.
En 2001, ayant enfin réglé son différend avec Paul Lederman, le trio se reforme et tourne un nouveau film, *Les Rois mages* (2001), qui ne connaîtra pas le même succès que *Les Trois Frères*.
En 2009, Pascal Légitimus annonce la reformation du trio autour de l'écriture d'un scénario faisant suite à leur succès de 1995. Le titre provisoire est *Les Trois Pères* et le tournage doit avoir lieu durant l'année 2011.

TRIO GAGNANT !

Les Inconnus sont les seuls artistes à avoir remporté les grandes récompenses françaises dans quatre domaines artistiques différents : théâtre, cinéma, télévision et musique !

- 1990 : 7 d'or de la Meilleure émission spéciale.
- 1991 : Molière du meilleur spectacle comique.
- 1996 : César du meilleur premier film pour *Les Trois Frères*.
- Victoire de la musique :
  - 1990, 1991 et 1996 : spectacle de l'humour.
  - 1992 : vidéoclip pour *Auteuil Neuilly Passy*.

« C'est ton destin ! »

« Nous sommes URSSAF, CANCRAS et CARBALAS - Qui que tu sois, quoi que tu fasses - Faut qu'tu craches, faut qu'tu payes - Pas possible que t'en réchappes - Nous sommes les frères qui rapent tout. »

Les trois humoristes ayant chacun des carrières séparées bien remplies, le film prend du retard mais sort finalement en février 2014. Intitulé finalement *Les Trois Frères : Le Retour*, le film est assassiné par la critique. Si le démarrage est bon, la fréquentation est en forte baisse dès la deuxième semaine... Choqué par ces réactions négatives, Pascal Légitimus annonce sur les réseaux sociaux que ce sera la dernière production de leur part sous le nom Les Inconnus, alors qu'ils étaient en train de préparer un nouveau spectacle.

Les Inconnus : Le Retour ?

Depuis l'échec des *Trois Frères : Le Retour*, Bernard, Didier et Pascal continuent chacun de leur côté, soit au théâtre, soit à la télévision, soit au cinéma.
Au cinéma, c'est sans doute Bernard Campan qui surprend le plus, enchaînant les succès quel que soit le registre. Alternant les rôles dramatiques, comme dans *Se souvenir des belles choses*, le très beau film de Zabou Breitman pour lequel il est nominé aux César du meilleur acteur, ou les comédies comme la trilogie du *Cœur des hommes* de Marc Esposito. Mais l'ex Inconnu ne néglige pas pour autant la scène, puisqu'en 2019 il est nominé pour le Molière du meilleur comédien pour la pièce *La Dégustation*.

À côté de ses nombreuses apparitions en tant qu'acteur essentiellement dans des fictions pour la télévision, c'est plutôt dans la mise en scène que Pascal se distingue aujourd'hui. Fort de son expérience, il a dirigé avec succès des humoristes comme Élie Semoun, Pierre Palmade, Laurent Ruquier ou Anthony Kavanagh.
Quant à Didier, c'est au cinéma qu'on peut essentiellement le retrouver. Après s'être éloigné un temps des plateaux de tournage, il alterne les échecs et les jolis succès.
À chaque fois que l'un des trois croise le micro d'un journaliste ou la route d'un fan c'est la même question : *Quand est-ce que vous remontez sur scène ensemble ?*
Et c'est vrai qu'on aimerait tant retrouver Les Inconnus, ceux qui osaient tout et pouvaient tout se permettre. Retrouver leurs délires, leurs chansons débiles, leur sens de la dérision, leur regard acéré sur le quotidien et la société, leurs yeux qui brillent comme des sales gosses prêts à faire une blague.
Le samedi 26 janvier 2019, à l'occasion du spectacle des Enfoirés en soutien aux Restos du cœur, Pascal, Didier et Bernard sont remontés sur scène ensemble et ont interprété un medley de leurs chansons. Les prémices du retour des Trois Inconnus ? On croise les doigts !

RIRES ET CHANSONS...

Parodiant les groupes à la mode, réalisant des pastiches de clips qui n'avaient rien à envier aux vrais, et se moquant du Top 50, émission musicale phare à l'époque, Les Inconnus ont finalement composé des chansons devenues cultes. Si la plupart du temps nous avons oublié les tubes qui les avaient inspirées, les chansons ci-dessous (choisies en toute subjectivité !) trottent encore dans la tête de pas mal d'entre nous :

Les insectes sont nos amis : Campan en sosie de Chantal Goya, Bourdon en Moucham la mouche verte, Légitimus en Morbak le morpion. Pas sûr que cette chanson soit vraiment pour les enfants...

Vice et Versa : ah, les Tranxen 200 ! On aurait adoré que ce groupe existe « en vrai » ! Tout est parfait, le clip tourné à la campagne, la chanson aux paroles aussi hermétiques que débiles, le look des trois zozos, on s'y croirait. Mon préféré !

C'est ton destin : casquette vissée sur la tête, trois jeunes de banlieue chantent leur haine de la société. Plus de rires que de peur face à leur révolte !

Isabelle a les yeux bleus : parodie d'Indochine et des groupes new wave du début des années 90.

Rap-Tout Vampire : déguisés en vampire plus poilants qu'effrayants, une critique pour le moins décalée du fisc et des impôts.

C'est toi que je t'aime : mélange moqueur et drôlement bien vu de groupes de rock alternatif comme la Mano Negra, Les Garçons Bouchers et Les Négresses Vertes.

Auteuil Neuilly Passy : rap version BCBG. Loden, mocassins à glands, foulards en soie, tout y est !

Chansons d'antan : dans son imitation parodique d'un comique troupier Bernard Campan est bluffant.

Casser les couilles : c'est encore Bernard Campan qui s'y colle mais c'est parce qu'il chante réellement très bien. Mélange de Florent Pagny et de Patrick Bruel, il est Florent Brunel, et interprète une chanson soi-disant engagée, parodie de *Casser la voix*...

Zoubida : reprise revue et corrigée par Ze Cioure d'une chanson pas vraiment intello de... Vincent Lagaf'. En sosie de Robert Smith, le chanteur de The Cure, Didier Bourdon est tout simplement hallucinant !

« VOUS ME DONNEZ QUEL ÂGE ?
INDICES : J'AI EU UNE RENAULT 14
ET J'AI CONNU RENAUD SOBRE ! »

CHANTAL LADESOU

« LE BOIS DE BOULOGNE EST LE SEUL
ENDROIT OÙ, QUAND TU DONNES
UN COUP DE PIED DANS UN BUISSON,
IL TE LE REND. »

POPECK

« LA MORT C'EST BIEN POUR LES PAUVRES.
BAH SI. C'EST QUAND MÊME LA SEULE FOIS
OÙ LES PAUVRES ROULENT EN MERCEDES
À L'ARRIÈRE AVEC UN CHAUFFEUR. »

PATRICK TIMSIT

LES NULS

« Confondant "Tourte aux cailles" et "Tarte aux couilles", un cuisinier s'est grièvement blessé. »

De 1987 à 1994. Finalement, leur aventure commune n'aura duré que sept ans. Pourtant, de l'émission *Objectif Nul*, sur Canal+, au film *La Cité de la peur,* sur le grand écran, Les Nuls ont dynamité l'humour à la télévision et laissé une empreinte qui, aujourd'hui encore, rend beaucoup d'entre nous nostalgiques. Et même s'ils ne sont jamais montés sur scène, ils ont une place de choix dans le panthéon des comiques français.

1+1+1+1 = Nuls

Alain Chabat et Dominique Farrugia se rencontrent en 1984, dès les débuts de Canal+ et sympathisent immédiatement. Le premier présente la météo et le second s'occupe du montage des bandes-annonces. En 1986, Pierre Lescure présente aux deux amis Chantal Lauby et Bruno Carette qu'Alain De Greef, le directeur des programmes, vient d'engager. Lescure veut que ces quatre-là travaillent ensemble. Au début, les choses ne se passent pas très bien. Mais lorsque Lescure leur dit que s'ils ne parviennent pas à fonctionner le programme prévu sera supprimé, les futurs Nuls s'y remettent. Très vite, la mayonnaise va prendre, et même au-delà de leurs espérances !

La première apparition de ceux qui ne sont toujours pas les Nuls a lieu en février 1987 avec *Objectif Nul,* en hommage à *Objectif Lune* de Tintin et à la série *Star Trek*. Diffusée jusqu'en avril, l'émission compte 50 épisodes d'environ 7 ou 8 minutes. Le pitch ? Délirant bien sûr, comme le suggère l'accroche : « *À des millions d'années burosse de la terre, un équipage, Zeitoun, Panty, Syntaxerror, le mercenaire et le capitaine Lamar, dérivent à bord du Liberator ; leur objectif ? NUL !* » Bruno Carette interprétait Zeitoun le cuistot et ses célèbres *Moukraines à la glaviouse,* Alain Chabat était le capitaine Lamar, Chantal Lauby jouait Panty et Alexandre Pottier, Syntaxerror. Arnold Boiseau et Dominique Farrugia collaboraient à l'écriture, mais apparaissaient rarement à l'écran. Très vite l'émission est un succès, et reçoit même le 7 d'or de l'émission de divertissement en 1987.

À la rentrée 1987, le quatuor est définitivement constitué : Chantal Lauby, Alain Chabat, Bruno Carette et Dominique Farrugia. C'est la naissance du *JTN*, le *Journal Télévisé Nul* dans l'émission *Nulle part ailleurs*, présentée quotidiennement par Philippe Gildas. Chaque soir, cette parodie de journal télévisé tourne l'actualité en dérision en intégrant de nombreux pastiches d'émissions, des fausses pubs et des sketches en direct.

C'est lors de la quatrième édition de leur *JTN* que les quatre humoristes vont devenir Les Nuls. Et ce, grâce à Philippe Gildas. Décédé en 2018, ce dernier se plaisait à raconter : « *J'avais vu leur série «Objectif Nul». Le quatrième jour de «Nulle part ailleurs», je lance leur rubrique* (le JTN)*. Inconsciemment j'ai dit : «À vous, les Nuls !» Alain Chabat trouvait que ça faisait un peu naze, mais il ne l'a pas regretté !* »

Au sommet de la gloire

À la rentrée 1988, Les Nuls décident de prendre une année sabbatique. Ils sont remplacés à l'antenne par *Les Arènes de l'Info* qui deviendront plus tard

États civils

Chantal naît en 1948 à Gap, puis passe son enfance en Auvergne. Elle commence sa carrière à la télévision comme *speakerine* sur France 3 Auvergne. Envoyée sur les antennes régionales de France 3 et de Radio France sur la Côte d'Azur, elle y rencontre Bruno Carette. Ensemble, ils présentent *Azur Rock*, *Un petit clip vaut mieux qu'une grande claque* et *Bzzz !*, des émissions comiques constituées de petits sketchs. En 1986, grâce à *Bzzz !*, ils sont repérés puis recrutés par Alain De Greef, le directeur des programmes de Canal+, la jeune chaîne payante.

Alain naît en 1958 à Oran. Sa famille rentre à la métropole en 1963 et s'installe à en banlieue parisienne. La famille occupe un logement de fonction, car sa mère est institutrice. Alain veut devenir dessinateur de BD, ou faire carrière comme chanteur de rock. Finalement, à partir de 1980, il fait ses débuts radiophoniques sur les ondes de Radio Andorre et France Inter. Entre sur RMC en 1981 pour présenter le *Hit-Parade*, il y rencontre Pierre Lescure qui lui propose de le rejoindre pour travailler sur une nouvelle chaîne de télévision : Canal+.

Dominique naît à Vichy en 1962, peu après que ses parents, pieds-noirs, ont quitté l'Algérie. Deux semaines après sa naissance, la famille part s'installer à Paris dans un appartement de 35 m² où Dominique habitera jusqu'à la fin des années 1980. Ses parents tiennent un bar-restaurant. En complément son père joue de la batterie et de l'accordéon dans des bals. En 1984, dès le lancement de la chaîne Canal+, Dominique travaille dans le montage des bandes-annonces de la chaîne, et devient assistant de production de l'émission *Tous en scène*. Il rencontre ainsi le premier présentateur météo de la chaîne, Alain Chabat, d'origine pied-noir lui aussi.

Bruno naît à Saint-Eugène, près d'Alger en 1956. Fils d'un père ingénieur, il passe ses premiers mois en Algérie avant de passer son enfance au Maroc. Dans les années 1960, la famille rentre en France, en même temps que toute une génération de pieds-noirs. Il exerce divers petits métiers pour vivre, parmi lesquels animateur au Club Med et démarcheur en assurances. Il intègre même le Big Bazar de Michel Fugain, grâce à un de ses oncles, le chanteur Georges Blanès. Dans les années 1980, Bruno fait la connaissance de Chantal, alors speakerine à Radio France Côte d'Azur. C'est avec elle qu'en 1986 il monte à Paris pour entrer à Canal+.

Séance de travail studieuse. On donnerait cher pour savoir ce que Didier, Bruno, Dominique et Chantal se racontaient !

Les Guignols de l'info. Canal+ leur demande de créer quand même trois programmes. Ils n'en livreront que deux : *TVN 595*, pour lequel ils obtiennent leur deuxième 7 d'or, et *La nuit la plus Nuls*. Reboostés grâce à cette année plus calme si ce n'est réellement sabbatique, le quatuor revient à la rentrée 1989 avec une nouvelle émission de type abécédaire, *A.B.C.D. Nuls*. 61 épisodes qui mettent en scène une série de sketchs illustrés par de fausses définitions du dictionnaire.
Mais l'émission est stoppée au bout de quelques mois, à la suite de la mort brutale de Bruno Carette, le 8 décembre 1989.
Après une pause, Les Nuls lancent en octobre 1990 *Les Nuls - L'émission*. Sorte de *Saturday Night Live* à la française, l'émission était entièrement réalisée en direct et diffusée tous les samedis à 22h. Les Nuls y étaient accompagnés d'un invité acteur, qui jouait leurs sketchs avec eux, et d'un invité musical, qui interprétait deux titres en *live*. Le programme était également émaillé de fausses bandes-annonces, de fausses pubs, et d'un faux journal télévisé présenté par Maurice Chevalier (Alain Chabat) et Pénélope Solète (Chantal Lauby). Dans chaque émission, un hommage était rendu à Bruno Carette dans la séquence *La redif* qui donnait l'occasion de le retrouver dans d'anciens sketchs. Épuisés par le rythme que leur imposait ce programme hebdomadaire ambitieux, Les Nuls décident d'arrêter l'émission au bout de la deuxième saison, en mars 1992. Au sommet de la gloire, ils cessent

« Pour protester contre le temps qui passe, deux vieillards jeûnent. »

toute activité à la télévision, faisant quand même quelques apparitions, comme pour les 10 ans de Canal+ le 4 novembre 1994 dans *Nulle part ailleurs*.
La même année, ils se retrouvent pour jouer dans le film *La Cité de la peur*, dont ils ont également écrit le scénario. Avec plus de 2 millions de spectateurs cette histoire loufoque sur la promotion d'un film d'horreur pendant le Festival de Cannes est un gros succès.
Lors du Festival de Cannes 2019, à l'occasion des 25 ans de ce film devenu culte, une séance est organisée sur la plage. Pour couronner la soirée, et pour la plus grande joie du public, Gérard Darmon et Alain Chabat, dansent leur inoubliable Carioca. Les rires n'ont pas pris une ride !

Une première mondiale pas banale !

Mutée sur la Côte d'Azur, la jeune Chantal va se faire remarquer devant les caméras au Marineland d'Antibes. Et pour cause, en 1977 elle est la première femme au Monde à... chevaucher une orque !

« Au Championnat du Monde de Constipation, le Français a obtenu la médaille de bronze. »

Une camisole, tout est dit : ces quatre zozos sont complètement déjantés, mais pour notre plus grande joie.

Chacun sa route

Depuis *La Cité de la peur*, Les Nuls suivent des carrières séparées, liées à la télévision et au cinéma.
Si elle s'est essayée à la réalisation, c'est essentiellement en tant qu'actrice que Chantal Lauby participe à de nombreux films. Après quelques incursions réussies dans un registre plus dramatique, elle renoue avec le succès grâce au triomphe de *Qu'est-ce qu'on a fait au bon Dieu ?* Elle y campe l'hilarante Marie Verneuil, épouse de Claude Verneuil/Christian Clavier, avec lequel elle forme un couple de bourgeois catholiques racistes et intolérants. Sortie en 2019, la suite confirme le succès et la réussite du premier opus, et montre une fois de plus l'immense talent comique de Chantal.
Dès 1996, Dominique Farrugia se lance quant à lui avec succès dans une carrière de réalisateur. Parallèlement, il est également producteur et a créé deux chaînes de télévision, *Comédie !* en 1997 et *Cuisine TV* en 2001. Atteint de sclérose en plaques depuis l'âge de 30 ans, Dominique milite pour l'association de l'UNISEP (Union pour la lutte contre la sclérose en plaques) dont il est secrétaire général depuis 2007. Ayant de plus en plus de mal à se déplacer, dès qu'il en a l'occasion il dénonce les difficultés quotidiennes auxquelles sont confrontées les personnes en fauteuil roulant.
Alain Chabat est sans doute celui des trois compères qui a le plus complètement réussi sa carrière après Les Nuls. À côté de ses performances en tant qu'acteur (par exemple dans *Gazon Maudit* de Josiane Balasko pour lequel il est nommé aux Césars), il s'impose également comme un scénariste et réalisateur comique de premier plan. Avec *Didier* d'abord, où, en plus de la mise en scène et de l'écriture du scénario, il joue un labrador époustouflant face à un Jean-Pierre Bacri génial, et pour lequel il obtient le César du meilleur premier film en 1998.
En 2002, il confirme son talent en réalisant le pharaonique *Astérix et Obélix : Mission Cléopâtre*. Réunissant un casting de rêve parmi lequel on citera Monica Bellucci, Gérard Depardieu, Christian Clavier, Jamel Debouze, Édouard Baer, Gérard Darmon, et même Tony Parker et Zinedine Zidane, le film est un énorme succès critique et commercial. Avec plus de 14 millions de spectateurs en France, les aventures du petit Gaulois revisitées par Chabat connaissent également un beau succès à l'étranger, remportant même le Prix du cinéma européen.
Pas si nuls ces Nuls, non ?

Trop vite parti…

Deux ans à peine après leur création, Les Nuls doivent faire face à la disparition aussi tragique que brutale de Bruno Carette. Le 8 décembre 1989, l'humoriste s'éteint à l'âge de 33 ans des suites d'une maladie autour de laquelle règne toujours un certain silence. Lorsque Pierre Lescure, alors patron de Canal+, prend l'antenne pour annoncer la triste nouvelle, il explique que Bruno Carette a contracté « *un très sale virus difficile à identifier* » qui a ensuite « *débouché sur une forme particulièrement rude et agressive d'encéphalite* ». Depuis, d'autres proches du jeune humoriste, Antoine De Caunes par exemple, n'hésitent plus à évoquer le sida, maladie à l'époque encore taboue, et qui faisait des ravages. Malgré une carrière bien trop courte, nombreux sont ceux qui ne sont pas près d'oublier Misou-Mizou le pétomane ou Zeitoun le cuisinier…

Les Inconnus vs Les Nuls : un match qui dure…

Fin des années 80, Les Inconnus et Les Nuls font la joie des Français et sont au firmament de la gloire ! En réalité, les deux troupes d'humoristes n'ont jamais entretenu de très bons rapports. Si les supporters du PSG se livrent une guerre sans merci contre ceux de l'OM, le terrain de l'humour est lui aussi le théâtre de nombreuses rivalités. Et s'il en est une qui semble historique, c'est bien celle qui perdure entre *Les Nuls* et *Les Inconnus*. Et lorsque Dominique Farrugia balance que si Les Inconnus se sont reformés en 2014 pour faire *Les Trois Frères : le Retour* c'était pour payer leurs impôts, Didier Bourdon rétorque qu'eux, au moins, écrivent leurs sketchs eux-mêmes alors que beaucoup de textes des Nuls ont été écrits par Jean-Marie Bigard, ce dont ils ne se vantent pas ! Bonjour l'ambiance…

PATRICK TIMSIT

Caustique et cinglant, Patrick Timsit joue avec le feu, n'épargne personne, et fait rire avec ce qui fait mal. Avec une bonne dose d'autodérision, il aime jouer les « sales types », le raciste, le nazi, l'antisémite, l'homophobe, le misogyne, etc. « *Il n'y a pas de sujet tabou,* résume-t-il. *L'important c'est de savoir par quel bout on le prend. Il ne faut pas que ce soit trop racoleur, ou facile. [...] On peut rire de tout, ce qui est important c'est la façon dont on en rit* ». Bref, amateurs du politiquement correct, autant passer votre chemin...

« Y'a de plus en plus de cons chaque année. Mais cette année, j'ai l'impression que les cons de l'année prochaine sont déjà là. »

Vendeur de ratatouille ? Agent immobilier ? Non comédien !

Patrick Timsit naît à Alger en 1959 de parents juifs. Contrainte de fuir l'Algérie, en 1961 la famille arrive à Paris où elle ouvre une maroquinerie. Son père, « *genre Roger Hanin, en plus violent* », fabrique des sacs, sa mère, « *une battante* », vend des chaussures. Après avoir obtenu son Bac D en candidat libre, Patrick décide de ne pas poursuivre ses études et commence à travailler dans l'import-export de... ratatouille ! Mais les affaires n'étant pas florissantes, en 1983 il décide d'ouvrir une agence immobilière, où il s'ennuie terriblement.
Attiré par le théâtre, il suit des cours du soir et écrit une pièce. Puis il se lance dans le one-man-show avec *Les Femmes et les enfants à mort*, qu'il joue au festival d'Avignon. Les petits succès qu'il remporte et le plaisir qu'il prend sur scène le décident à arrêter l'immobilier pour se consacrer au théâtre.
S'adressant directement au public, sans incarner de personnage, Patrick Timsit est l'un des premiers humoristes français à utiliser la forme du stand-up.
Si, en 1987, son second spectacle *Patrick Timsit lâche le morceau* obtient un joli succès d'estime, c'est avec *Timsit vite* que l'humoriste révèle sa « décoiffante » originalité. Secondé dans l'écriture par Jean-François Halin et Bruno Gaccio (les auteurs des Guignols de Canal+), Patrick dézingue la société de consommation. L'humoriste frappe fort, au-delà de la provocation, dépassant le cynisme pour frôler le nihilisme ! Le spectacle est un carton et lui permet d'accéder à une notoriété, encore renforcée par ses fréquents passages à la télévision. En effet, sa faculté à rebondir sur tous les sujets et son humour noir font de lui un bon client pour les émissions un brin polémiques comme, à l'époque, celle de Christophe Dechavanne. Timsit tape juste et fort. Il est temps pour lui d'aller voir ailleurs ; alors pourquoi pas au cinéma ?

Plus vite, plus loin, plus haut...

Comme Coluche avait été révélé par Claude Berry, c'est la rencontre déterminante avec Coline Serreau, qui va booster sa carrière sur grand écran. En 1992, la réalisatrice lui confie le rôle mémorable de Michou, le SDF de *La Crise*, aux côtés de Vincent Lindon. Grâce à son interprétation épatante, il est nominé au César du meilleur second rôle. Sa légitimité sur grand écran est confirmée en 1994 avec le gros succès d'*Un Indien dans la ville*, d'Hervé Palud, où il donne la réplique à Thierry Lhermitte, puis l'année suivante

« Il y a quatre femmes pour un homme sur terre. Qui a piqué ma part ? »

avec *Pédale douce* de Gabriel Aghion, où il obtient deux nominations aux Césars en tant qu'auteur et meilleur acteur.
Il interprète ensuite des rôles plus dramatiques, comme dans *Le Cousin*, film noir d'Alain Corneau, qui lui vaut une nouvelle nomination au César du meilleur acteur.
En 1999, nouveau défi : il coécrit, réalise et interprète *Quasimodo d'El Paris* qui remporte un grand succès. Suivront *Quelqu'un de bien* et *L'Américain* également écrits et réalisés par lui, mais qui passeront inaperçus.
Comme si tout cela ne suffisait pas, Patrick écrit et tourne pour la télévision. On retiendra son interprétation impeccable et glaçante de Landru en 2005.
La même année, il joue *L'Emmerdeur* avec Richard Berry. La pièce triomphe durant près de deux ans à Paris avant d'être adaptée au cinéma par Francis Veber, réunissant le même tandem.

Cinéma, télévision, théâtre, Patrick Timsit semble avoir exploré tout le champ des possibles ! En 2007, après treize ans d'absence, il décide donc de remonter seul en scène. Ce sera *The one man stand-up show*, sous-titré *Le spectacle de l'homme seul debout*, qu'il joue à guichets fermés pendant deux ans à travers toute la France.
Depuis 2012, il alterne théâtre, cinéma et télévision. On l'a notamment vu dans *Stars 80* avec Richard Anconina, et *Le marsupilami* d'Alain Chabat avec Jamel Debouzze.
Au théâtre, il évolue dans un registre plus dramatique comme dans la pièce *Inconnu à cette adresse* de Kressmann Taylor ou *Le Livre de ma mère* d'Albert Cohen.
À le voir parler avec les mains, s'agiter sans cesse, travailler sans répit, il semble que le bonhomme a peur que ça se calme, a peur de s'arrêter.
Comme si s'arrêter, c'était tomber…

FUIR L'ALGÉRIE EN GUERRE

En 1961, Patrick a 2 ans lorsqu'une bombe éclate devant la maroquinerie de ses parents, juifs d'Alger. Alors que le petit garçon fait la sieste, la vitrine vole en éclats. Patrick doit son salut à une bâche qui l'a protégé des projections de verre cassé. « *Mon père a dit à ma mère : Prends le nécessaire, on part.* » Et c'est ce que fit la famille Timsit, laissant derrière elle toute une vie, en moins de 60 minutes…

On ne peut pas rire de tout…

… et d'ailleurs « *On ne dit pas un nain, on dit une personne de taille ridicule.* » Le ton est donné ! Le 20 janvier 2015, Patrick Timsit remonte sur scène pour un nouvel one-man-show au titre qui, venant de sa part, interpelle *On ne peut pas rire de tout*. Caustique, décalé, cinglant, il bouscule le public sur un rythme effréné. Ça éclabousse et ça pique. Timsit n'épargne personne et fait rire avec ce qui fait mal : misogynie, racisme, homophobie, antisémitisme, toutes les haines qui traînent, tous les démons de la bêtise. Corrosif et mordant, il ne lâche pas ses proies, peut-être même encore plus féroce, car le 7 janvier, quelques jours avant la première à Paris, la France pleurait devant le drame de l'attentat de *Charlie Hebdo*. Ainsi donc, c'était vrai, on ne pouvait plus rire de tout. On tuait des artistes, des dessinateurs, des humoristes pour un bon mot de trop… Le rire rentrait en résistance !

À contre-emploi dans le rôle de Michou, le SDF paumé de *La Crise*, Patrick Timsit est remarquable de justesse et de sensibilité. Pas étonnant qu'il reçoive le César du meilleur acteur dans un second rôle.

« PRIMO : NOUS VOULONS UNE REVALORISATION DES SALAIRES. DEUSIO : UN RÉAJUSTEMENT SALARIAL. ET TRIMO : UNE AUGMENTATION. VOILÀ CE QUE NOUS VOULONS, À LA CGT. »

LES INCONNUS

PIERRE PALMADE

« Non Liliane Ox ça n'existe pas. Oui d'accord ça t'aurait fait 30 points avec le mot compte triple mais ça n'existe pas. Xo non plus d'ailleurs. »

W.A.K.E.R. waker. Vous connaissez ? Mais si, vous connaissez forcément l'expression *« Fier comme un Waquer »*… elle est née de l'imagination foisonnante de Pierre Palmade, talentueux humoriste qui a écrit et interprété des sketchs cultes comme *Le Scrabble*, *Le Joint*, *Le Colonel* ou *La scène de ménage*. Traversant les époques et n'ayant pas pris une ride, ses textes sont ciselés, jamais grossiers quoique parfois à double sens, et toujours mordants. On y découvre une galerie de personnages et de situations grâce auxquels l'artiste révèle et dénonce la mauvaise foi, l'égoïsme, la bêtise…

Sylvie, Jacqueline, Muriel : les bonnes fées !

Pierre Palmade naît en 1968 à Bordeaux dans les Landes, d'une mère professeure d'anglais et d'un père médecin obstétricien. Il grandit à Bordeaux avec ses deux sœurs, quand survient un drame qui va irrémédiablement marquer son existence : alors qu'il a huit ans, son père se tue dans un accident de voiture.
Amoureux de la scène et artiste dans l'âme, Pierre est découvert en 1987 lors de la *Nuit du théâtre* de Bordeaux. À la suite de cela, il joue *Sucré, salé*, spectacle de sketchs qui rencontre un joli succès local. Encouragé par les réactions qu'il suscite, il abandonne ses études préparatoires à HEC pour monter à Paris travailler avec Sylvie Joly.
En parallèle, il intègre La Classe, sur France 3, où il côtoie d'autres jeunes humoristes comme Bigard, Michèle Laroque et Muriel Robin.
Entre Muriel et Pierre, c'est un véritable coup de foudre artistique. Le jeune homme participe à l'écriture du spectacle *Les majorettes se cachent pour mourir*, premier one-woman-show de Muriel Robin qui rencontre un gros succès et sera même nominé aux Molière.
En 1989, Sylvie Joly met en scène son premier « vrai » one-man-show *Ma mère aime beaucoup ce que je fais*, que l'humoriste va jouer pendant plusieurs mois au Point-Virgule. C'est dans ce spectacle que Palmade crée, par exemple, les sketchs *Le joint* ou *Le Colonel*.
Le spectacle fait un triomphe et le jeune Bordelais devient rapidement la coqueluche de la scène comique française.
En parallèle, Pierre écrit le deuxième spectacle de Muriel Robin *Un point c'est tout* et enchaîne avec le film de Pierre Richard *On peut toujours rêver*.
En 1990, il présente un nouveau one-man-show, *On s'connaît ?*, où on retrouve le cultissime sketch *Le scrabble*. Pierre Palmade participe également à l'écriture de *Tout m'énerve* pour Muriel Robin, avec entre autres *L'addition*, *Le noir* et *Le répondeur*.
Comme si cela ne suffisait pas, en 1991 il écrit également *Pièce montée* pour son idole Jacqueline Maillan, qui sera le dernier spectacle de la reine du théâtre de boulevard.
Il prête également sa plume à Mimie Mathy, Jean-Marie Bigard et Guy Bedos. Rien ne semble pouvoir arrêter le jeune prodige de la scène comique française…

Mais qu'est-ce qui fait courir Palmade ?

En 1991, Pierre fait une tournée triomphale à travers la France, la Suisse

« Alors c'est ça que vous appelez un joint ? […] Moi je crois que vos délires c'est surtout dans la tête que ça se passe […] Moi tu pourras toujours me faire fumer autant de branches de tilleul que tu voudras, si je veux rester lucide, je resterais lucide et puis c'est tout. » La fin de ce sketch culte tend à prouver le contraire… Hilarant !

« Kawax ? Tu peux nous rappeler la définition de kawax Liliane ? Oui t'as de très belles lettres dans ton mot mais la deuxième condition du scrabble c'est que ça veut dire quelque chose. »

et la Belgique avec le spectacle *On s'connaît ?*, avant de triompher à l'Olympia. Il repart sur les routes en 1992 et 1993 avec *Passez me voir à l'occasion*. Il entrecoupe la tournée avec les représentations de *Ma sœur est un chic type*, pièce qu'il a créée et qu'il interprète aux côtés de Dominique Lavanant. En 1995, il remonte sur scène dans son cinquième one-man show *Mon spectacle s'appelle reviens !* puis repart en tournée… En 1996, il forme un couple détonnant avec sa partenaire Michèle Laroque dans *Ils s'aiment*, spectacle co-écrit avec Muriel Robin, qui en assure la mise en scène. En tournée, la pièce est applaudie par un public toujours plus nombreux. Déclaration d'amour à son public, Palmade remonte seul en scène en 1999 avec *Vous m'avez manqué*. On aurait pu penser que ce spectacle allait lui permettre de se « poser » quelque temps, mais non. Dès l'année suivante il crée un one-man-show « best of » intitulé *Mes premiers adieux*. Car l'humoriste a de nouvelles envies et veut se consacrer davantage au cinéma.
En 1996 il avait signé les dialogues du film *Pédale douce*, énorme succès du réalisateur Gabriel Aghion, avec Fanny Ardant, Patrick Timsit et Richard Berry. Désormais il a envie de passer devant la caméra pour faire l'acteur.
Mais avant ce tournant professionnel, il reprend la route avec Michèle Laroque pour *Ils se sont aimés*, suite des aventures de Martin et Isabelle. Pendant deux ans, ils vont de nouveau triompher à travers la France.

Envie d'autre chose

En 2005, Pierre Palmade décide de « changer de vie ». Il met un terme à une existence de fête pour aider de jeunes comédiens à percer dans le métier.
Il interrompt toutefois sa mission de mentor pour jouer aux côtés d'Isabelle Mergault dans *Si c'était à refaire* de Laurent Ruquier. C'est après l'avoir vu dans cette pièce que Pierre Richard lui demande d'écrire un spectacle pour eux deux. Ce sera *Pierre et fils*, que les deux Pierre jouent avec succès de 2006 à 2008. En même temps, Palmade crée *Fugueuses* (2007), pièce interprétée par ses amies Line Renaud et Muriel Robin. En parallèle il crée *Made in Palmade*, sorte de *Théâtre de Bouvard* revu et corrigé et diffusé sur France 3 chaque dimanche. L'émission est arrêtée faute d'audience mais Pierre décide alors d'écrire une pièce pour les participants de l'émission et pour lui-même. Ce sera *Le Comique*, mis en scène par Alex Lutz,

Fi des fâcheux !

Véronique Sanson et Pierre Palmade se sont mariés en 1995, avant de divorcer en 2004. Quelques années plus tard, l'humoriste dévoilait son homosexualité. Aujourd'hui encore, il reste marqué par les critiques qu'il a subi après leur séparation. « *Ce sont des gens qui n'ont pas de dictionnaire. Il y a un mot qui s'appelle bisexualité, ils lisent et ils arrêtent de me faire chier* », confiait-il récemment. Et de poursuivre : « *Quand une femme comme Véronique Sanson vous regarde et tombe amoureuse de vous et que vous vous trouvez beau dans ses yeux, vous oubliez que vous êtes homosexuel. Pendant quelques mois, vous tombez amoureux d'elle, et puis la nature reprend ses droits* ». Depuis leur séparation, Pierre Palmade ne rate jamais une occasion de rendre hommage à son ex-femme et de dire tout l'attachement qu'il a pour elle.

et que Pierre interprète avec sa troupe de jeunes comédiens. Avec dérision, il y évoque sa vie festive passée... L'échec de *Made in Palmade* ne décourage pas Pierre pour autant : en 2010, il présente sur France 2 l'émission *Le Grand Restaurant*, un nouveau genre de divertissement qui raconte la vie... d'un grand restaurant. Les personnages sont des célébrités du cinéma, du théâtre et de la chanson, mais avec des rôles écrits sur mesure par Pierre Palmade. À sa grande satisfaction, avec près de 5 millions de téléspectateurs, l'émission est un carton !

La troupe à Palmade

L'atelier de jeunes talents de Pierre Palmade a désormais un nom : La troupe à Palmade. Aujourd'hui, ils sont plus de 40 comédiens, choisis par Pierre en personne, à faire partie de l'aventure.Très appréciés de la critique comme du public, les artistes se relaient et se produisent chaque dimanche et lundi à la Comédie de Paris dans un spectacle renouvelé tous les deux mois environ.

Après dix ans d'absence seul en scène, Pierre Palmade revient avec *J'ai jamais été aussi vieux*. Le spectacle est un succès et la tournée se joue à guichets fermés. En 2011, on le retrouve au théâtre aux côtés d'Isabelle Mergault dans *L'Amour sur un plateau*, puis dans un deuxième épisode du *Grand Restaurant*.

En 2012, il reforme son célèbre tandem avec Michèle Laroque pour *Ils se re-aiment*. Le public a plaisir de retrouver Martin et Isabelle, qui ont décidé de donner une nouvelle chance à leur couple. La tournée à travers l'Hexagone affiche complet tout au long de l'année 2013.

Toujours en 2013, il joue avec La Troupe à Palmade, puis est à l'affiche avec *Le Fils du Comique*.

Il écrit des chansons pour Rose Laurens, devient sociétaire des *Grosses Têtes*, sur RTL, participe à *Top Chef*, à *Scènes de Ménage*...

« Le néant, c'est rien mais en beaucoup plus grand. »

Cela semble n'être jamais assez. L'humoriste a besoin d'être là, partout. Il a besoin qu'on le voie, qu'on ne l'oublie pas, qu'on l'aime. Comme il le demande d'ailleurs lui-même, et sans pudeur, en 2017 quand il remonte seul en scène dans *Aimez-moi*.

Je n'ai jamais rencontré quelqu'un qui s'aime moins que moi

Triste révélation de la part d'un homme parvenu au sommet, et qui semble avoir tout pour être fier de son parcours ! C'est sans doute cet amer constat qui, ses 50 ans venus, conduit Pierre Palmade à coucher sa vie par écrit, à se livrer à une auto-confession lucide et sans ménagement. Un peu comme s'il s'était dit « *s'ils m'aiment encore après avoir lu tout ça, c'est qu'ils m'aiment vraiment* ». Dans son livre, *Dites à mon père que je suis célèbre*, l'humoriste (mais est-ce bien le mot qui convient ?) relate sans rien cacher sa « *descente vertigineuse dans les gouffres* ». Il écrit : « *Un verre de vodka à la main, une ligne de coke à portée de nez. Je suis incapable de penser. Je m'enfonce.* » Cette vie triste, violente et criblée de névroses, Palmade l'attribue à « *l'homo qui s'est construit dans la honte* ». Et à l'incapacité consécutive de « *devenir cet homme idéal que ma mère, l'école et la société voulaient que je sois* ». Il explique qu'il ne pouvait admettre être homosexuel, et s'accepter sexuellement comme tel, que quand il était « hors contrôle », ivre, défoncé, voire les deux.

S'assumant enfin, aspirant à un bonheur simple, traitant ses addictions à l'alcool et à la cocaïne, Pierre Palmade termine son autobiographie par ses mots : « *Mon prochain livre risque d'être profondément ennuyeux. Mais il racontera ma vie au coin d'un feu. Avec mon amoureux.* » Malheureusement, *Dites à mon père que je suis célèbre* n'a même pas le temps d'être mis en rayon que son auteur retombe du côté obscur de la force.

Dans la nuit du 10 au 11 avril 2019, Pierre Palmade drague un jeune homme qu'il ramène chez lui. Aux journalistes

« *Dis-moi… c'est juste une impression ou t'es en train de me faire la gueule ?* » *Scène de ménage*, encore un sketch qu'on n'est pas près d'oublier.

du *Monde* et du *Parisien* à qui il donnera une interview quelques jours après cette sordide affaire, il explique : « *Après des mois d'abstinence, je pensais être en sursis. Mais, ce soir-là, j'ai été vulnérable, j'ai bu à nouveau et j'ai repris de la cocaïne » […] Les problèmes d'alcool et de drogue, je souhaite, je veux, je prie pour qu'ils soient derrière moi.* »
Puis Pierre évoque également son envie de trouver l'amour : « *Je n'en peux plus de passer d'un garçon à un autre… J'ai la maison de campagne, les chats… Ne me manque plus que le compagnon. Ce n'est pas une obsession, mais je crois m'être habitué à la solitude alors que ce n'est pas normal d'être seul à ce point-là* ».
Face à de si tristes révélations, on comprend mieux ce besoin vital de travailler toujours plus, de ne jamais s'arrêter.
L'agitation, la suractivité, le bruit, l'alcool, les fans, la lumière, les applaudissements, la cocaïne, les kilomètres avalés en tournée… Qu'importe la façon, mais surtout ne pas trop penser.
On souhaite à Pierre Palmade une nouvelle vie remplie de douceur, de bonheur et d'amour. Et s'il pouvait quand même trouver un peu de temps pour nous mitonner quelques sketchs hilarants, on serait ravis !

« Tu préfères être alcoolique en Arabie Saoudite ou hétérosexuel à San Francisco ? »

Michèle Laroque, vraie amie et fausse épouse

La vie ne tient qu'à un fil et Michèle Laroque est bien placée pour le savoir. Née en 1960 à Nice, l'actrice échappe de justesse à la mort quand elle est victime d'un accident de la route, en 1979, au Texas. Deux ans de convalescence et une douzaine d'opérations seront nécessaires… À la suite de cette épreuve, Michèle Laroque décide de suivre son rêve et se lance dans la comédie. De 1981 à 1988, elle s'adonne au théâtre, puis à la télévision avec *La Classe*, sur FR3. C'est là qu'elle rencontre Muriel Robin, Jean-Marie Bigard et Pierre Palmade, son futur mari à la scène. Ensemble, ils joueront un couple hilarant dans *Ils s'aiment* (1996), *Ils se sont aimés* (2001) et *Ils se re-aiment* (2012). Dès 1989, Michèle Laroque décroche des petits rôles au cinéma, dans *Suivez cet avion*, *Le Mari de la coiffeuse* ou encore *Une époque formidable*… *La Crise*, en 1992, puis *Pédale douce*, quatre ans plus tard, lui assurent une forte popularité. Elle sera d'ailleurs nommée pour le César de la meilleure actrice dans un second rôle pour son interprétation de bourgeoise coincée. On retrouve par la suite la comédienne dans plusieurs premiers rôles à l'écran, comme dans *Enfin veuve* d'Isabelle Mergault en 2008 ou *Oscar et la dame rose* en 2009. En 2018, elle passe derrière la caméra et réalise *Brillantissime*, film dans lequel elle joue également aux côtés de Kad Merad

Michèle et Pierre ont été un des couples les plus hilarants créés au théâtre. Ils se sont aimés, plus aimés, re aimés… pourvu que ça dure jusqu'à la maison de retraite.

« TU PRÉFÈRES ÊTRE UN HIPPOPOTAME AVEC LE CERVEAU D'EINSTEIN, ET DONC PERSONNE LE SAIT, OU, POSER POUR VOGUE ET AVOIR LE Q.I. D'UN SAUCISSON, ET LÀ TOUT LE MONDE LE SAIT. »

PIERRE PALMADE

CHANTAL LADESOU

« Une voix de camionneur
mais une séduction très féminine. »
C'est par ces mots que la romancière Christine Angot décrivait Chantal Ladesou dans *On n'est pas couché*, le 12 janvier 2019. C'est fort bien vu, et c'est sans doute ce mélange très particulier qui a fait le succès de l'humoriste. Une voix rocailleuse immédiatement reconnaissable, une gouaille caractéristique, un débit de mitraillette, le tout au service d'un sens aigu de l'autodérision.

« J'ai l'impression que je vous plais… »

Une vocation précoce et inébranlable

C'est dans le nord de la France, à Roubaix, que Chantal voit le jour, le 5 mai 1948. Au grand dam de son père, chef d'entreprise dans le bâtiment qui rêve que ses enfants prennent sa relève, la petite fille manifeste très vite son désir de faire une carrière artistique.
Ce n'est pas pour déplaire à son grand-père qui, ayant dirigé l'orphéon municipal de Tourcoing, l'incite à chanter dès son plus jeune âge. Pas plus d'opposition de la part de sa mère, femme au foyer d'origine parisienne, qui emmène régulièrement Chantal et son frère dans la capitale pour aller voir des pièces de théâtre. Dès l'âge de sept ans, Chantal intègre donc tout naturellement un cours d'art dramatique à Lille !
Mais, alors qu'elle n'a pas encore 16 ans, sa jeunesse heureuse bascule : sa mère meurt dans un tragique accident de voiture.
À la suite de ce drame, son père l'envoie en pension à Paris où elle termine ses études et obtient son baccalauréat en 1968.
Revenue dans le Nord, elle entre au Conservatoire de Lille. Mais en 1971 elle retourne à Paris et intègre le prestigieux Cours Simon.
En parallèle, et afin de payer ses études, Chantal travaille chez Rank Xerox.
C'est là qu'elle rencontre Michel Ansault, son mari depuis plus de 40 ans !

La Classe, le tremplin vers le succès

Après quelques apparitions discrètes dans des pièces de théâtre de boulevard, c'est finalement grâce à la télévision qu'en 1987 Chantal va enfin connaître le succès.
Comme Michelle Laroque, Pierre Palmade, Jean-Marie Bigard et tant d'autres, c'est *La Classe*, l'émission culte de Guy Lux, présentée par Fabrice, qui la révèle au grand public.
Une voix rauque et puissante, un sens inné du geste, un esprit baroque et un vrai don pour l'autodérision : Chantal a trouvé son personnage.
Se moquant d'elle-même, elle joue les grandes bringues qui se prennent pour des femmes fatales, les bourgeoises décoincées, les vamps qui se prennent des râteaux. Sa voix et ses propos en décalage total avec son physique créent un effet comique : dès qu'elle parle, le public rigole…

Une vraie bête de scène !

Si elle tourne dans de nombreux films (une trentaine) et téléfilms (une vingtaine), c'est sur les planches que Chantal Ladesou peut exprimer entièrement tout son talent.
Rencontré dans *La Classe*, Pierre Palmade lui écrit en 1990 son premier one-woman-show, *Y'a une femme Lad'sou*.
Elle collabore ensuite avec François Rollin, qui la met en scène en 1993 dans un second one-woman-show sobrement intitulé *Chantal Ladesou*.
À partir de 1995, Chantal enchaîne les spectacles. Feydaux Molière, et surtout *Les Amazones*, énorme succès joué de 2003 à 2007.
En 2008, elle retrouve François Rollin pour *J'ai l'impression que je vous plais…*

« Vous êtes devenue branchée, vous êtes à deux doigts de faire la couv' des Inrocks ! »

Léa Salamé à propos de Chantal dans *On n'est pas couché* le 13/12/14.

vraiment !, one-woman-show qui triomphe sur toutes les scènes de France pendant plus de trois ans !
Retour au théâtre et à la troupe : en 2012, ce sera *Adieu je reste !*, de et avec Isabelle Mergault, en 2014, *Nelson* (où elle donne la réplique à sa fille Clémence, également comédienne), puis *Peau de vache*, mis en scène en 2016 par Michel Fau séduit par son jeu délirant et surréaliste.
À chaque fois, le succès est au rendez-vous et les tournées se jouent à guichets fermés. Chantal apparaît sur scène, elle ouvre la bouche et le public éclate de rire !
En 2019, c'est en véritable reine du théâtre de boulevard que Chantal remonte sur scène avec *On the road gain !* son nouveau one-woman-show, présenté d'abord au Casino de Paris puis en tournée dans toute la France.
Et attention, à plus de 70 ans la désormais doyenne des humoristes pique toujours et fait mouche !

« Tout le monde à poil ! »

En 1975, Chantal tourne dans *Les Maîtresses de vacances* sans savoir que ce film est… un porno ! « *À un moment donné ils ont dit : Tout le monde à poil maintenant ! […] Je pensais que c'était un gag mais pas du tout ! C'était l'horreur !* ». mais impossible d'abandonner le tournage puisqu'elle avait signé un contrat. Heureusement, Michel, son mari toujours près d'elle - l'a sortie de ce traquenard après avoir failli se battre avance le réalisateur.

Unis pour le meilleur et pour le rire !

Depuis plus de 40 ans, Chantal partage la vie de Michel. De lui, elle dit que, plus que son mari et son manager, il est sa muse ! Et c'est vrai que le pauvre est souvent pris pour cible dans les sketchs de son épouse. « *Micheeeeeel ! Il est sourd […] Un jour vous vous réveillez et vous avez un vieux dans votre lit […] Vous avez épousé Brad Pitt, vous vous retrouvez avec Marguerite Duras !* »
Le couple a trois enfants : Alix, décédé tragiquement à 21 ans dans un accident de voiture, comme sa grand-mère, Julien, marié à l'actrice Pauline Lefèvre, et Clémence, également comédienne. Soudés et unis, dans le rire et les larmes.

« Question de Madame Henriette, du Mans »

Recrutée par Philippe Bouvard en 2010 pour intégrer *Les Grosses Têtes* sur RTL, Chantal fait partie des pensionnaires restés près de Laurent Ruquier, chef d'orchestre de l'émission depuis 2014. Surprenante, gaffeuse, charmeuse, elle est l'un des piliers de l'équipe et l'une des chouchous du public.

Tenue ultra-moulante en latex et talons vertigineux, danseurs sexy à ses genoux… Vous êtes sûre que vous avez plus de 70 ans, Chantal ? Alors ce doit être la passion de la scène qui vous empêche de vieillir.

« LE PLUS DUR EN FRANCE, C'EST DE DEVENIR CHÔMEUR. AVANT IL SUFFISAIT DE RATER SON CERTIFICAT D'ÉTUDES, MAINTENANT IL FAUT AVOIR LE BAC, LA LICENCE, L'AGRÉGATION. »

THIERRY LE LURON

« UN CONSEIL : NE BUVEZ PAS D'ALCOOL AU VOLANT, VOUS POURRIEZ EN RENVERSER ! »

COLUCHE

« UN MENUISIER ME DISAIT L'AUTRE JOUR QU'À FORCE DE TAPER SUR DES CLOUS, IL ÉTAIT DEVENU MARTEAU. »

RAYMOND DEVOS

LES CHEVALIERS DU FIEL

Plus de 30 ans qu'ils s'aiment ! Enfin, façon de parler. Mais en tout cas, Éric Carrière, le grand, et Francis Ginibre, le petit, forment un couple de scène qui dure. Depuis le temps déjà lointain de leurs débuts dans la cave du Père Bacchus, un bar à vin toulousain aujourd'hui disparu, on n'a jamais entendu parler d'une éventuelle séparation. « *On ne ressent aucune usure. Tant que ça marche, on reste ensemble* », dit Éric… à moins que ce soit Francis ? De toute façon, ces deux-là sont toujours sur la même longueur d'onde.

États civils

Éric est né le 21 mai 1957, à Gaillac dans le Tarn. C'est lui qui écrit tous les sketchs, chansons, spectacles, émissions du duo. Il est aussi l'auteur ou le coauteur des quatre spectacles des Vamps, du one-man-show de Michel Galabru en 2004, du spectacle de Chantal Ladesou en 2009, et du premier spectacle de Vincent Moscato qu'il a également mis en scène.

Francis est né le 17 juin 1959 à Toulouse et passe toute son enfance dans la Ville rose. Rêvant de devenir artiste, le jeune homme est également passionné de musique. Tête bien pleine dans un corps sain, il est également féru de sport et sera même champion minime de saut en hauteur de Haute-Garonne. Aujourd'hui encore, Francis n'est pas peu fier de raconter que c'est le chanteur Claude Nougaro qui lui a remis sa médaille !

« L'alcool, c'est comme la religion, tout est une question de foi(e). »

Toulouse, début des années 80

Bac en poche, Francis Ginibre entre aux Beaux-Arts. Même s'il a tendance à amuser la galerie, il en sort diplômé haut la main. Il décide pourtant de changer de voie pour se consacrer à sa passion, la musique. Ayant appris en autodidacte, il devient batteur. Il joue dans divers groupes, et anime des bals pour gagner sa vie.

Étudiant en sociologie, Éric Carrière vient d'obtenir sa maîtrise. Il pourrait continuer bien sûr, mais il a peur de « s'ennuyer », de se sentir à l'étroit, d'autant que sa vraie passion c'est l'écriture. Il passe alors une petite annonce pour trouver un batteur qui pourrait l'accompagner pendant qu'il interpréterait ses premiers sketchs. La suite ? vous l'imaginez facilement : Francis lit l'annonce, rencontre Éric, l'affaire est faite !

Les deux compères commencent par jouer dans la cave-spectacle du Père Bacchus, à Toulouse. C'est là qu'ils rencontrent Gilles Petit, avec lequel ils vont créer, en 1984, leur premier spectacle *Le détournement d'avion le plus fou de l'année*. Le spectacle remporte un gros succès : Les Chevaliers du Fiel sont nés !

Finalement, le trio se sépare en 1990. Francis et Éric poursuivent leur route en duo et gardent le même nom.

Entre 1990 et 1994, ils créent cinq spectacles qu'ils jouent au Festival d'Avignon et sur toutes les scènes qui les acceptent à Toulouse et dans la région. C'est à la même période qu'ils font leurs premières apparitions sur Télé Toulouse, où ils réalisent des courts-métrages comiques.

Forts de ces dix années de rodage, nos Chevaliers du Fiel décident de monter à la Capitale en 1995.

Une vraie success-story !

Septembre 1995. Le duo monte sur la scène de l'Européen. Le spectacle ne marche pas fort… Il faut dire que le moment ne pouvait pas être plus mal choisi : Paris est paralysé par la fameuse grève des transports ! Malheureusement, ce revers va se transformer en difficultés financières, les humoristes étant leurs propres producteurs. Mais les deux amis ne se découragent pas ! En février 1996, ils reviennent et se produisent au Théâtre Grévin. Ils y restent quatre mois d'affilée au lieu des trois semaines prévues !

Le spectacle fait un véritable « carton ». Résultat, les voilà invités chez Michel Drucker à la télévision, et chez Jean-Pierre Foucault à la radio, sur RMC. Jean-Paul Belmondo leur ouvre même les portes de son Théâtre des Variétés !

C'est lors de leur passage dans *Studio Gabriel* de Michel Drucker, qu'ils interprètent pour la première fois leur chanson humoristique *La Smica 1000*. En six mois ils vont en vendre 400 000 exemplaires !

Devenus de véritables stars de l'humour, Les Chevaliers du Fiel continuent leur ascension fulgurante dans les années 2000. À côté des passages télé

Course de brouette pour les municipaux ! Qui a dit que c'était des feignasses ?

« Mieux vaut être cul dans un film à texte que texte dans un film à cul ! »

et des spectacles, ils créent en 2001 la pièce *Repas de Famille*. Le succès est tel, qu'en 2014 le duo sortira un film adapté du scénario.

En parallèle, les deux humoristes sortent plusieurs livres et donnent rendez-vous aux auditeurs sur Sud-Radio, puis sur France Bleue et parfois sur Rire & Chansons. Tout en continuant, comme à leurs débuts, de participer au Festival d'Avignon, ils passent désormais régulièrement à la télévision, essentiellement sur la chaîne D8 qui est le premier diffuseur de leurs sketchs et programme tous leurs spectacles en prime-time.

UN TUBE AU TOP !

Selon un sondage réalisé par TF1, avec ses trois disques d'or la fameuse Simca 1000 est l'une des dix chansons qui ont le plus marqué les Français ces dernières années.

Plus d'une douzaine de spectacles, des dizaines de personnages et des salles toujours archibondées. La recette ? Peut-être le plaisir toujours intact de jouer ensemble et de s'amuser après toutes ces années.

Des personnages hauts en couleurs !

Les Chevaliers du Fiel ont à leur actif plus d'une douzaine de spectacles et notamment *La Brigade des feuilles* (2007) et *Vacances d'enfer* (2010). Dans ces deux spectacles, on retrouve leurs principaux personnages, que l'on verra évoluer au gré des suites pour le plus grand bonheur du public.

Ainsi, dans *Les Municipaux 2.0* (2014) on retrouve l'impayable brigade des feuilles (qui doit son nom au fait que son rôle est de ramasser les feuilles mortes...). En premier lieu, Christian Sanchez (interprété par Éric), l'employé municipal titulaire. Paresseux et tire-au-flanc, porté sur le vin et le Pastis, secrétaire général à la CGT, il a la charge d'apprendre le métier d'employé municipal à Gilbert Lavergne (interprété par Francis).

Dans *Une Croisière d'enfer* (2013), *Noël d'enfer* (2015) et *Camping-car for ever* (2018) on a la joie de partager les aventures de Christian et Martine Lambert. Qu'ils soient sur l'eau, au ski ou en camping, ce sont malheureusement toujours les mêmes ! Si Francis et Éric jouent tous les personnages sur scène, mention spéciale à Éric qui, déguisée en femme, campe avec talent une Martine fan de Claude François et godiche à souhait !

Parmi les dizaines de personnages créés par le duo, citons-en également deux autres particulièrement « gratinés » : interprété par Éric, Jean-Pierre Mouniez est candidat aux élections présidentielles, puis régionales ; il déteste les Parisiens et selon lui, l'Europe devrait être constituée uniquement du sud de la France.

Également joué par Éric, Jean-Paul André est l'inoubliable interprète de *La Simca 1000* ! Un peu neuneu (car né à côté d'une centrale nucléaire !) il est toujours vêtu d'un K-Way jaune fluo.

Le public ne se lasse pas de retrouver cette galerie de personnages hauts en couleur ! Pour preuve, les salles archi pleines, les tournées qui durent deux ans, et les audiences télé record lors des retransmissions des spectacles !

Depuis plus de 30 ans, Les Chevaliers du Fiel font rire avec leur humour potache, parfois grivois, mais jamais méchant. D'ailleurs, quand ils se moquent des employés municipaux c'est en veillant bien à ce que le maire en prenne aussi pour son grade !

AVÉ L'ASSENT !

Comme les Bodin's en Touraine, Les Chevaliers du Fiel ont écumé pendant plus de dix ans les petites salles de la région toulousaine avant d'essayer de prendre d'assaut la Capitale ! Car, pour passer cette frontière invisible mais tenace qui sépare Paris de ses régions, il faut aux artistes non seulement du talent, mais également une volonté de fer et un courage sans limite... Dans le Sud, il y en a une autre qui n'en manque pas, c'est Noëlle Perma, ou si vous préférez Mado la Niçoise. Et ce n'est sans doute pas pour rien que Les Chevaliers l'ont fait jouer dans leur film *Repas de Famille*. Entre comiques *avé l'assent* il faut bien s'entraider !

Pieds-noirs d'origine italienne, les parents de Noëlle étaient restaurateurs à Alger avant de débarquer à Nice et de diriger *Le Bar des Oiseaux* dans la vieille ville. À 20 ans, Noëlle prend la relève. Mais, attirée par le milieu artistique, elle commence à jouer des sketchs pour ses clients derrière le comptoir.

Son personnage de Mado, Noëlle l'a créé en s'inspirant d'une voisine, y ajoutant les expressions de quelques autres figures du vieux Nice.

Avec sa gouaille méridionale, Mado joint « *les tuiles à l'agréable* » et a un avis sur tout : les banques, la Sécu, la politique, les voisins, le sexe... Mado la Niçoise est sans limite !

Aujourd'hui, à plus de 60 ans, Noëlle remplit les salles et fait rire la France entière. *Avé l'assent* et loin du show-biz parisien.

« PARFOIS, JE REGARDE LA TÉLÉ TOUTE LA JOURNÉE, C'EST CHIANT ! MAIS QUAND JE L'ALLUME, C'EST PIRE... »

PATRICK TIMSIT

« TROP DE MONOÏ TUE LE PLAYBOY. »

FRANCK DUBOSC

LAURENT GERRA

« Il était une fois dans le grand nord canadien où règne un froid polaire, un grand caribou nommé Couillu qui avait les profiteroles qui traînaient dans la glace. »

dit avec l'accent québécois bien sûr !

Allez, fermez les yeux. Lequel est le vrai ? Qui est le vrai Johnny, le vrai Le Pen, le vrai Sarkozy, le vrai Patrick Sébastien, le vrai Chirac ? Quant à Céline Dion, il faut l'entendre proférer des insanités et faire des allusions obscènes pour être vraiment sûr que ce n'est pas la vraie !
Non, c'est l'homme aux 100 voix (et même plus !), c'est Laurent Gerra. Celui que des chercheurs au CNRS étudient pour essayer de comprendre ce qu'il peut avoir de plus ou de moins dans l'oreille ou les cordes vocales pour parvenir à une telle perfection dans l'imitation ! En tout cas, quel que soit son secret, un seul mot nous vient : bluffant.

Une vocation très précoce !

Fils unique d'un employé dans une entreprise de transports et d'une vendeuse en linge de maison, Laurent Gerra naît en 1967 à Mézériat, à côté de Bourg-en-Bresse. Pour le moins précoce, à 5 ans il imite déjà Michel Sardou, Jacques Dutronc et certains personnages de *La Petite Maison dans la Prairie* ! Sage mais peu studieux, le petit garçon n'aime pas trop l'école. « *Je ne supportais pas les ordres des profs. J'étais toujours au fond de la classe près du radiateur, et dissipais mes camarades* » raconte-t-il. Après le lycée, son bac en poche, Laurent s'oriente vers des études de communication et d'information.
Ne voulant pas faire son service militaire mais ne pouvant pas mentir au médecin sur sa bonne condition physique, le jeune homme tente de se faire passer pour instable psychologiquement afin d'être réformé. Mais le médecin n'est pas dupe, il n'en est pas à son premier réfractaire ! Laurent décide donc de jouer franc jeu : il explique qu'il commence à faire des spectacles à Lyon et qu'il désire monter tenter sa chance à Paris. À son grand étonnement, le médecin comprend et le réforme !

Des rencontres déterminantes

Débarrassé de la contrainte militaire, Laurent continue ses études à Lyon et fait ses premiers pas sur scène en 1989 avec un spectacle intitulé *Paf dans ta gueule !* En 1991, après avoir écumé les salles lyonnaises, il monte à Paris. Très vite, il parvient à se faire embaucher au cabaret *Don Camillo*. Il y rencontre une jeune humoriste qui a déjà ses entrées dans le milieu : Virginie Lemoine, qui va devenir à la fois sa partenaire et sa compagne.
Quelques mois plus tard, en 1992, c'est un monument de la télévision qui fait appel à Laurent Gerra puisque Jacques Martin l'invite à rejoindre Virginie Lemoine dans son émission *Ainsi font font...* C'est là que Laurent rencontre un autre humoriste débutant, Laurent Ruquier et que celui-ci lui propose de participer à *Rien à cirer*, l'émission qu'il anime sur France Inter.
Après deux ans très formateurs chez Jacques Martin, le duo Lemoine/Gerra part rejoindre Michel Drucker et son *Studio Gabriel*. Le binôme fonctionne à merveille et le succès est très vite au rendez-vous.

Le sourire en coin et l'œil qui frise du sale gosse qui s'amuse de ses bêtises. Laurent a parfois bien du mal de garder son sérieux.

Skieur et botaniste hors pair !

Jamais aussi heureux que sur les pentes enneigées où il skie depuis sa plus tendre enfance, Laurent est également un intarissable amoureux des plantes et fleurs des montagnes. La consoude, la berce ou l'achillée millefeuille, aucune n'a de secrets pour lui. *« C'est extraordinaire, les plantes sauvages. Par exemple, là où je suis, au col du Mont-Cenis, c'est un écosystème spécial avec 1 000 espèces de fleurs. Je suis nul en informatique, mais je suis capable de survivre dans la nature ! »* Cette passion pour la botanique lui vient de son copain le cuisinier Marc Veyrat, mais aussi de son grand-père. *« Il a été fait prisonnier en Allemagne, s'est évadé et s'en est sorti parce qu'il connaissait les plantes et savait quoi bouffer... »*

Je vais lui péter la gueule !

À l'époque où Laurent Gerra rejoint Michel Drucker pour *Studio Gabriel*, sa cible préférée est Johnny Hallyday ! Sa performance est époustouflante et la ressemblance vocale hallucinante. Présentant l'idole nationale de façon sarcastique et peu flatteuse, l'imitateur va trop loin au goût de l'intéressé, qui, vexé et en colère, a plusieurs fois téléphoné à Drucker en pleine nuit pour le prévenir qu'il allait « péter la gueule » à Gerra ! Il faudra que Drucker amène Johnny voir un spectacle de Laurent pour que les choses se calment, et que les deux hommes finissent même par devenir amis.

« - U.M.P., ça veut rien dire...
- Une Merde de Plus ? »

En 1997, fort de la reconnaissance acquise à la télé, le duo se produit pour la première fois sur scène. Succès à la fois critique et public, leur spectacle obtient le Molière du meilleur spectacle à sketchs. C'est à cette époque que Laurent et Virginie se séparent, mettant également un terme à leur collaboration professionnelle .

La consécration en solo

Désireux de refaire de la radio, Laurent rejoint alors Europe 1 où il retrouve son co-auteur et ami Jean-Jacques Peroni. Dans l'émission *En route pour l'an débile*, il imite avec talent les ersonnalités médiatiques, politiques et artistiques de l'époque. Il le fait si bien que la station enregistre une hausse d'audience, gagnant plus d'un million d'auditeurs sur cette case horaire !

Le 31 décembre 1998, Laurent parodie les vœux du président Jacques Chirac avec un tel brio que sa prestation fait couler plus d'encre que le discours du président...

À la fin de la saison 1998-1999, il décide pourtant de quitter Europe 1 pour remonter sur scène, sa première passion. En 1999, il fait son premier Olympia en solo.

En 2001, après deux ans d'une tournée triomphale, il retourne à la radio, mais cette fois sur RTL où il retrouve son complice Jean-Jacques Peroni. Avec un humour corrosif, il décrypte l'actualité, imitant principalement des personnalités politiques.

Gerra « flingue » plus vite que son ombre

Laurent n'abandonne pas la scène pour autant puisqu'en 2005 il revient avec un nouveau one-man-show, *Laurent Gerra flingue la télé*.

De Pierre Bellemare à Léon Zitrone en passant par Philippe Bouvard, de Julien Lepers à Marc-Olivier Fogiel en passant par Thierry Ardisson, toutes les personnalités de la petite lucarne en prennent pour leur grade.

Michel Drucker, Virginie Lemoine et Laurent Gerra à l'époque de leurs débuts dans *Studio Gabriel*... l'époque où Johnny appelait Drucker pour lui dire qu'il allait « péter la gueule » à son imitateur !

Michel Drucker, Laurent Ruquier, Patrick Sébastien, Gérard Holtz, Jean-Pierre Foucault, la plume de l'imitateur n'épargne personne. Mais Laurent ne se contente pas de « flinguer » des animateurs télé puisqu'il a une palette de voix beaucoup plus large. Parmi ses cibles préférées, on retrouve Jack Lang, Patrick Bruel, Francis Cabrel, Jean-Marie le Pen, Jean-Paul Belmondo, Alain Delon, Dominique Strauss-Kahn et, bien sûr, Johnny Hallyday.
Et comment ne pas citer également sa poule aux œufs d'or, Céline Dion qui, avec son mari René, trouve toujours une bonne place dans les spectacles et chroniques de Laurent Gerra (que celui qui n'a jamais entendu *Les aventures de Couillu le caribou dans le Grand Nord* court sur YouTube...) !
Mais Laurent Gerra sait également rendre hommage aux artistes de son enfance. En chanson il imite ainsi Jean Ferrat, Serge Reggiani, Gilbert Becaud, Yves Montand, Léo Ferré, Charles Trenet ou encore Joe Dassin.

Une popularité au zénith !

Alternant à un rythme effréné tournées et radios, Laurent n'arrête jamais. Comme le nombre de spectateurs à ses spectacles, sa notoriété et son succès atteignent des sommets ! En 2009, pour ses 20 ans de carrière, il se produit au Palais des Congrès de Paris et annonce son retour à l'antenne de RTL pour la rentrée de septembre. En 2010, il est consacré humoriste préféré des Français, et, deux ans plus tard, se classe à la 6e place du classement des personnalités préférée des Français. En 2012, sa tournée est un véritable triomphe ! Évoluant avec l'élection de François Hollande à la Présidence de la République, le spectacle lui permet d'ajouter le nouveau locataire de l'Élysée à son tableau de chasse. Si son imitation vocale est une fois encore stupéfiante, sa parodie des mimiques du nouveau président pendant cinq minutes sans prononcer une parole est hilarante ! Le public pleure de rire, et Laurent a parfois bien du mal à garder son sérieux...

Unis à la scène comme à la ville, le duo Gerra-Lemoine finit par se séparer après avoir fait rire la France entière avec *Les Zaptualités* chez Drucker.

Comme pour ajouter une corde à son arc, en 2015, l'humoriste fait une incartade comme acteur dans le film *En mai fais ce qu'il te plaît*. Un rôle à contre-emploi qui révèle une nouvelle facette de son talent, et qui est salué par la critique.
En 2017, l'imitateur décide de frapper fort. En novembre il célèbre à l'antenne de RTL sa 2 500e chronique humoristique. Puis, en décembre, c'est dans une émission spéciale présentée par Michel Drucker qu'il fête ses 50 ans. Cette soirée annonce le début de la tournée du spectacle *Sans modération* que l'imitateur va jouer dans toute la France devant des salles archibondées et pliées de rire !
Par chance, il n'y a aucune raison que l'imitateur s'arrête en si bon chemin. L'actualité, la politique, la télévision, le show bizness lui donnant sans cesse l'occasion d'aller épingler de nouvelles victimes. Pour notre plus grand plaisir.

Fan de

Comme Lucky Luke, Laurent flingue plus vite que son ombre. Est-ce pour cela que, depuis l'enfance, l'imitateur est un fan absolu du cow-boy solitaire ? Toujours est-il que depuis le décès de Morris, le scénariste de la célèbre bande dessinée, Laurent a donné vie aux personnages de Lucky Luke, désormais dessinés par Achdé, dans déjà quatre albums.

« Canal Plus, la chaîne des beaufs qui croient qu'ils n'en sont pas. »

Quelles que soient la richesse et la variété des carrières de certains artistes, il y a des rôles qui collent à la peau. Dany Boon, c'est le gentil facteur des Ch'tis ; Louis de Funès, l'acariâtre gendarme de Saint-Tropez ; Omar Sy, l'auxiliaire de vie hilarant d'*Intouchables ;* Christian Clavier, le crasseux Jacquouille la Fripouille ; Fernandel, l'irascible Don Camillo ; Michel Blanc, le malheureux Jean-Claude Dusse, etc. De la même manière, et quels que soient ses multiples talents et les nombreuses réussites qu'elle a eues depuis, Valérie Lemercier reste pour beaucoup Béatrice Goulard de Montmirail et Frénégonde de Pouille, son aïeule !

VALÉRIE LEMERCIER

« Dans un palace on ne dit pas "Mon voisin sent le caca". »

Lady Palace

De la campagne au Palace

Valérie Lemercier naît en 1964 à Dieppe, en Normandie. Fille d'agriculteurs aisés, elle grandit au milieu de ses trois sœurs. Elle passe toute son enfance à Gonzeville dont son père est le maire. La petite fille, timide et un brin rebelle, aime observer sa famille et imiter leurs petits travers. À l'école aussi, elle aime faire le clown. À 14 ans, elle part en pension et intègre le Conservatoire de Rouen pour suivre ses premiers cours de théâtre. Poussée par sa famille et ses amis, son bac arts plastiques en poche, Valérie part tenter sa chance à Paris.

La jeune fille s'installe dans une chambre de bonne et cumule les petits boulots de vendeuse, notamment au Printemps, pour payer ses factures. Pendant cinq ans, elle va suivre des cours d'art dramatique mais ne parvient pas à décrocher de rôle. Persévérante, Valérie écume les castings En 1988, elle est enfin remarquée par Jean-Michel Ribes, qui lui offre le rôle de Lady Palace (la bourgeoise coincée) dans la série *Palace*. C'est un succès ! Sa prestation désopilante atteste de sa fibre comique et marque le début de sa carrière.

Premiers pas sur les planches

En 1989, la notoriété acquise grâce à *Palace* permet à la jeune humoriste de créer son premier seul en scène, *Valérie Lemercier au Splendid*. Le spectacle est un véritable succès et décroche le Molière du meilleur one-man-show en 1991.

Entre 1995 et 1996, elle joue son second one-woman-show, *Valérie Lemercier au théâtre de Paris* et obtient un second Molière du meilleur one-man-show. Cette reconnaissance est confirmée par les Victoires de la musique qui lui décernent le titre d'humoriste de l'année 1997.

Son troisième seul en scène, *Valérie Lemercier aux Folies Bergère*, est joué entre 2000 et 2001, et une fois de plus devant des salles combles !

En 2008, elle est sur scène pour son quatrième one-woman-show, *Valérie Lemercier au Palace*. Avec ce spectacle, elle décroche son troisième Molière et le Globe de Cristal du meilleur one-man-show !

Puis ce sera *Valérie Lemercier au Théâtre du Châtelet*, qui en 2015 se jouera à guichets fermés.

Artiste complète, pratiquant la danse à un excellent niveau, Valérie est exigeante et veut explorer d'autres territoires, comme le cinéma qui, dès le début d'années 90, lui fait les yeux doux...

La confirmation sur grand écran

En 1993, Valérie Lemercier s'attaque au cinéma dans *Les Visiteurs* de Jean-Marie Poiré, aux côtés de Christian Clavier et Jean Réno. Le film est un triomphe ! Sa double interprétation de Béatrice de Montmirail et Frénégonde de Pouille, lui vaut la reconnaissance d'un public plus large et le César de la meilleure actrice dans un second rôle.

En 2006, elle joue dans *Fauteuils d'orchestre* de Danièle Thompson et obtient son deuxième César de meilleure actrice dans un second rôle.
Sous la direction d'Étienne Chatiliez, elle interprète ensuite le rôle d'*Agathe Cléry* (2008), jeune femme raciste qui, atteinte d'une maladie, va devenir noire, mais le film est un échec et divise le public.
L'actrice enchaîne avec de nombreuses comédies dont certaines sont de grands succès au box-office : *Neuilly sa mère* (2009), *Astérix et Obélix : Au service de sa majesté* (2012), *Le petit Nicolas* (2009) et la suite *Les Vacances du petit Nicolas* (2014).
Auparavant Valérie est passée derrière la caméra et a réalisé son premier film, *Quadrille* (1997), adapté de Sacha Guitry. Deux ans plus tard, elle récidive avec une comédie traitant de l'homosexualité, *Le Derrière*, qui est bien reçu, tant par le public que par la critique.
En 2005, la réalisatrice remporte un vif succès avec *Palais Royal* dans lequel elle joue également. En 2013, elle aborde cette fois la question de l'adoption avec *100% cachemire*, mais l'accueil critique et public est plus mitigé. Même chose en 2017 pour *Marie-Francine* qu'elle réalise et interprète aux côtés de Patrick Timsit, et qui fera un flop. Cela n'empêche pas Valérie de retourner derrière la caméra pour préparer en 2019 *Dis-moi Céline*, un faux biopic sur la vie de Céline Dion !
En 2006, 2007 et 2010, Valérie Lemercier présente la cérémonie des Césars avec un humour décalé. Elle rend notamment un hommage inoubliable et hilarant à Gérard Oury en reprenant la scène culte des *Aventures de Rabbi Jacob* dans laquelle Louis de Funès exécutait une danse traditionnelle juive !
Artiste aux multiples talents, Valérie Lemercier s'est imposée sur la scène de l'humour avec discrétion et originalité. La grande classe, Lady Palace !

ÇA VOUS PLAÎT ?...

... C'est moi qui l'ai fait !

En 1989, surfant sur le succès de sa Lady Palace, Valérie Lemercier s'essaye à la publicité. Son fameux « *C'est moi qui l'ai fait !* » (prononcé pour les gâteaux surgelés Délifrance) deviendra quasiment une expression populaire !

Godefroy comte de Montmirail (Jean Reno), et sa promise, Frénégonde de Pouille. Avec 14 millions de spectateurs, *Les Visiteurs* se classent en tête du box-office en 1993 et permettent à Valérie d'obtenir le César de la meilleure actrice dans un second rôle.

« Allons, allons les enfants !! Cousin Hubert n'est pas un voleur, et l'autre monsieur n'est pas une vieille sorcière qui pue. »

Le saviez-vous ?

En 1982, Valérie participe en tant que candidate au jeu *L'Académie des 9*, présenté par Jean-Pierre Foucault. Bien que ce ne fût pas pour y montrer ses dons d'humoriste, il s'agit quand même de sa première apparition à la télévision !

Flopissime !

Le seul domaine où Valérie Lemercier n'a vraiment pas réussi, c'est la chanson. Sorti en 1996, son premier et unique album, *Valérie Lemercier chante*, sera un bide retentissant.

LA BANDE À RUQUIER

Il n'a suffi que de quelques années à Laurent Ruquier pour s'imposer comme l'un des piliers du paysage audiovisuel français. Or, de la télé à la radio en passant par le théâtre, l'ancien élève de Jacques Martin a toujours travaillé en groupe. Cette famille, cette tribu, ce clan, cette Bande à Ruquier comme on l'appelle, occupe une place prépondérante dans la vie et la carrière de l'humoriste. Vouloir répertorier l'ensemble de ses membres est quasi impossible : entre les anciens chroniqueurs, les nouveaux, les piliers, les historiques et les prochains, on aurait bien du mal à tenir les comptes !

De gauche à droite : Nathalie Sarraute, Bruno Masure, Laurent Ruquier, Gérard Miller, Valérie Mairesse, Raphaël Mezrahi, Christine Bravo, Alexandre Debanne et Yvan Le Bolloc'h.

Du Havre au Caveau de la République

Laurent Ruquier naît au Havre en 1963, dans une famille modeste de cinq enfants. Son père travaille sur les chantiers navals et sa mère est femme au foyer. Enfant sans histoire, il suit une scolarité sans problème pendant laquelle il passe le plus clair de son temps à dévorer les bouquins de Pierre Doris et Jean Yanne, et à écouter la radio dont il connaît les programmes par cœur.
Mini-journaux humoristiques, brèves et rédactions de français façon chansonnier, sont les premières œuvres du jeune garçon qui n'a qu'une idée en tête : faire rire ses camarades. « *Différent, physiquement moche, pas costaud et économiquement plus faible que les autres. Ma seule façon de m'intégrer, c'était de faire rire* » raconte-t-il.
Le bac en poche, Laurent étudie la comptabilité mais l'explosion des radios libres va le détourner de sa carrière d'expert-comptable. Rapidement, il commence à travailler dans plusieurs radios locales. En 1987, sa tante lui conseille d'envoyer ses textes à Paris. Jacques Maillot, très en vue à l'époque, les reçoit et lui propose de venir à Paris. Le jeune Laurent fait alors ses débuts comme chansonnier sur la scène du *Caveau de la République*. C'est là qu'en 1988 Jean Amadou le découvre et l'engage pour une collaboration qui durera deux ans sur Europe 1 : Laurent écrit des textes pour le tandem Amadou-Maryse.
Au début des années 90 Pierre Bouteiller, responsable des programmes de France Inter, l'engage au *Vrai-Faux Journal*. Mais quand il apprend que Jacques Martin, une de ses idoles, s'apprête à mettre en place une émission sur l'idée du *Petit Rapporteur*, Laurent passe les tests avec succès et reste un an à *Ainsi font, font, font*. Ce sera sa première saison télévisée, et le début d'une incroyable carrière !

La consécration

En 1991, Laurent Ruquier crée *Rien à cirer*, sur France Inter. Tous les jours à l'heure du déjeuner une joyeuse bande complètement loufoque fait souffler un vent nouveau sur l'humour à la radio. Pendant près de six ans Ruquier, sera le chef d'équipe d'une émission qui va permettre à de nombreux jeunes inconnus de se lancer dans la profession et de faire leur preuve. Parmi eux, Sophie Forte, Pascal Brunner, Laurent Gerra, Virginie Lemoine, Christophe Alévèque, Didier Porte, Anne Roumanoff, Jean-Jacques Vanier ou Laurence Boccolini. Dès ses premiers pas, que se soit sur la scène du Caveau de la République ou lors de ses premiers passages à la télé ou à la radio, Laurent Ruquier a su s'entourer, travailler avec en groupe, fédérer ses troupes, et finalement créer ce qu'on appelle La Bande à Ruquier !

Le premier cercle

La Bande à Ruquier repose avant tout sur un noyau dur, formé de quatre grognards, témoins des premiers succès radiophoniques de l'animateur. Gérard Miller, Claude Sarraute, Isabelle Alonso et Isabelle Mergault. Aujourd'hui encore, lorsqu'on demande à Ruquier qui il appellerait en premier, une nuit de cafard, il sort du tac au tac le nom de ces trois dernières. Dame de cœur, Claude Sarraute est la doyenne de la bande. Une Maminette faussement gâteuse, passionnée de sirupeux et de phrases au vitriol. Dame de carreau, Isabelle Alonso, chienne de garde de profession et garde-fou des dérapages misogynes de la troupe. Dame de pique, Isabelle Mergault jauge, elle, avec intransigeance les nouveaux venus dans la bande. Piliers de la première heure, on trouve aussi les indéboulonnables Christine Bravo, Philippe Geluck, Pierre Bénichou, Arielle Dombasle

HYPERACTIF !

Voici la liste des principales émissions de radio et de télé créées par Laurent Ruquier : *Les Niouzes* (TF1, 1995), *Rien à cirer* (France Inter,1991-1996), *Les petits dej's* (France Inter, 1995-1996), *Changement de direction* (France Inter, 1996-1997), *Dans tous les sens* (France Inter, 1997-1999), *On va s'gêner* (Europe 1, 1999-2014), *On a tout essayé* (France 2, 2000-2007), *On n'est pas couché* (France 2, depuis 2006), *On n'a pas tout dit* (France 2, 2007-2008), *On a tout révisé* (France 2, 2009-2011), *On n'demande qu'à en rire* (France 2, 2010-2012), *L'Émission pour tous* (France 2, 2014), *Les Grosses Têtes* (RTL, depuis 2014), *Les Enfants de la télé* (France 2, depuis 2017).

Impressionnant, non ? Et encore, on ne cite pas ici ses livres, ses pièces de théâtres, ses activités de producteur, de directeur de théâtre....

Normal qu'avec tout ça il ait besoin de La Bande à Ruquier pour l'épauler !

Un vivier de talents

À côté des « historiques », il y a les autres, tous ceux que, au fil de sa carrière et pour les besoins de ses nombreuses émissions, Ruquier a repéré, lancé, ou tout au moins révéler au grand public. Comment Ruquier les choisit-il ? Lorsqu'on évoque d'éventuels copinages, il rétorque : « *Je choisis mes nouveaux chroniqueurs au hasard des rencontres, des spectacles que j'ai appréciés ou de bonnes prestations vues à la télé. Il m'est même arrivé de repérer des chroniqueurs au cours de repas chez des amis.* »
Dans le désordre, un tout petit échantillon de ceux qui peuvent dire « *Merci Laurent !* » :
Arnaud Tsamère, Steevy Boulay, Jean-Pierre Coffe, Guy Carlier, Jérémy Ferrari, Jean Benguigui, Fabrice Éboué, Jean-Luc Lemoine, Jérémy Michalak, Florence Foresti, Olivier de Benoist, Florent Peyre, Nicole Ferroni, Michaël Grégorio, Jonathan Lambert, Titoff, Axelle Laffont, Artus, Garnier et Sentou, Kev Adams, Jeanfi Janssens, Gaspard Proust, Christine Angot, Marc-Antoine Le Bret, Caroline Diament, Léa Salamé et même Éric Zemmour.

Micheline (prononcez Mikeline !), Kevina, Toufik, Jeanine,… Sacrée galerie de personnages, tous plus bêtes et moches les uns que les autres ! La palme revient quand même à Cyprien, nabot myope aux cheveux gras et aux dents pourries, obsédé sexuel amateur de fortes poitrines et vedette de la série des petites annonces, pastilles de 2 ou 3 minutes hilarantes ! Car si Élie Semoun a fait bien d'autres choses dans le registre de l'humour, ses petites annonces restent quand même indétrônables !

ÉLIE SEMOUN

« Si tu es blonde, jeune et à forte poitrine, ça m'intéresse. »

Une âme d'artiste

Élie naît en 1963 à Antony dans une famille juive d'origine marocaine. Son père, Paul, travaille à La Poste, et sa mère, Denise, est professeure de français. C'est grâce à elle que, dès son plus jeune âge, le petit garçon se passionne pour la littérature et la poésie. Alors qu'Élie n'a que 11 ans, sa mère meurt d'une hépatite à 37 ans. Aîné de la fratrie, Élie a un frère cadet, Laurent, mort du sida en 2002, à 37 ans également, et une sœur, Anne-Judith. Côté famille encore, Élie est le cousin issu de germains de Patrick Bruel, le grand-père de Patrick étant le frère de la grand-mère d'Élie…

Très tôt, le jeune garçon entame une carrière artistique, interprétant des petits rôles à la télévision, dans des courts-métrages et des publicités. À l'âge de 17 ans, Élie a déjà composé deux recueils de poèmes (*Le Poèmoir* et *Plaisantristes*) et deux pièces de théâtre (*La Pièce décousue* et *La Pièce d'identité*). Attiré par la scène, le jeune homme prend des cours de théâtre. Il se souvient de cette période, et des rencontres déterminantes qu'il va faire « *J'étais un de ces jeunes sans grand talent mais persuadés d'avoir des dons ! J'avais 18 ans, je suivais des cours de comédie au théâtre de l'Atelier avec une certaine Annie Grégorio qui était en lien direct avec Roger Louret, Marianne Valéry, Nicolas Marié, Muriel Robin à Monclar et comme ils cherchaient quelqu'un pour jouer dans une pièce, Annie m'a fait engager. Là, j'ai été confronté à la vraie vie d'artiste avec ses exigences de jouer tous les soirs que l'on soit en forme ou non ; j'ai appris le métier sans m'en rendre vraiment compte et c'est à la dernière représentation, la 45e, que je suis vraiment né !* ».

Rentré à Paris en 1988, Élie se fait connaître en interprétant un coursier à rollers dans la série *Vivement lundi !*, diffusée le dimanche soir sur TF1.

Mais c'est en 1990 que la carrière d'humoriste d'Élie décolle véritablement, quand il s'associe à Dieudonné, rencontré au lycée en Terminale, et avec lequel il va former, pendant huit ans, un duo explosif et drôlissime.

Les années « Dieudo »

En 1991, une participation à une scène ouverte permet au duo de se faire remarquer.

Qu'il s'agisse de plaisanter sur leurs propres origines ou sur les tensions entre communautés, « le petit juif » et « le grand noir » jouent du contraste entre leurs physiques et pratiquent l'autodérision avec virtuosité. On se souvient notamment des sketchs hilarants mettant en scène « Cohen », interprété par Élie, et « Bokassa », interprété par Dieudonné.

Parodiant les propos racistes ou intolérants pour mieux les dénoncer, abordant des thèmes généralement tabous comme la religion, Élie et Dieudonné rencontrent rapidement un énorme succès.

Repérés par Pascal Légitimus qui les met en scène, leurs spectacles, *Élie et Dieudonné* (1991) puis *Élie et Dieudonné en garde à vue* (1996), font un carton et confirment le duo comme l'un des plus populaires des années 1990.

Mais à la suite de différends artistiques, financiers et personnels, le duo se sépare en 1997. D'abord brouillés, puis réconciliés, les deux humoristes s'éloignent définitivement suite aux prises de position politiques de Dieudonné. « *Ce n'est plus un artiste, c'est un homme politique, je ne le reconnais plus, nos vies se sont séparées car il y a eu une pénible rupture dans notre duo, une tromperie comme dans un couple. Le mot n'est pas trop fort !* » déclare Élie Semoun.

Énervé, raciste, loufoque, obsédé sexuel, agité, de mauvaise foi, lâche… la galerie des personnages interprétés par Élie, c'est un peu la petite boutique des horreurs. Mais qu'est qu'on se marre !

D'AUTRES VOIX QUE LA SIENNE

Élie Semoun est également un comédien de doublage très apprécié ! Il a notamment prêté sa voix à Sid le paresseux dans la série de dessins animés à succès *L'Âge de glace*. Depuis 2014, il double le légionnaire Cubitus dans les films d'animation *Astérix* scénarisés et réalisés par Alexandre Astier.

Le succès en solo

En 1997, Élie Semoun se lie avec Franck Dubosc avec qui il écrit, réalise et interprète *Les Petites Annonces d'Élie*. Inspirées de véritables petites annonces enregistrées par des inconnus dans une camionnette mise à leur disposition, elles recueillent très vite un énorme succès. Cyprien, un obsédé sexuel au physique repoussant et à la recherche d'une « blonde à forte poitrine », devient une star !
En 2003, Élie remonte sur scène avec le one-man-show *Élie et Semoun*, mis en scène par son amie Muriel Robin. Toujours seul en scène, il enchaîne en 2005 avec *Élie Semoun se prend pour qui ?*, co-écrit avec Franck Dubosc et Muriel Robin, *Merki* en 2008, puis *Tranche de vie*, en 2012.
Fidèle à son style, dans chacun de ses spectacles Élie incarne une galerie de personnages loufoques et décalés interprétés sur un rythme effréné.

« Le fait de sortir avec une petite de 18 ans, ça m'aide à comprendre ma fille ! »

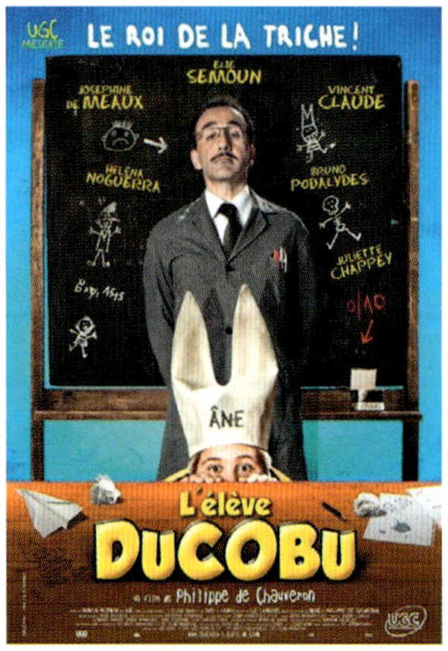

En 2008, Élie fait de Cyprien, son personnage clé des *Petites Annonces*, le héros d'un long-métrage, dont il interprète le rôle principal et co-signe le scénario. Les critiques sont catastrophiques et le film est un échec ! Heureusement, la même année il participe à la comédie populaire *Neuilly sa mère !* qui remporte un vif succès.
En 2011 il incarne l'acariâtre instituteur Gustave Latouche dans l'adaptation de la bande dessinée *L'Élève Ducobu*. Cette comédie populaire et familiale fait un carton, et la suite, *Les Vacances de Ducobu*, confirme Élie comme la véritable vedette du film. En mars 2018, il annonce d'ailleurs la mise en chantier d'un troisième volet des aventures de Ducobu, dont il réalisera également la mise en scène.
Au théâtre, Élie reprend en 2014 le rôle de François Pignon pour une adaptation de la comédie *Le Placard* signée par l'auteur, Francis Veber.
Côté radio, après avoir participé à l'émission *Les pieds dans le plat* de Cyril Hanouna sur Europe 1, il devient un sociétaire des *Grosses têtes* de RTL sous la houlette de Laurent Ruquier. Toujours sur RTL, il relance *Les petites annonces*, vingt ans après leur création sur Radio Nova avec Dieudonné.
Mais malgré toutes ces activités, pas d'inquiétude, en 2019 l'humoriste remonte sur scène avec son nouveau one-man-show, *Élie Semoun et ses Monstres*. Il y aurait donc pire que Cyprien ?

Et chanteur en plus !

Comme tout humoriste digne de ce nom, Élie Semoun est un individu sensible, notamment à la musique. En 2003, il saute le pas et sort *Chansons* (2003), album de textes signés de sa main sur des airs de bossa-nova. En 2007, sur son second album, *Sur le Fil*, on trouve des compositions de ses amis Henri Salvador et Laurent Voulzy. *Des Paroles en L'Air*, son troisième album sorti en 2018 est acclamé par la critique.

Jardin secret

En 2018, Élie publie *Pelouse Interdite, Journal d'un amoureux des plantes*. À travers ses propres textes et ses photographies, il dévoile dans ce livre sa passion pour la botanique. Et attention, humoriste à la ville, Élie devient très sérieux quand il s'agit de choisir ses plantes et d'aménager son jardin lui-même !

« L'ARRIVISTE EST CELUI QUI S'ENGAGE DERRIÈRE VOUS DANS UNE PORTE TAMBOUR ET QUI TROUVE LE MOYEN DE SORTIR EN PREMIER. »

POPECK

« KRONENBOURG À LA POSTE, CHRONOPOST À LA BOURRE. »

ANNE ROUMANOFF

« C'EST DUR D'ÊTRE PAPE. Y'A PAS DE COLLÈGUE. Y'A PERSONNE AVEC QUI CAUSER BOULOT. »

JEAN YANNE

DANY BOON

En 1995, nous étions au Palais des Glaces pour voir *Je vais bien, tout va bien!* le one-man-show d'un drôle de type avec des grandes oreilles qui commençait à faire pas mal parler de lui. Je n'ai jamais vu la fin du spectacle... Et Dany Boon n'a évidemment jamais su que si ma fille était née quelques jours plus tôt que prévu, c'était à cause de lui! J'ai commencé à pleurer de rire pendant *Le culturiste*, durant *Le déprimé* les contractions se sont accélérées, pour devenir de plus en plus douloureuses et rapprochées quand arriva *La lecture* et son fameux « marque-ta-page ». Je pleurais de rire et de douleur à la fois. Le père de ma fille a dû me faire quitter le théâtre en urgence pour me conduire à la maternité. Le lendemain, à 13h10, Rose était née. « *Encore heureux que vous ne m'ayez pas appelée Biloute!* », nous dira-t-elle quelques années après.

« C'est pas compliqué de parler le ch'timi. On ne dit pas: "pardonnez-moi je n'ai pas bien saisi le sens de votre question", on dit: "hein?". »

Au Nord, c'étaient les corons...

Daniel Faid Hamidou, dit Dany Boon, est né en 1966 à Armentières dans... le Nord! Son père, Ahmed Hamidou, Algérien d'origine kabyle et musulman laïque, est un ex-boxeur devenu chauffeur routier, sa mère Danièle, issue d'une famille catholique, est femme au foyer. Quand Ahmed tombe amoureux de Danièle, la jeune fille est femme de ménage à Armentières. Elle a 17 ans, il en a 36. Danièle tombe enceinte d'Ahmed. Elle est alors bannie par sa famille. Après Daniel, viendront deux autres frères, Alexis et Philippe. Très modeste « la ch'tite famille » de Dany vit dans les corons du Nord. Dans *Waika*, spectacle créé en 2006 l'humoriste raconte: « *Quand j'étais petit, mes parents avaient un budget tellement élevé pour tout l'été qu'on partait en vacances dans le jardin!* » Le public rit à ce qui n'est pas vraiment une blague. De son enfance très modeste, Dany a su tirer le meilleur. La légende raconte que s'il a commencé à faire le pitre, c'était pour faire rire sa mère, déprimée et toujours inquiète du lendemain. S'il n'est pas né avec tous les atouts en main, Dany n'a pourtant jamais manqué d'ambition. À 13 ans, il veut se faire engager au théâtre de Lille comme... balayeur, seul moyen selon lui de parvenir à monter sur les planches. « *Il était déjà persuadé qu'il ferait un jour la une des journaux!* » raconte un proche. À 16 ans, après un CAP photo et des études d'arts graphiques en Belgique, le jeune homme entre dans une agence de publicité à Béthune et commence à écrire des petites pièces comiques. C'est alors que, bien décidé à provoquer le destin, Daniel Hamidou part s'installer à Paris.

Les bonnes personnes au bon moment

Arrivé à la capitale, le jeune Daniel prend un nom de scène. Pour cela, il s'inspire de *Daniel Boone*, un trappeur américain, héros d'une série télévisée qui passait dans les années 1970. Dany s'inscrit au cours Simon. En parallèle, il fait des spectacles de mime dans la rue pour gagner sa vie, tout en se produisant sur de nombreuses scènes ouvertes. C'est à 24 ans, en 1990, que le jeune homme fait la connaissance de Roland Magdane, mais également de Sylvie Joly par l'intermédiaire de sa fille,

« En 10 ans, je n'ai jamais vu un commerçant parisien sourire. On n'est même pas sûr que ça a des dents.... »

La femme de sa vie

Dany Boon a une relation fusionnelle avec sa mère. Aujourd'hui encore ces deux-là sont très très proches. Si Danielle est fière du succès de son fils, elle continue de lui dire de faire attention à son argent et de ne pas tout dépenser ! D'ailleurs, même quand elle amène des amies le voir en spectacle, elle leur demande de payer leur place. Dany raconte qu'un jour il lui a dit « *Mais maman, ça va pas ! je peux les inviter* », et que sa mère lui a répondu « *Certainement pas, c'est de l'argent pour toi* ». Quant au petit garçon qui faisait rire sa mère si malheureuse d'avoir été rejetée par sa famille, il n'oublie pas ce qu'il lui doit en termes d'amour et de confiance en soi.

comédienne elle aussi. C'est surtout avec Thierry, le frère de Sylvie, auteur de textes comiques, que le déclic est immédiat. Ensemble, ces deux-là s'amusent comme des gamins et écrivent des sketchs devenus célèbres comme « *Le Culturiste* » ou « *Le Déprimé* » (celui qui répète sans relâche *Je vais bien, tout va bien, je suis gai, tout me plaît, je ne vois pas pourquoi, pourquoi ça n'irait pas...*) Thierry Joly met en scène les premiers spectacles de Dany. Malheureusement, il meurt trois semaines après le début de *Je vais bien, tout va bien !* au Palais des Glaces.
Autre rencontre déterminante, celle de Patrick Sébastien qui, en 1993, décide de produire le jeune humoriste.
Partout où il passe, Dany suscite la sympathie et donne envie qu'on l'aide. « *C'est un type gentil, attachant, et extrêmement généreux – une qualité rare pour un acteur* », ajoute Francis Veber, qui l'a fait jouer dans sa pièce *Le Dîner de cons*.

À pas de géant vers le succès

S'il a su saisir les opportunités, Dany Boon ne doit pas sa réussite qu'à la chance : en plus d'une sacrée détermination, le garçon est un « *cinglé de boulot* », selon ses proches.
Après le succès de *Je vais bien, tout va bien*, l'humoriste enchaîne avec quasiment un one-man-show par an et les tournées qui les suivent : *Chaud mais pas fatigué*, *Dany Boon fou ?*, *Tout entier*, *Y'a culture et culture* spectacle joué dans les cafés-théâtres du Nord de la France et de Belgique, *Dany Boon au Bataclan*, *A French comedian lost in L.A.* à Los Angeles...
En 2003, Dany fête ses 10 ans de carrière avec *En parfait état*, *Dany Boon fête ses 10 ans* à l'Olympia et en tournée, mais également avec une version ch'ti *Dany Boon fête ses 10 ans à s'baraque*, au théâtre du Nouveau siècle, à Lille !
En 2006, il remonte sur la scène de l'Olympia et repart en tournée avec le triomphal *Waïka*, du nom de la marque K-way en verlan. Dans le sketch homonyme, il relate les difficultés liées à l'enfilage puis au port de ce vêtement de pluie. Le ressort comique de ce numéro hilarant est basé à la fois sur la répétition d'une onomatopée (*prrrrffrtpffrrtt !*) déclenchant immédiatement le fou rire des spectateurs, et sur les dons de mime de l'humoriste. On s'y croirait, et ceux d'entre nous qui sont allés à l'école en K-way sont « scotchés » de revivre avec autant de réalisme ce petit calvaire des jours de pluie !
Toujours sur les planches, mais plus tout seul, en 2003 Dany Boon écrit, met en scène et interprète *La Vie de chantier*. Il y raconte les problèmes rencontrés par le propriétaire (interprété par Dany) d'un hôtel particulier, dont la livraison est retardée à cause de l'incompétence des ouvriers de l'entreprise chargée du chantier. Là encore, ça sent le vécu !

« *Je vais bien, tout va bien, je suis gai, tout me plaît.* » Un alexandrin aux rimes parfaites ? Non, juste le leitmotiv devenu culte du sketch *Le déprimé*. Comme quelques autres grands classiques, Dany le reprend parfois sur scène.

Avec peu de décors et à peine plus d'accessoires, Dany fait parfois surgir la poésie et la tendresse sur la scène. Jamais trop longtemps, rassurez-vous !

En 2005, il réalise pour le cinéma *La Maison du bonheur*, adaptation de sa pièce *La Vie de chantier* qui réunira plus d'un million de spectateurs. Toujours au cinéma, en 2005 il est à l'affiche du très beau film historique *Joyeux Noël*, de Christian Carion. Toute en nuance et particulièrement convaincante, sa performance dans un registre dramatique lui vaut une nomination aux Césars du Meilleur acteur dans un second rôle.
En 2007, il reprend au théâtre le rôle culte de François Pignon dans *Le Dîner de cons* de Francis Veber, où il donne la réplique à Arthur.
En parallèle, Dany prépare son deuxième long-métrage en tant que scénariste, réalisateur et acteur principal. L'histoire d'un type qui travaille à La Poste et qui est muté dans le Nord...

Biloute, boubourse et brin : la France entière se met au ch'ti !

En février 2008 sort *Bienvenue chez les Ch'tis* d'abord projeté dans le Nord, le Pas-de-Calais et la Somme, une semaine avant la sortie « nachionale ».
Le film raconte les aventures de Philippe Abrams, joué par Kad Merad, directeur d'une agence de La Poste dans le sud de la France qui, par mesure disciplinaire, est muté pour une durée de deux ans à Bergues, dans le Nord-Pas-de-Calais. Basé sur l'opposition des contraires et surtout sur l'incompréhension linguiste (ah la scène du restaurant où l'équipe de La Poste apprend à Kad Merad à parler le ch'ti !), le film est aussi simple qu'efficace.
Dépassant toutes les espérances de ses protagonistes, Dany Bonn en tête, le film est un ÉNORME succès !
Avec environ 20 500 000 entrées en France, il détrône *La Grande Vadrouille* qui détenait le record d'entrées.
Les Ch'tis font également d'excellents scores en Allemagne, en Suisse, en Belgique, en Espagne, en Italie et au Québec.
Il a aussi réalisé le plus gros démarrage de tous les temps pour un DVD avec une vente record de 650 000 exemplaires le jour de sa sortie et de plus de 2 millions en une semaine !

L'enfance en héritage

On l'a dit, Dany Boon vient d'un milieu très modeste. Dans son enfance, en plus des problèmes de fin de mois, il a également dû faire face au racisme, et en premier lieu celui de la famille de sa mère. De cette enfance difficile, il n'a jamais cessé de faire une force. « *L'art ne faisait vraiment pas partie de mon univers*, raconte-t-il. *Vous rendez-vous compte que j'ai joué sur scène avant de m'être assis dans une salle de théâtre ? Parce que mes parents n'avaient pas les moyens. (...) J'ai tout découvert sur le tard. La première fois que je suis entré dans un restaurant, j'avais 18 ans. (...) Ce regard décalé, c'est la base de mon univers, de ma créativité. C'est cette différence qui a fait mon succès. J'ai fait une force de mes maladresses.* »

PAR PUR SOUCI DE RÉALISME !

Vous vous souvenez la scène à vélo où Philippe/Kad Merad essaye de montrer à Antoine/Dany Boon comment faire pour refuser de boire pendant sa tournée ? Eh bien pendant le tournage de ce moment d'anthologie les acteurs étaient réellement soûls ! De même, lorsqu'ils urinent dans le canal, le système de pompe qui aurait dû être utilisé se voyant trop à l'écran puisque Dany Boon était en chemise, les acteurs ont réellement uriné pour cette scène ! Si ce n'est pas de la conscience professionnelle ça ?

Plus anecdotique mais preuve du phénomène, quelques mois après les vrais Ch'tis, sort en *sex-shop* un film pornographique parodique tourné en partie à Bergues, *Bienvenue chez les ch'tites coquines* et sous-titré… *Sortez vos biloutes !* Et vous savez quoi : cette version a également eu du succès, à tel point que le DVD fut rapidement en rupture de stock !
Évidemment, en 2008 Dany Boon a été désigné personnalité de l'année et classé en deuxième position dans la liste des personnalités préférées des Français.

Si ses sketchs sont drôlissimes, c'est aussi parce que l'interprétation de Dany est incroyable ! À la façon de l'acteur américain Jim Carrey, il fait participer son visage « caoutchouc » qui change selon les expressions qu'il veut faire passer.

« Y'a toujours la queue à la Poste. Si y'a pas la queue, c'est que c'est fermé. »

Au sommet du sommet !

Dès 2009, il remonte sur scène pour un one-man-show, *Trop stylé*, qu'il joue à l'Olympia et en tournée jusqu'à 2012.
Suite au succès des Ch'tis, Dany s'impose comme un acteur convoité et enchaîne les tournages.
En 2011, il sort *Rien à déclarer*, son troisième film en tant que scénariste-réalisateur. Il en partage l'affiche avec Benoît Poelvoorde. Là encore, c'est un carton !
En tant qu'acteur, il tourne dans deux grosses productions, *Astérix et Obélix : Au service de Sa Majesté*, et *Un plan parfait*, aux côtés de l'actrice Diane Kruger.
Il continue en 2013 dans le registre romantique vachard avec la comédie *Eyjafjallajökull*, avec Valérie Bonneton.
Dans la foulée, il sort son quatrième film en tant que scénariste-réalisateur, *Supercondriaque*, en grande partie autobiographique puisque Dany Boon avoue être totalement hypocondriaque.
Le film est un gros succès de l'année 2014.
Après plusieurs autres apparitions en tant qu'acteur, il enchaîne avec son cinquième film en tant que scénariste-réalisateur, *Raid dingue*. S'il ne convainc pas les critiques, c'est, en revanche, un nouveau succès commercial.
Pour ce film, Dany Boon reçoit d'ailleurs le premier César du public de l'histoire du cinéma français, qui récompense le film français ayant fait le plus d'entrées en salle.
Sans attendre, il enchaîne avec son sixième film, *La Ch'tite Famille*, annoncée pour 2018, année des 10 ans de *Bienvenue chez les Ch'tis*.
Malgré ses multiples activités et un emploi du temps de pure folie, Dany Boon remonte sur scène en 2017 pour un nouveau one-man-show, *Dany de Boon des Hauts-De-France*.
Puis c'est au théâtre qu'en 2019 il retrouve sa copine Valérie Bonneton (du Nord également) dans *Huit euros de l'heure*, une pièce de Sébastien Thiéry.
À cette occasion, Dany Boon affirme en avoir fini avec le seul en scène, préférant désormais se consacrer au théâtre, et au cinéma bien sûr. On verra bien…
En tout cas une chose est sûre, il en a fait du chemin *ech'ti biloute, hin !*

« LES MANTEAUX DE FOURRURE SONT HABITÉS PAR DE VEILLES PEAUX. »

ELIE SEMOUN

« MOI QUAND JE CONDUIS J'AI TOUJOURS UNE THERMOS AVEC DU COGNAC, ÇA ME DÉTEND. »

CHEVALLIER ET LASPALÈS

« T'AS VU TA TÊTE ? T'ES EN TRAVAUX ? »

GAD ELMALEH

Lord of the Night !!

FRANCK DUBOSC

« Une fois, c'est pas tromper, j'suis désolé... c'est comparer ! »

Des débuts tous azimuts

Franck naît en 1963 au Petit-Quevilly, en Normandie. Fils d'un déclarant en douane et d'une employée de mairie, le petit garçon timide travaille avec assiduité *« pour ramener des bonnes notes et faire plaisir à ses parents. »* Adolescent solitaire et rêveur, Franck fait du judo pour se donner de l'assurance et parodie des sketchs tirés de l'émission de Jacques Martin, *Le Petit Rapporteur*. Pour vaincre son manque d'assurance, il imite ses stars de cinéma favorites, comme Jean-Paul Belmondo ou John Wayne.
Le bac en poche, Franck entre à la fac pour étudier l'anglais, mais il abandonne au bout de trois mois et intègre le Conservatoire de Rouen. Il y rencontre Valérie Lemercier, Karine Viard et Virginie Lemoine avec lesquelles il fait la tournée des discothèques pour jouer des sketchs. Un temps journaliste pour la chaîne anglaise *Channel 4*, il fait ses vrais débuts à la télévision en 1979, dans l'émission *Temps X* où il pilote le vaisseau spatial d'Igor et Grichka Bogdanoff !
En 1985, son physique avantageux lui permet d'obtenir le rôle principal de la comédie de Michel Lang, *À nous les garçons*.
Dans la lignée de son parcours plutôt atypique, Franck officiera ensuite en tant qu'assistant magicien pendant trois ans et donnera aussi des cours d'expression orale à l'École de formation professionnelle du barreau de la Cour d'appel de Paris.

Merki Elie !

Ayant du mal à percer en France, en 1991 Franck part vivre en Angleterre où il devient une star très populaire grâce à la série *Coronation Street* et à son rôle de french lover. Une belle expérience qui lui permet d'enrichir les mimiques du séducteur qui lui apportera la gloire en France.
En 1994, après être apparu aux États-Unis dans la série *Highlander*, il est repéré par Élie Semoun qui lui ouvre les portes du succès en le faisant collaborer à l'écriture et à l'interprétation des *Petites Annonces*. Cette première expérience d'humoriste lui permet de se produire dans des petites salles parisiennes.
En 1998, il sort son premier one-man-show intitulé *Du beau, du bon, Dubosc*, mais est également à l'affiche du film *Le Clone* avec Élie Semoun et Dieudonné. L'année suivante, il joue dans *Trafic d'influence* de Dominique Farrugia avec Thierry Lhermitte et Gérard Jugnot. Sa carrière au cinéma est lancée.
En 1999, il crée son deuxième one-man-show. Intitulé *J'vous ai pas raconté ?*, le spectacle rencontre un accueil exceptionnel ! Fatigué par ces trois années de représentations, Franck décide de faire un break en tant qu'humoriste et retourne au cinéma. Au sommet de sa popularité, il sort en 2002 le DVD *Pour toi public* dans lequel il interprète de nombreux personnages loufoques. L'humoriste enchaîne avec de nombreuses comédies, tout en créant son troisième one-man-show, *Romantique*.

On n'attend pas Patrick ?

C'est à cette période que Fabien Onteniente propose à Franck d'écrire

Dragueur relou, mythomane, frimeur, macho, ça vous dit quelque chose ? Et si on ajoute la chaîne en or sur le torse bronzé, le maillot de bain « flatteur » et le homard gonflable géant ? Gagné ! C'est bien Patrick Chirac, ou plutôt Franck Dubosc. À moins que ce soit l'inverse...

Ah ces gosses !...
Depuis 2009, Franck est marié à Danièle, une jeune femme d'origine libanaise avec qui il a deux garçons, Raphaël, né en 2010, et Milhan, né en 2012. Dans une interview récente Franck a raconté une amusante anecdote sur ses enfants. Avant que son père entre sur scène, Raphaël a pour habitude de lui dire « mince » pour lui souhaiter bonne chance au lieu du mot « merde ». Récemment, le fils aîné de l'humoriste lui a demandé s'il pouvait enfin dire le « vrai mot ». Souhaitant faire plaisir à Raphaël, Franck accepte. *« À ce moment le petit me dit «Et moi, et moi, et moi ?» Je lui réponds «Si je dis oui à l'un je peux pas dire non à l'autre». Milhan jubile, il me regarde et me dit «Connard !» »*

Vous êtes en petite forme ? Un peu déprimé ? Une petite annonce d'Élie et Franck matin et soir et ça ira mieux ! Ici, on ne sait pas qui de ces deux beautés est la plus séduisante. Janine, la grande aux lèvres pulpeuses et à la voix rocailleuse, ou Mercedes, la petite avec sa dent en moins et sa forte poitrine ?

« Chassez le naturel, il revient au goulot. »

le scénario et de jouer dans *Camping* sorti en 2006.
Il y incarne Patrick Chirac, séducteur maladroit et adorable beauf. Énorme succès, le film attire plus de 5 millions de spectateurs et aura deux suites. Le score de *Camping* fait de Franck un acteur de comédies très convoité qui enchaîne les films : *Disco, Astérix aux Jeux olympiques, Bienvenue à bord, Boule et Bill, Le Marquis, Fiston, Les Têtes de l'emploi*… pour n'en citer que quelques-uns !
Boulimique de travail, Franck continue sa carrière sur scène. En 2008, il crée le one-man-show *Il était une fois… Franck Dubosc*. Dans ce spectacle plus autobiographique que les précédents, il raconte sa naissance, son adolescence, ses années difficiles, son succès, et termine en s'imaginant vieux.
En 2013, il revient avec *Franck Dubosc à l'état sauvage*, seul en scène où il explique que tout l'ennuie et qu'il souhaite changer de vie. À chaque fois, les spectacles sont de gros succès, et les tournées aussi longues que triomphales.
Comme s'il voulait encore se prouver quelque chose, en 2018 Franck passe pour la première fois derrière la caméra et réalise *Tout le monde debout*, dans lequel il joue également, aux côtés d'Alexandra Lamy. Le film obtient un joli succès critique et commercial, et il y a fort à parier que l'humoriste ne tardera pas retenter l'expérience de la mise en scène.
2019 est une année bien occupée également puisqu'on retrouve Franck dans *All Inclusive*, de Fabien Onteniente, mais aussi sur scène pour son nouveau one-man-show, *Fifty-Fifty*.
Pas facile d'attendre Patrick/Franck, il va trop vite !

Patrick for ever !

Franck Dubosc sait ce qu'il doit à son personnage de *Camping*, et d'ailleurs il ne s'offusque pas que, dans la rue, les gens continuent de l'appeler Patrick. Dans son dernier spectacle, *Fifty/Fifty*, il raconte même une anecdote totalement véridique : « *Alors que je devais subir une petite intervention, en me transportant vers la salle d'opération, le brancardier m'a lancé «Pastis par temps bleu, pastis délicieux».* » Où va se cacher la notoriété !

« Oui ! Je m'appelle Chirac et alors ? Pourquoi c'est moi qui changerais de nom ? »

« DANS L'ÉTAT OÙ TU ES,
CE N'EST PAS
DE LA CHIRURGIE
ESTHÉTIQUE
QU'IL TE FAUDRAIT,
C'EST DE LA MAGIE ! »

FRANCK DUBOSC

LES BODIN'S

Inversement proportionnel à leur médiatisation, leur succès est phénoménal ! Vingt-cinq ans après leur rencontre, Vincent Dubois et Jean-Christian Fraiscinet remplissent les Zénith de France et détiennent le record de ventes de billets, tous spectacles confondus. Plus de 1,2 million de spectateurs ont déjà applaudi leur dernière tournée et les dates de leurs spectacles sont complètes près de deux ans à l'avance ! Pourtant, je suis presque sûre que leurs noms ne vous disent rien… Mais si je vous dis Maria et Christian Bodin ?

« T'as une haleine, c'est pire qu'un dessous de bras ! »

L'humour est dans le pré !

Depuis qu'ils se sont rencontrés en 1994, les Bodin's font carton plein. Et tout ça loin des paillettes du show-business et de l'agitation médiatique !
En 1995, le duo comique formé par les comédiens, auteurs et metteurs en scène Vincent Dubois et Jean-Christian Fraiscinet crée *Les Bodin's-Mère & Fils*. Pour la première fois, on y découvre Maria et son fils Christian. Vieille fermière de 87 ans, acariâtre, autoritaire et mal embouchée, Maria mène son entourage d'une main de fer. Sa cible favorite est son fils Christian, docile et naïf vieux garçon âgé de 50 ans qu'elle aime « engueuler » et rabaisser quand l'occasion se présente. Mais, derrière ses attaques permanentes, elle porte un amour inconditionnel à Christian qu'elle veut avant tout protéger et garder près d'elle. Sinon, et bien que ce soit elle qui ait forcé Christian à lui demander sa main, elle déteste Claudine, sa belle-fille, dont elle moque l'embonpoint et qu'elle tient pour responsable de l'éloignement de son fils. Véritable souffre-douleur de sa mère, Christian essaie parfois de se rebeller, mais sans succès. S'il n'est pas très intelligent, Christian est par contre un très bon bricoleur. Il a d'ailleurs inventé et construit une machine à fabriquer des fromages de chèvre. Après 38 tentatives, il a même réussi à obtenir son CAP de charpentier. Il est marié avec Claudine Billotte, une cantinière enrobée qui est en conflit permanent avec Maria. Si Claudine n'apparaît physiquement que dans les films, elle est cependant un des personnages les plus mentionnés dans les spectacles.

Régulièrement modifié, enrichi, remanié le spectacle obtient rapidement un grand succès. Suivront *l'Inauguration de la salle des fêtes* et *En attendant le sous-préfet*. Mais c'est à partir de 2005 que l'on sent qu'il est en train de se passer quelque chose de pas banal pour les deux humoristes. Cet été-là, le duo joue son nouveau spectacle *Grandeur nature* dans sa « vraie » ferme des Souchons, sur la commune de Descartes, dans l'Indre-et-Loire. C'est un triomphe… et ça fait 15 ans que ça dure ! Tous les soirs de juillet, les spectateurs se pressent pour aller rire aux aventures de Maria, interprétée par Vincent, et de son fils Christian, joué par Jean-Christian.
Le spectacle se joue à guichets fermés et les billets sont vendus en quelques heures ! Le public ne s'y est pas trompé, suivant depuis leur début Vincent et Jean-Christian, conscient qu'il se passait dans cette ferme de Touraine quelque chose de pas banal, de fraternel et authentique. Et ce n'est pas par hasard si les figurants du spectacle sont des membres de la famille ou des amis, si la billetterie est tenue par l'épouse de Vincent, ou si d'autres proches s'occupent de la buvette ou du placement des spectateurs… Bien loin des paillettes du show-biz on vous dit !

Grandeur nature

Leur notoriété augmente, les dates et les tournées s'enchaînent. Créé en 2006, leur spectacle *Bienvenue à la Capitale* est joué jusqu'en 2010, dont 8 mois au Palais des Glaces à Paris, avant de se clore par une soirée à l'Olympia.

Pour une petite vieille de 87 ans, elle tient encore la forme la Maria Bodin.

« J'vais t'en coller une tu vas te demander qui a éteint la lumière. »

États-civils

Vincent est né le 14 juin 1964 à Fontenay-aux-Roses, en banlieue parisienne, mais c'est à Abilly, petit village de Touraine, qu'il grandit heureux entre cinq frères et sœurs, la pêche aux écrevisses et les poules de la grand-mère Dubois ! Après des études secondaires, Vincent devient ébéniste puis ambulancier. C'est d'ailleurs en tant qu'ambulancier qu'il rencontre la « vraie » Maria, une vieille dame tombée de VéloSoleX et qui va devenir l'héroïne involontaire de ses spectacles !

En 1989, il monte sur scène pour la première fois dans un petit cabaret de Tours, où il crée son premier one-man-show, *Les aventures solexines de la Maria Bodin*. Après plus de 300 représentations en tournée, c'est à Avignon que Vincent crée son nouveau spectacle, *Maria Bodin*. Cette seconde pièce sera jouée plus de 2 500 fois en tournée et recevra plusieurs prix.

C'est au festival de Villard-de-Lans, qu'en 1994 Vincent croise Jean-Christian. C'est le début de l'aventure des Bodin's !

Jean-Christian naît à Valençay en 1965, et passe toute son enfance dans cette petite ville du Berry. Dès qu'il est assez grand pour pouvoir rentrer seul chez lui, il participe aux spectacles de « Son et Lumière » organisés l'été dans son village. De là vient sans doute sa volonté de devenir comédien. Après une brève apparition en faculté de médecine, Jean-Christian entre au Conservatoire d'Art Dramatique de Tours d'où il sort, deux ans plus tard, avec un Premier Prix. Dès sa sortie du conservatoire, il écrit sa première comédie, *ZAP*, une satire télévisuelle, mêlant théâtre et vidéo. Avec Hervé Devolder, ils fondent leur propre compagnie et dirigent le Théâtre Beaumarchais d'Amboise où ils produiront une quinzaine de spectacles. Puis, en 1994 il rencontre Maria, heu, pardon, Vincent.

Aimant les défis, en 2008 Jean-Christian et Vincent tournent leur premier film en six jours, *Mariage chez les Bodin's*, avec l'aide des voisins de leur coin d'Indre-et-Loire comme figurants.
En 2010, ils sortent un second film, *Amélie au Pays des Bodins*.
Sur scène, le public est de plus en plus nombreux à venir les applaudir. De 2011 à 2014, ils tournent avec leur nouveau spectacle *Retour au pays*.
Constatant l'engouement et l'amour du public pour Maria et son fils Christian, en 2015 leur producteur décide de reconstituer *Grandeur nature*, le spectacle estival que le duo joue tous les ans depuis 2005, dans les Zénith et autres grandes salles. Jean-Christian se souvient : « *Quand Coco, notre producteur, nous a parlé de ces grandes salles, nous lui avons dit qu'il se trompait de personnes, que nous n'étions pas les Pink Floyd. Aujourd'hui, force est de constater qu'il avait raison.* » Et en effet, les Bodin's n'imaginaient pas ce qui les attendait : une tournée de plus de 5 ans, près de 1,5 million de spectateurs, et des billets vendus presque 2 ans à l'avance ! Si leurs spectacles marchent tellement bien, s'ils ont autant de succès c'est parce que les Bodin's font entendre la voix de gens qu'on entend peu, voire jamais, la voix de la ruralité. « *Nous abordons dans notre spectacle des sujets qui parlent à tout le monde,* explique Vincent Dubois, *nous prônons avec humour le retour aux choses simples où la campagne, d'où nous venons, est une valeur refuge. Même si Maria et son fils Christian semblent venir d'une autre époque, ils ont les pieds bien*

De vrais animaux, de la paille, des légumes, un tracteur et une mare. En cherchant bien, on risque même d'y trouver des grenouilles.

Non, non, vous n'êtes pas en Indre-et-Loire, mais bien dans l'un des Zéniths que les Bodin's remplissent avec un succès grandissant, et qu'à chaque représentation ils transforment en une ferme criante de vérité.

ancrés dans le présent. Et puis il y a une vraie tendresse pour les anciens et les ruraux. On ne se moque pas du tout d'eux. C'est cela qui doit plaire. Et nous faisons évoluer notre spectacle à chaque représentation. Nous y glissons des références liées à l'actualité et aux régions qui nous accueillent. C'est devenu un jeu. Le public adore ça et n'hésite pas à revenir nous voir. »

Les politiques, Christian, Claudine sa belle-fille, tout le monde en prend pour son grade : « *Sarko il a la même taille que Joséphine ange gardien, sauf que lui, il a jamais fait de miracle* », « *mon pauvre Christian, le jour où les cons auront du flair tu vas trouver des truffes* ». Faut dire que Maria n'a pas la langue dans sa poche, les vacheries fusent et le public est ravi !

Malgré leur succès phénoménal, les deux humoristes gardent les pieds sur terre et n'ont pas pris la grosse tête. De toute façon, les stars ce sont Maria et Christian, Vincent et Jean-Christian restant quasiment dans l'anonymat : « *Grâce à nos costumes de scène, nos maquillages, nos postiches et nos dentiers, personne ne nous reconnaît, comme les Daft Punk avec leurs casques.* »

«*Dans mon village, je reste le fils de Robert, mon père* », dit Vincent, pendant que de son côté, Jean-Christian élève des rapaces et des chevaux en toute quiétude.

Pas sûr pourtant que les deux amis parviennent à échapper encore longtemps au star-system, car il y a fort à parier que les Bodin's n'ont pas fini de faire parler d'eux.

« La virginité c'est comme une mouche sur le cul d'une vache, un coup de queue et c'est parti ! »

Dix semi-remorques et 30 tonnes de matériel !

Il n'en faut pas moins pour recréer la ferme de Maria et de son fils Christian dans les Zéniths où s'arrête la tournée. C'est en effet dans un décor « Grandeur nature » et d'un réalisme époustouflant que les Bodin's se donnent la réplique. Un chien, des poules, des lapins, des chèvres, un âne (qui s'appelle Navarro), un cochon (nommé Raffarin), des bottes de paille, des tas de légumes, une mobylette, un vélo, un tracteur… Rien n'est de trop pour que le spectateur ait l'impression d'être dans une vraie ferme. Rien ne manque… même pas les odeurs !

GAD ELMALEH

« C'est quoi cette coupe de cheveux ? Tu t'es battu avec Jacques Dessange ? »

Allez, avouez-le, depuis son sketch sur Ikea vous ne rentrez plus dans le géant suédois jaune et bleu sans sourire. Idem quand, assis dans l'avion, vous voyez le personnel de bord vous indiquer les issues de secours. Peut-être même qu'au restaurant japonais vous vous retenez pour ne pas dire, la bouche pleine, « j'adooooore les sushis ! » Car grâce à des répliques drôlissimes et inoubliables, Gad Elmaleh est parvenu à saupoudrer de rire les situations les plus banales de notre quotidien, son don pour l'observation n'ayant d'égal que sa force comique.

Gad comme « Chance » en hébreu

Gad Elmaleh est né le 9 avril 1971 à Casablanca où David, son père, est commerçant, sa mère Régine lui prêtant main-forte. La comédie fait partie intégrante des loisirs de la famille Elmaleh, et il n'est donc pas surprenant que, à côté de la voie de l'humour prise par Gad, son jeune frère Arié soit devenu comédien et sa sœur Judith auteur et metteur en scène. En effet, David, leur père, pratiquait l'art du mime en tant qu'amateur. C'est d'ailleurs pour annoncer les numéros de son père que Gad montera sur scène dès l'âge de 5 ans !
À 17 ans, après une enfance et une scolarité sans histoire à Casablanca, Gad décide de partir à Montréal, au Québec, pour étudier les sciences politiques. Après quatre ans d'études, il quitte le Canada pour Paris où il entre au Cours Florent dans la classe d'Isabelle Nanty. Gad obtient son diplôme d'art dramatique… mais également la nationalité française qu'il avait demandée.

Merci Madame Sarfati !

C'est en tant qu'assistant de l'humoriste Élie Kakou – l'irrésistible Madame Sarfati ! – que Gad Elmaleh fait ses débuts dans la profession. Il s'occupe des projecteurs et de l'intendance, mais fait parfois également de brèves apparitions sur scène. En 1995, il tourne pour la première fois au cinéma dans *Salut cousin !* de Merzak Allouache. En 1996, il intègre *La Matinale* d'Arthur sur Europe 2. Son rôle est de jouer des auditeurs imaginaires (comme l'impayable Momo Zemio !) qui téléphonent à l'animateur et racontent une histoire hilarante et délirante. La même année il tourne un petit rôle dans *XXL* d'Ariel Zeitoun, aux côtés de Gérard Depardieu et Michel Boujenah.
En 1997, Gad présente *Décalage*, son premier one-man-show. C'est Isabelle Nanty qui met en scène ce spectacle autobiographique dans lequel il retrace son parcours du Maroc à la France, en passant par le Canada.
De 1998 à 2000, il tourne dans six films différents, mais c'est sa prestation dans *La vérité si je mens ! 2* , gros succès de Thomas Gilou, qui va le révéler au grand public. Il remplace Vincent Elbaz et reprend le rôle de Dov, le séducteur.
Mais ses débuts prometteurs ne l'empêchent pas de revenir sur scène avec son second one-man-show intitulé, *La vie normale*, en 2001. Parmi les multiples personnages hilarants qu'il interprète dans ce spectacle, on retrouve le célèbre travesti Chouchou et Coco le millionnaire bing-bling.
En 2002, *A+Pollux* aux côtés de Cécile De France, puis *La Beuze* aux côtés du jeune Michaël Youn confirment les talents de Gad au cinéma. C'est au cours de cette même année qu'il co-écrit le scénario de *Chouchou* dans lequel il revêt de nouveau la panoplie du célèbre travesti qui va lui apporter la consécration.

Chouchou et Stanislas, un bien beau couple... Loin de la caricature facile, et même s'il est hilarant, le film est également un hymne à la tolérance et une belle histoire d'amour.

PRESSE PEOPLE

En novembre 2000, Gad devient papa d'un petit Noé, fils né de son union avec l'actrice Anne Brochet, dont il se sépare en 2002. Jusqu'à ses récents débuts dans le mannequinat, Noé n'avait jamais fait les gros titres de la presse people. Ce n'est pas la même chose pour Raphaël, son demi-frère, né en décembre 2013, de l'idylle entre l'humoriste et Charlotte Casiraghi, la fille de la princesse Caroline de Monaco !

Va dans le métro Satanas !

Réalisé par Merzak Allouache, *Chouchou* sort en 2003 et remporte un énorme succès, attirant en salle près de 4 millions de spectateurs. Il faut dire que le couple formé par Chouchou/Gad amoureux de Stanislas/Alain Chabat est fantastique : ni vulgaire ni caricaturale, l'interprétation des deux comédiens est parfaitement juste, drôle et tendre ! Scènes cultes et répliques qui tuent, plus de 15 ans après on adoooooooore toujours autant ces sushis de Chouchou (répétez 10 fois sans fourcher !)
Devenu incontournable sur la scène de l'humour, en 2005 Gad crée son troisième one-man-show, *L'autre c'est moi*. Contrairement aux deux premiers qui étaient une succession de sketchs, il s'agit là d'un vrai spectacle de stand-up où Gad s'adresse directement au public en lui parlant du Blond. Le Blond, cet homme parfait qui n'a aucun problème pour surmonter les petits tracas de la vie, qui a des enfants parfaits, qui monte une étagère Ikea en deux temps trois mouvements, qui n'a pas peur en avion, qui sait skier, qui... qui énerve Gad qui est tout son contraire !
Le spectacle est un triomphe, la tournée en France et à l'étranger également.
L'année suivante, Gad retourne au cinéma pour, entre autres films, reprendre le rôle de François Pignon dans *La Doublure* de Francis Veber.
Toujours en 2006, il part pour une courte tournée aux États-Unis.
L'année 2007 démarre sous les meilleurs auspices puisque le 6 janvier Gad est élu humoriste le plus drôle de l'année ! C'est à Montréal qu'il présente en exclusivité son nouveau spectacle *Papa est en haut*, avec lequel il part en tournée.
En 2008, Gad retrouve le cinéma mais cette fois pas uniquement en tant qu'acteur : il passe derrière la caméra pour réaliser *Coco*, son premier film.
Le succès n'est malheureusement pas celui attendu.
C'est finalement dans un registre totalement différent qu'en 2010 Gad Elmaleh reçoit l'approbation des critiques. En effet son interprétation dans *La Rafle*, film dramatique retraçant le drame de la rafle du Vel d'Hiv est unanimement saluée.
Le film sorti, Gad repart sur les routes avec *Papa est en haut*, avant de traverser l'Atlantique pour aller conquérir l'Amérique...

Le rêve américain

La consécration et les succès de Gad au cinéma en France ont-ils traversé l'océan avant lui ? Toujours est-il qu'en 2010 le chouchou du public hexagonal intègre le casting cinq étoiles de *Minuit à Paris* de Woody Allen ! En 2011, c'est Steven Spielberg qui le choisit pour tenir un rôle dans son adaptation des aventures de Tintin dans *Le Secret de la Licorne*.
Il apparaît ensuite dans *The Dictator* de Sacha Baron Cohen, puis dans *Jack et Julie* aux côtés d'Adam Sandler, Katie Holmes et Al Pacino !
Quand il rentre en France c'est pour tourner avec Olivier Dahan, Gosta-Gavras, Michel Gondry... Alternant les genres, Gad Elmaleh est devenu un acteur caméléon accompli, pris au sérieux dans le registre comique mais aussi dans des films plus sombres.
En 2013, il revient à ses premières amours, sur scène seul face à son public, avec un nouveau spectacle *Sans*

CopyComic, l'accusateur anonyme

En octobre 2017, Gad Elmaleh est accusé par le vidéaste anonyme CopyComic d'avoir plagié des comiques américains dans ses spectacles. Mais il n'est pas le seul : Tomer Sisley, Jamel Debbouze, Malik Bentalha ou encore Arthur sont également mis en cause. Les choses s'aggravent quand, en janvier 2019, Copycomic publie une vidéo qui, mettant les passages incriminés côte à côte, révèle les nombreuses ressemblances des sketchs et blagues de Gad Elmaleh avec ceux d'autres humoristes. En avril, Gad déclare lors d'une interview donnée sur Europe 1 que la création artistique de ses spectacles est basée sur des « *observations qui n'appartiennent à personne* ». Selon lui, on mélange inspiration et plagiat. Pour preuve, il rappelle son premier sketch, « *La Chèvre de Monsieur Seguin, je ne sais plus qui l'a écrit* [sic], *mais c'était mon regard* ». Invoquant la parodie, il poursuit « *Mon métier d'humoriste ne se limite pas à une liste de blagues. Ce que je propose, c'est un regard, un univers.* » Affaire à suivre ?

« Je suis assez méfiant, j'ai toujours une longueur de recul. »

Gad et Kev, une vraie filiation. En 2016, leur spectacle *Tout est possible* se joue à guichets fermés à Paris comme partout ailleurs.

Tambour, co-écrit avec sa sœur Judith. Toujours désireux de faire également une belle carrière internationale, Gad repart en 2015 aux États-Unis où il réussit l'exploit d'interpréter ses spectacles en anglais. En 2016 il joue dans *Crisis in Six Scenes*, mini-série de Woody Allen qui essuie un échec tant critique que public. Heureusement, en France, *Tout est possible*, le spectacle qu'il interprète en 2016 avec Kev Adams fait un triomphe ! Mais Gad n'abandonne pas son rêve américain : après avoir participé à plusieurs émissions de télévision outre-Atlantique, il lance début 2017 sur Netflix son premier spectacle américain, logiquement intitulé... *American Dream*. Il y dissèque les obsessions alimentaires de l'Amérique, les codes amoureux, l'argot... Malheureusement, là encore, les critiques ne sont pas bonnes. Parallèlement, il crée en France l'adaptation de l'émission américaine culte *Saturday Night Live*, dont la première émission est diffusée par M6, mais qui, faute d'audience, n'aura pas de suite. En 2019, Gad lance, encore sur Netflix, la série comique *Huge in France*, inspirée de son expérience américaine, et dans laquelle il tient son propre rôle. En France comme aux États-Unis, les critiques sont mauvaises et les audiences également. Si l'on ajoute à cela les remous de l'affaire CopyComic, ce n'est pas trop de dire que Gad Elmaleh a connu des périodes plus florissantes...
Mais pas d'inquiétude, rappelons-nous que Gad veut dire « chance » en hébreu.

YOUTUBE, RÉSERVOIR DE TALENTS

Pour les comiques 2.0, l'aventure a débuté dans leur chambre d'ado, le garage de papa ou le jardin du pavillon familial. Nés avec une souris d'ordinateur dans la main droite et une caméra dans la gauche, ils se filmaient en train de disserter sur les kebabs et les relations garçons-filles, réalisaient un sketch potache ou une parodie d'émission de téléréalité. Objectif, poster leurs délires sur des sites de vidéos en ligne comme Dailymotion ou YouTube.

Avec une moyenne d'âge de 25 ans, les Youtubeurs stars appartiennent à la génération C (pour connectée) pressée et impatiente qui a su court-circuiter habilement tous les filtres imposés aux jeunes humoristes : trouver un producteur, turbiner sur scène et séduire les médias.

Vingt ans après les débuts du pionnier Rémi Gaillard – qui comme Lady Gaga et Rihanna a dépassé le milliard de vues sur Internet ! –, force est de constater que ce phénomène n'était pas qu'un feu de paille.
Et si l'humour des Youtubeurs a des codes et des références qui ciblent essentiellement les 15-30 ans, ce n'est pas pour autant que les 35 ans et plus (voire beaucoup plus...) ne peuvent pas se poiler devant Norman, Cyprien, Bonjour Tristesse, Jhon Rachid, Natoo et quelques autres.

Pour preuve, la sélection des humoristes 2.0 ci-dessous, non exhaustive, un peu subjective et représentative de ce que le Net nous offre de mieux :

- Andy raconte
- Bonjour tristesse
- Cyprien
- Good Monique
- Hugo Tout Seul
- Jhon Rachid
- Kemar
- Kevin Razy
- Laferme Jérôme
- Le Palmashow
- Le Rire Jaune
- Ludovik
- McFly et Carlito
- Mister V
- Natoo
- Norman
- Pierre Croce
- Rémi Gaillard
- Roman Frayssinet
- Seb Lafrite
- Squeezie

De gauche à droite : Natoo, Cyprien et Squeezie.

Madame Foresti, la préférée des Français* !
Anne-Sophie de la Coquillette, épouse de Jean-Childebert, dit Jean-Chi, et mère de Charles Apollon ?
Brigitte, bimbo de 24 ans et 12 mois qui n'a jamais subi ni 1, ni 2, ni 3, ni 5, ni 10 scriminations ?
Michelle 2L-E, tour à tour plombier, garagiste, cheminot, gréviste, maire de Monfion-sur-l'Orge et maman de Jason ?
Myriam, belle-mère possessive de Laurent Ruquier et fan d'Enrico Macias ?
Clotilde, en terminale au lycée Jean-Luc Lahaye, rebelle et très énervée ?
À moins que ce soit Lady Zbouba, Younelle Jospine, Dominique Pipeau ou Catherine Barma ?
Et vous, laquelle préférez-vous ?
S'il est difficile de choisir, une chose est sûre : on n'est pas près d'oublier ces personnages hilarants et totalement déjantés apparus en 2004 dans l'émission de Laurent Ruquier ! Car si ce n'est pas là que tout a commencé, c'est là que ça a vraiment décollé !

** Sondage IFOP 2017*

FLORENCE FORESTI

« La grossesse c'est comme une gastro qui dure 9 mois... »

« Bonne élève, mais fait rire ses petits camarades »

Née le 8 novembre 1973 à Vénissieux, en périphérie de Lyon, Florence est la fille d'un industriel et d'une employée de bureau. Avec Claire, sa sœur aînée, elles vivent une enfance heureuse et sans histoires.
Bonne élève, Florence prend plaisir à amuser ses petits camarades. Elle rêve déjà de spectacle et demande à ses parents de l'inscrire à une école de cirque pour devenir clown !
En CE2, elle gagne à plusieurs reprises les concours de comédie organisés par son instituteur passionné de théâtre. Heureusement, le bide mémorable qu'elle obtient dans le rôle de Cyrano lors de la kermesse de fin d'année n'entamera pas sa passion pour la scène !

Lyon-Paris, les premiers pas

Après avoir obtenu un baccalauréat littéraire, Florence entre dans une école de cinéma et d'audiovisuel à Lyon.
Elle fait son stage de fin d'année à *Thalassa* et pleure tous les soirs en rentrant chez elle. Elle sait que son rêve est ailleurs...
À la fin de ses études, elle enchaîne les petits jobs, puis entre en tant qu'infographiste au service audiovisuel d'EDF. Elle y réalise, entre autres, des vidéos sur des centrales nucléaires, ce qui ne l'épanouit pas totalement !
À côté de ce travail « alimentaire », elle s'inscrit à des cours de théâtre qu'elle quitte au bout de deux jours, terrorisée et déçue par cet enseignement trop classique.

Bien décidée à poursuivre son rêve malgré tout, Florence fait ses premiers sur scène à Lyon en 1998, au café-théâtre *Le nombril du Monde*. Accompagnée de Céline Iannucci et Cécile Giroud, elle forme pour l'occasion le trio *Les Taupes models*. Très vite, les trois jeunes femmes courent les festivals. Elles obtiennent rapidement un petit succès et acquièrent un début de notoriété encourageante.
C'est d'ailleurs lors d'un festival qu'elles sont repérées par Anne Rouanoff.
Pour Florence, c'est le déclic, elle veut faire de la scène son métier.
Elle abandonne son travail à EDF, mais également ses deux complices.
C'est l'époque des allers-retours Lyon-Paris et des premières apparitions sur une petite scène de Pigalle. C'est là que la société *Juste pour rire* la repère et lui propose de produire son premier spectacle sur la scène du Point-Virgule, à Paris.
En 2001, son premier one-woman-show, *Manquerait plus qu'elle soit drôle*, remporte le prix du jury au festival d'Antibes. Sa carrière est lancée, et le succès est fulgurant !

La télé, le tremplin vers le succès

Il ne faut finalement que très peu de temps à l'humoriste pour passer des planches d'un café-théâtre lyonnais aux paillettes du petit écran. En effet, dès 2003, elle rejoint Canal+ pour participer à l'émission de Stéphane Bern, *20h10 Pétantes*. Elle y interprète le personnage de Kim dans la *Bern Académie*, parodie de la *Star Academy*.

Ah, Madame Foresti, une vraie athlète de la scène. Durant tous ses spectacles, Florence se donne sans compter. Une véritable pile électrique, voire une centrale nucléaire…

Toute première fois

En 2001, Florence Foresti fait une apparition en tant que candidate dans l'épisode 5 de la première saison de l'émission *Burger Quiz* sur Canal+, présentée par Alain Chabat.

Ah, Sean !!!!

En 2009, Florence participe à la remise des Césars. Elle y joue un sketch hilarant durant lequel elle laisse croire que, ne pouvant pas résister à son charme, Sean Penn va l'embrasser ! Venu recevoir un césar d'honneur, ce dernier, non sans humour, montera effectivement sur scène pour embrasser l'humoriste… rougissante et un peu abasourdie !

Mortel, culte, hilarant, et j'en passe

Dans *On n'est pas couché* Florence est *L'invité qu'on n'a pas pu avoir*. C'est à cette occasion qu'elle livre certaines de ses performances les plus drôles. Par exemple sa parodie génialissime d'Isabelle Adjani : « *Je ne suis pas folle, vous savez !* » Cultissime !!!

Mais on n'est pas près d'oublier non plus Madonna, Ségolène Royal, Cécilia Sarkozy, Céline Dion, Britney Spears, Lady Gaga ou Shakira.

Totale fan de Madonna !

Adolescente, Florence tapisse sa chambre de posters de son idole absolue. On comprend mieux pourquoi, quelques années plus tard, elle se livre avec autant de virtuosité à des parodies époustouflantes de la chanteuse ! Interviewée par son ami Frédéric Lopez, dans *La Folle histoire de Florence Foresti* (diffusée sur C8 en 2017), l'humoriste révèle que, de toutes les imitations vachardes qu'elle a faites, la seule qu'elle regrette est celle où elle se moque de Madonna et de l'adoption de son fils David au Malawi (*On a tout essayé*, 2006).

« Chapeau melon l'artiste ! »

Dès ces premières apparitions on entrevoit sa force comique et son talent incroyable pour croquer des personnages hauts en couleur : il y a déjà beaucoup de Michelle 2L-E et pas mal de Lady Zbouba dans sa Kim plus vraie que nature ! Conquis, Laurent Ruquier lui propose de rejoindre l'équipe d'*On a tout essayé* sur France 2 en 2004. C'est dans cette émission qu'elle crée les personnages de Brigitte, Anne-Sophie et compagnie, aujourd'hui devenus cultes, et qui vont faire d'elle une humoriste de premier plan.

En 2005, elle remonte sur scène pour son deuxième one-woman-show, *Florence Foresti fait des sketchs*.

La tournée dure un an et se joue à guichets fermés. Un succès grandissant, un public conquis et de plus en plus nombreux, des apparitions qui se multiplient, un premier Olympia, des ventes de DVD pharaoniques, 2006 est l'année de la consécration.

À la même époque, elle retrouve Laurent Ruquier pour sa nouvelle émission, *On n'est pas couché*. Florence va s'y livrer à des parodies inoubliables.

A star is born

Comme si cela ne lui suffisait pas, en 2006 Florence tourne également, et pour la première fois, au cinéma dans *Dikkenek* d'Olivier Van Hoofstadt : elle y campe Laurence Cochet, une commissaire de police lesbienne, impayable.

Après ces premiers pas cinématographiques, Florence fait ses débuts au théâtre en 2008, dans la pièce *L'Abribus*, mise en scène par Philippe Sohier.

L'artiste n'oublie pas pour autant le one-woman-show : en 2009, inspirée par sa maternité, elle crée *Mother Fucker* (titre clin d'œil au tee-shirt que Madonna – toujours elle ! – avait porté après la naissance de sa fille Lourdes). Car malgré ce rythme effréné, Florence a pris le temps de donner naissance à une petite Toni, née le 10 juillet 2007. Le spectacle

« JE NE SUIS PAS FOLLE VOUS SAVEZ ! »

Parmi les personnages hilarants et déjantés que Florence a interprétés dans *On n'est pas couché*, sa parodie d'Isabelle Adjani reste un moment inoubliable. À hurler de rire !

SES PRINCIPAUX SPECTACLES

2001 : *Manquerait plus qu'elle soit drôle*

2004 -2006 : *Florence Foresti fait des sketches*

2008 : *L'Abribus*

2009 - 2011 : *Mother Fucker*

2012 : *Foresti Party*

2014 - 2015 : *Madame Foresti*

2018 - 2019 : *Florence Foresti épilogue*

En maîtresse de cérémonie des Césars 2009, Florence est impayable. En tout cas, Sean Penn doit se souvenir encore de cette petite bonne femme et du sketch hilarant qu'elle avait interprété en son honneur.

« Et mon cul c'est du bâtonnet de colin ?! »

est un triomphe et remporte le Globe de Cristal 2010 du meilleur spectacle. Boulimique de travail, l'humoriste va enchaîner les films (*Hollywoo,* aux côtés de Jamel Debbouze, *Barbecue* avec Franck Dubosc) et les spectacles (*Foresti Party*, retransmis pour la première fois sur Internet et dans les cinémas Gaumont en septembre 2012).

En 2014, elle fait sa rentrée au théâtre du Châtelet à Paris avec *Madame Foresti*. Une fois encore ce sera un triomphe, et une tournée d'un an toujours à guichets fermés.

Épilogue ?

Mais non, pas d'inquiétude, ce n'est pas la fin ! C'est juste le titre du one-woman-show créé par Florence en 2018 à Paris avant de repartir en tournée.
À peine les billets vendus, et avant même que les représentations aient commencé, c'est déjà le buzz. En effet, l'humoriste a décidé que, pour la première fois en France, les portables seraient interdits pendant le spectacle. Génial, on va enfin pouvoir regarder la scène sans être gêné par la lumière du Smartphone du voisin de devant qui photographie et enregistre. Assagie Florence ? Pas vraiment, et tout y passe. Nos travers et ceux de l'époque sont disséqués par le scalpel acéré de l'artiste, et rassurez-vous, y'en a pour tout le monde !

Une femme qui a du chien

Exposée mais réservée, publique mais pudique, Madame Foresti ne se livre pas facilement et tente de préserver au maximum sa vie privée. Discrète quand il s'agit des hommes de sa vie ou de sa fille, elle est beaucoup plus bavarde quand il s'agit de son chien ! De 2006 à 2018, elle partage la vie de Bernie, un bulldog anglais qu'elle n'hésite pas à amener parfois avec elle sur scène. À sa mort, elle lui fait une magnifique déclaration d'amour sur les réseaux sociaux.

Tadaaaam ! Quand le geste s'ajoute à la parole. Sans cesse en mouvement, sur scène Florence est capable de performances physiques étonnantes. Pour preuve, ses chorégraphies sur des tubes de Beyoncé ou Shakira, par exemple.

WOMAN SAFE

Revendiquant son féminisme de longue date, Florence Foresti est, depuis 2014, la marraine de *Woman Safe*, une association qui vient en aide aux femmes victimes de tous types de violence.

Au début des années 90, à la télévision comme au théâtre, l'humour n'est jamais, ou très rarement, d'origine maghrébine, africaine ou asiatique. L'humour est blanc, généralement masculin, et les minorités quasi absentes des plateaux et des planches. C'est dans ce contexte qu'un tout jeune homme fait une entrée fracassante : Jamel Debbouze. Arabe, banlieusard, musulman, mais surtout Français, Jamel, va donner une visibilité nouvelle à ceux qu'habituellement on ne voit pas, tout en renouvelant les formes et les thèmes de l'humour.

JAMEL DEBBOUZE

« Dis-moi pas que c'est pas vrai ! »

Paris – Trappes, Trappes – Paris

Né à Paris en 1975, Jamel est l'aîné d'une famille marocaine de six enfants. Après deux ans au Maroc, la famille Debbouze s'installe à Trappes, en banlieue parisienne. Son père travaille à la RATP et sa mère dans le service d'entretien du groupe Bouygues.

Jamel connaît une jeunesse difficile, participe à des actions de bandes de quartier et flirte même avec la petite délinquance. En 1990, il est victime d'un terrible accident en gare de Trappes. Alors qu'il traversait les voies, il est happé par le train Nantes-Paris. Le jeune homme perd l'usage de son bras droit et le garçon qui était avec lui décède. Aujourd'hui encore, Jamel explique que rien n'a plus jamais été pareil après ce drame.

Physiquement diminué, le jeune homme est contraint de se trouver de nouvelles activités. Réussissant à tirer parti de son bras handicapé, il s'invente une dégaine comique, la main droite éternellement coincée dans la poche. C'est à cette période qu'il commence à pratiquer l'improvisation théâtrale. Très vite son don pour le jeu et sa fameuse « tchatche » sont repérés par Alain Degois, dit « Papy », éducateur et directeur du Déclic Théâtre, compagnie théâtrale de la Cité des Merisiers à Trappes. Grâce à lui, Jamel fait ses débuts sur les planches et sera même finaliste du Championnat de France junior de la Ligue d'Improvisation Française en 1991. Les choses s'enchaînent ensuite rapidement. Il est temps pour le jeune homme de repasser de l'autre côté du périph, et de retourner à Paris...

Des débuts fulgurants

Sa notoriété naissante permet à Jamel de se produire devant le président de la République François Mitterrand, mais également de faire la connaissance de l'humoriste Smaïn, qui le soutiendra à ses débuts.

En 1993, il passe pour la première fois à la télévision sur la chaîne marocaine 2M. Si le sketch qu'il interprète n'est franchement pas son meilleur (et c'est le moins qu'on puisse dire...), c'est amusant, par contre, de voir un Jamel tout jeune et un brin timide !

Repéré en 1995 par Jean-Francois Bizot, patron de Radio Nova, il se voit directement proposer une rubrique quotidienne sur la station. Cette étape est déterminante – d'ailleurs, dès qu'il en a l'occasion, Jamel ne manque jamais de rappeler ce qu'il doit à Jean-François Bizot, comme à « Papy » Degois avant lui. Peu de temps après, il fait ses débuts à la télévision sur Paris Première. En 1998, il arrive dans *Nulle part ailleurs* et devient la nouvelle coqueluche de Canal +.

Il lance sa chronique *Le Cinéma de Jamel*, et participe surtout à la série à succès *H*, aux côtés des comiques Éric et Ramzy. Parallèlement à sa carrière télévisuelle, il triomphe avec son one-man-show *Jamel en scène*.

Le cinéma ne pouvait que lui faire les yeux doux à ce jeune prodige !

Cours Amsterixme, cours !

Après avoir fait une apparition éclair dans *Les Deux papas et la maman* (1996) de Smaïn, il suffit de deux films sortis en 1998 pour que Jamel s'impose définitivement aux yeux des critiques

« C'est trop calme... J'aime pas trop beaucoup ça... J'préfère quand c'est un peu trop plus moins calme ! »

Tous en scène !

Depuis sa création, Jamel parraine le Trophée d'Impro Culture & Diversité imaginé par Marc Ladreit de Lacharrière, en association avec la compagnie Déclic Théâtre d'Alain Degois. Organisée dans les collèges, cette compétition permet de faire découvrir l'improvisation théâtrale au plus grand nombre. Dès qu'il en a l'occasion, l'humoriste ne manque pas d'expliquer à quel point l'improvisation théâtrale peut être un remède contre les inégalités, l'exclusion et l'échec scolaire. Rappelant que c'est ce qui l'a « sauvé », Jamel milite même pour que cela devienne une discipline scolaire à part entière !

et du public : *Zonzon*, drame de Laurent Bouhnik se déroulant dans le milieu carcéral et *Le Ciel, les oiseaux et... ta mère !*, comédie à succès de Djamel Bensalah.
Changeant à nouveau de registre, Jamel s'intègre ensuite à merveille dans l'univers de Jean-Pierre Jeunet en campant un commis d'épicerie brimé par son patron dans *Le Fabuleux destin d'Amélie Poulain* (2000). Le film est un énorme succès et permet à Jamel de toucher un public qui ne le connaissait peut-être pas encore.
Puis, en 2001, ce sera le triomphe d'*Astérix et Obélix : mission Cléopâtre* d'Alain Chabat où il incarne Numérobis, un architecte maladroit chargé d'une mission de la plus haute importance. En quelques répliques devenues cultes, Jamel finit d'asseoir sa notoriété auprès du grand public (ah, le fameux *il est où le magneau ?*).
Si le triomphe de son one-man-show *100 % Debbouze,* créé fin 2003, prouve une nouvelle fois son potentiel comique, il démontre également que Jamel est devenu un des patrons de l'humour dans l'hexagone !
Désormais consacré en France, le jeune humoriste peut traverser l'Atlantique... En 2004, le cinéaste Spike Lee lui ouvre les portes du cinéma hollywoodien en lui offrant un petit rôle dans la comédie *She hate me*.
Il décroche ensuite son premier rôle principal dans *Angel-A* de Luc Besson, puis, rejoint Samy Naceri, Roschdy Zem et Sami Bouajila au casting d'*Indigènes,* présenté en compétition officielle du 59e Festival de Cannes. Le parcours de ces quatre « indigènes », soldats oubliés de la première armée française recrutée en Afrique, lui permet de quitter la Croisette avec le Prix Collectif d'Interprétation Masculine. Si ça ce n'est pas la consécration ultime ?

Sacré parcours !

Reconnu au cinéma, Jamel revient à la télévision avec un concept qui va dépasser toutes ses espérances ! En effet, le 15 juillet 2006, il présente sur Canal+ la première de son cultissime *Jamel Comedy Club*. Cette émission ne va pas seulement marquer l'histoire du petit écran, elle va révolutionner la scène de l'humour en France. Révélateur de talents, Jamel va découvrir et lancer quelques-uns des plus grands comiques d'aujourd'hui. (voir p 176)
En parallèle, retour au cinéma : Jamel intègre en 2006 le prestigieux casting d'*Astérix aux Jeux Olympiques*. Deux ans plus tard, jamais là où on l'attend, il rejoint le duo Agnès Jaoui / Jean-Pierre Bacri pour leur nouveau film *Parlez-moi de la pluie*. Il y incarne Karim, fils d'immigrés algériens vivant dans le sud de la France.
En 2010, Jamel retrouve le Festival de Cannes, le metteur en scène Rachid Bouchareb et les comédiens Roschdy Zem et Sami Bouajila pour *Hors-la-loi,*

« Monsieur et Madame Karembeu ont un fils, comment il s'appelle ? 6 fois 7, car 6 fois 7 karembeu !!! »
Séquence culte entre Jamel et Adriana Karembeu lors de la cérémonie des Césars en 1999.

Après Adriana, Monica ! Il en a de la chance Jamel ! Dans *Astérix et Obélix : Mission Cléopâtre* d'Alain Chabat, il campe un Numerobis inoubliable. « *Il est où le magneau ?* »

film traitant de la guerre d'Algérie. Alternant films d'auteurs et films populaires, Jamel retrouve également la comédie pure aux côtés d'une autre humoriste issue de la scène, Florence Foresti, dans *Hollywoo*, qui malgré, cet alléchant casting, est un échec. Heureusement le triomphe de son nouveau one-man-show *Tout sur Jamel* fait sans doute mieux passer la déception… Et puis de toute façon, Jamel n'a guère le temps de s'appesantir, il est déjà sur un nouveau et ambitieux projet : il organise un festival international du rire à Marrakech… avec, depuis, le succès que l'on sait.

En 2012, Jamel retrouve Alain Chabat pour l'adaptation cinématographique du célèbre Marsupilami, qui rencontre un bel accueil, et pas seulement de la part des enfants !

C'est dans *La Marche*, film dramatique de Nabil Ben Yadir évoquant la « marche des Beurs » de 1983 qu'on le revoit ensuite en 2013.

« Toi, tu fais trop le malinois, toi ! »

MDR ;-)

En 2011, Jamel organise pour la première fois un festival international du rire à Marrakech. Durant une semaine, les spectacles comiques s'enchaînent, alternant artistes débutants et valeurs sûres de l'humour. Cette première édition se terminera avec un spectacle époustouflant comprenant entre autres Gad Elmaleh, Florence Foresti, Élie Semoun, Kev Adams et Omar Sy. Depuis, le Marrakech du Rire (MDR !) a lieu tous les ans durant les premières semaines du mois de juin, continuant d'accueillir des humoristes confirmés et des artistes du *Comedy Club* sélectionnés durant l'année par Jamel.

Des mots d'amour pour guérir les maux

Jamel ne manque jamais une occasion de dire à quel point sa femme, la journaliste Melissa Theuriau, et ses enfants, Léon et Lila, sont importants pour lui. Dans les colonnes de *Madame Figaro*, il a confié qu'ils l'avaient même aidé à ne plus dissimuler son handicap : « *Pendant des années je cachais mon bras pour ne gêner ni moi ni les autres. Et puis ma femme ou mes enfants prenaient ce bras et le sortaient. Ils avaient raison : il ne faut pas nier les choses, il faut mettre des mots dessus.* »

Changement de cap en 2015 avec un nouveau défi : Jamel passe derrière la caméra pour la première fois avec *Pourquoi je n'ai pas mangé mon père*, où il dirige, entre autres, son épouse Mélissa Theuriau et son ami Arié Elmaleh.

Retour aux fondamentaux en 2017 avec *Maintenant ou Jamel*, seul en scène avec lequel il part en tournée pendant plus de deux ans, tout en continuant à faire bien d'autres choses.

C'est sans relâche que Jamel alterne scène, cinéma, télé, production, participations diverses et variées aux spectacles de certains de ses amis, et même au clip de Stromae ! Pas étonnant qu'en juin 2019, il annonce son intention de lever le pied pour se consacrer davantage à sa femme et ses enfants !

LE *JAMEL COMEDY CLUB*, LE STAND-UP À LA FRANÇAISE

« Faites un maximum de bruit pour… » c'est avec cette formule que Jamel Debbouze, figure emblématique du stand-up français, demandait au public d'accueillir les comiques débutants qu'il avait repérés et auxquels il offrait une incroyable visibilité ! Véritable tremplin vers le succès, le *JCC* a lancé la carrière d'un bon nombre d'humoristes aujourd'hui incontournables. Et ce n'est pas Blanche Gardin, Malik Bentalha, Fabrice Eboué ou Fary qui diront le contraire !

Jamel avec trois de ses découvertes, Fabrice Eboué, Amelle Chahbi et Thomas N'Gijol.

Le stand-up, l'art de la tchatche « nue »

Le 30 juillet 2006, c'est avec une énergie communicative et sur un rythme d'enfer que Jamel présente pour la première fois le *Jamel Comedy Club* sur Canal+. Sur scène, quatre inconnus se succèdent : Thomas N'Gijol, Yassine, Claudia Tagbo et Alexis Macquart, quatre jeunes humoristes venant du stand-up, encore balbutiant à l'époque.

L'émission étant calquée sur le *Def Comedy Jam*, programme créé par Russel Simmons dans les années 90, Jamel a racheté le concept et le logo aux Américains. Car c'est bien eux qui ont inventé le stand-up et, ce qu'on sait moins, dès la fin du XIXe siècle ! La particularité du stand-up, c'est que le comique s'adresse directement au public, sans accessoire, sans décor, sans musique, avec seulement un micro. Il peut raconter des anecdotes, faire des observations sur le quotidien, entrer en interaction avec le public… Qu'importe, le principal étant qu'idéalement, le comique doit provoquer un rire toutes les vingt secondes, tout en donnant l'impression qu'il s'agit non pas d'un texte mais de réflexions improvisées.

La troupe du *JCC*

Pour dénicher les jeunes talents qu'il va présenter dans son émission, Jamel recrute en premier lieu les meilleurs comédiens de la troupe de stand-upeurs du *Comic Street Show* et des autres scènes ouvertes de Paris et des environs.
Présenté sur Canal+ tous les samedis soirs durant l'été, pour les apprentis humoristes le *Jamel Comedy Club* devient très rapidement l'émission qu'il faut faire si on veut percer.
Durant environ 30 minutes d'antenne, quatre comiques défilent tour à tour au micro pour une prestation de près de cinq minutes par personne. Entre chaque prestation, Jamel revient sur scène, relance le spectacle, « ambiance » la salle, présente l'artiste suivant.
Dans le public - comme sur la scène ! - des jeunes issus d'une France multiethnique qu'on ne voyait alors que très peu à la télévision.
Pendant trois saisons, de 2006 à 2008, l'émission rencontre un succès grandissant. Parallèlement à la télévision « la troupe à Jamel » se produit sur les scènes les plus prestigieuses de France. En trois ans, le *Jamel Comedy Club* est devenu un véritable phénomène de société.

Le Comedy Club

Fort de ce succès, Jamel achète un ancien cinéma boulevard Bonne Nouvelle où il inaugure, en 2008, le Comedy Club. Pouvant accueillir 120 spectateurs, l'objectif de ce café-théâtre reste le même que celui de l'émission de Canal+ : révéler de jeunes talents pour dénicher les humoristes de demain.
Désormais, les représentations du *Jamel Comedy Club* se font dans cette salle de spectacle, aujourd'hui légendaire. Chaque représentation engage onze artistes, tenus de tchatcher pendant près de sept minutes.
Depuis 2013, les meilleurs humoristes de la saison sont susceptibles d'être retenus par Jamel pour partir en tournée, monter sur de grandes scènes, voire participer à des Festival comme le Montreux Comedy ou le Marrakech du Rire. C'est d'ailleurs à Jamel qu'on doit ce dernier festival, devenu en quelques années un lieu incontournable de l'humour.
Décidément, il en a de bonnes idées le petit gars de Trappes quand il s'agit de nous faire rire !

ON DIT MERCI QUI ? MERCI JAMEL !

Sur la centaine d'humoristes en herbe passée par le *JCC*, nombreux sont ceux qui ont réussi à percer. Quelques-uns sont peut-être même en passe de devenir aussi célèbres que leur mentor ! En tout cas, pour les 15 suivants c'est bien parti :

Malik Bentalha
Fabrice Eboué
Mustapha El Atrassi
Fary
Blanche Gardin
Alban Ivanov
Jarry
Kheiron
Le Comte de Bouderbala
Nawell Madani
Mathieu Madénian
Thomas N'Gijol
Shirley Souagnon
Claudia Tagbo
Thomas VDB

LE *JCK*

Fort du succès du *Jamel Comedy Club*, en 2016 Jamel décide de décliner son émission en une formule pour les enfants de 5 à 10 ans, le *Jamel Comedy Kids*. Sur scène, des gamins qui n'ont pas la langue dans leur poche, revisitent les sketchs les plus connus des artistes comiques français, chaque émission étant d'ailleurs parrainée par un humoriste. Une *École des Fans* 2.0 en quelque sorte, où Jamel fait son Jacques Martin !

À LA RADIO AUSSI ÇA TCHATCHE

Depuis janvier 2010, le *Jamel Comedy Club* est décliné à la radio dans une émission hebdomadaire, le *Comedy Club Live*, animée par Yacine, Shirley Souagnon et Dédo. Enregistrée chaque mercredi à 18 heures au *Comedy Club*, l'émission est ensuite diffusée par la radio *le Mouv'*.

« LES HOMMES C'EST COMME LA NEIGE, ON NE SAIT JAMAIS COMBIEN DE CENTIMÈTRE ON AURA NI COMBIEN DE TEMPS ÇA TIENDRA. »

LES CHEVALIERS DU FIEL

NICOLAS CANTELOUP

Cyril Hanouna, François Hollande, Jean-Jacques Bourdin, Nicolas Sarkozy, Nelson Montfort, Nikos,... Mais aussi Ségolène Royal, Laeticia Hallyday, Anne Hidalgo... Nicolas Canteloup peut tout faire, ou presque. Homme, femme, voix grave, aiguë, l'important ce n'est pas la voix, dit-il, c'est l'œil, capter ce qui fait la spécificité de quelqu'un, un tic, un geste. Comme ces O tout rond articulés par Ségolène Royal. Une fois que Nicolas a vu ce rond que faisait sa bouche, il a entendu : Ségolène Royal ne dit pas « *politique* », mais « *poulitique* » !

« Nous n'allons pas refaire les mêmes erreurs... ...Nous allons en faire de nouvelles. »

Jean-Pierre Raffarin/Canteloup

L'imitation ou l'équitation ?

Nicolas Canteloup est né en 1963 à Mérignac, près de Bordeaux. Son père est directeur d'agence des PTT (La Poste, ou presque, pour les plus jeunes de nos lecteurs !) et sa mère élève ses trois garçons, Nicolas ayant deux grands frères, Jean-Paul (qui se suicide quand l'imitateur a 17 ans) et Didier. Il a aussi des tas de copains avec lesquels il touche à tous les sports. C'est d'ailleurs devant ses copains qu'à 12 ans il va connaître son premier succès : appelé sur scène lors d'une fête du club de sport, il fait une imitation de Coluche et Dalida qui fait un tabac !
À 14 ans Nicolas découvre ce qui va devenir la grande passion de sa vie : les chevaux. Il passe la porte d'un centre équestre et c'est la révélation. Il rêve d'en faire son métier. Pour rassurer ses parents, le jeune homme passe son bac puis part faire du droit. Belmondo, le commissaire Moulin, ainsi qu'une notion assez tranchée du bien et du mal, lui ont donné l'envie d'entrer dans la police ! Une ouïe défectueuse fait s'effondrer ses rêves de commissaire. Il plaque le droit et passe deux ans au centre U.C.P.A. de Segonzac, en Corrèze, afin de préparer et passer haut la main le monitorat d'équitation. Son diplôme en poche, il devient moniteur à Brive-la-Gaillarde. En 1991, il est recruté par le Club Med de Pompadour : moniteur d'équitation dans la journée, animateur-imitateur le soir. S'ils le trouvent parfait en tant que moniteur, les vacanciers l'apprécient également beaucoup sur scène, adorant notamment ses imitations des autres moniteurs !
Ce que Nicolas ignore, c'est que parmi ses élèves du cours équestre, il y a un certain François Bernheim, auteur-compositeur à succès. C'est ce dernier qui va lui suggérer de monter à Paris pour tenter sa chance. Ira, ira pas ? Finalement, Nicolas part à l'assaut des cabarets parisiens.

Une ascension fulgurante !

À Paris, Nicolas contacte les cabarets les uns après les autres, fait ses armes dans des salles minuscules, affronte des spectateurs bruyants, mâchonnant, chahuteurs. Mais cela lui permet de s'améliorer, d'enrichir son répertoire de voix, de prendre de l'assurance.
Le patron du Dagobert, un cabaret de Clichy, le « harcèle » pour qu'il envoie une cassette de ses imitations aux *Guignols* de Canal+. Nicolas l'écoute et le 13 novembre 1995 sa carrière décolle : entré pour imiter Nagui, il se fait une place dans la bande des *Guignols*, devenant la voix de Fabien Barthez, Richard Virenque, Stéphane Bern,

Ça fait drôle un Canteloup avec des cheveux ! Et pourtant promis, c'est bien lui, au début des années 90.

François Bayrou, Aimé Jacquet et autres Douste-Blazy. Son travail à Canal+ ne l'empêche pas de continuer le cabaret, et heureusement puisque c'est là que Patrick Sébastien – qui produira son premier spectacle – le repère. En 1998, l'imitateur rencontre Jean-Marc Dumontet, producteur et propriétaire de salles de spectacles parisiennes, qui le soutient et l'aider à élargir son « champ d'action ».
À la télévision, c'est dans l'émission de Michel Drucker, *Vivement Dimanche prochain*, qu'il se produit à partir de 2003. Cette nouvelle étape va être décisive, car si pour l'instant le public connaît sa voix grâce aux *Guignols*, peu de gens connaissent son visage. Grâce à Michel Drucker, c'est chose faite : la France entière découvre ce grand type, mince, gentil, et chauve !
À la radio, il officie sur Rire et Chansons jusqu'en 2005, année où il arrive sur Europe 1 pour créer sa fameuse *Revue de presque* ! Présentée avec Julie, cette chronique d'une dizaine de minutes est aussi hilarante que « décoiffante ». Très vite les audiences explosent et nombreux sont ceux qui ne partent au travail qu'à 8h51, après le show Canteloup ! Nelson Montfort, Laurent Cabrol, Guillaume Durand, DSK, Anne Hidalgo… qui choisir ? S'il le faut vraiment, eh bien moi je vote pour Jean-Jacques Bourdin et Rémi, le chauffeur de taxi, son sempiternel auditeur ! À mourir de rire !
Le matin sur Europe 1, à 20 heures sur Canal+, le dimanche chez Drucker… parallèlement à toutes ses prestations, l'imitateur présente son premier spectacle *Tous des Guignols*, puis un second, *Méfiez-vous des imitations*, qui rencontrent un succès croissant. Son troisième spectacle, simplement appelé *Nicolas Canteloup*, rencontre un formidable succès populaire.
En 2008, l'humoriste crée son quatrième one-man-show, *Deuxième couche*, avec lequel il triomphe à Paris avant une tournée de trois ans qui est vue par plus de 500 000 spectateurs ! Retransmis en direct sur France 2, le spectacle est regardé par six millions de téléspectateurs. Canteloup y propose de nouveaux personnages : Raphaël Nadal, Lætitia Hallyday, Raymond Domenech, Yannick Noah, Jean-Louis Borloo… …

« Quand je vois Sarko et Obama, j'ai l'impression de voir un Playmobil et une star du basket ! »

« Bonjour zatoute tétatousse »

L'homme qui murmurait à l'oreille des chevaux

Devenu extrêmement populaire, l'imitateur est recruté par TF1 à partir d'octobre 2011 pour présenter *Après le 20h c'est Canteloup*, aux côtés de Nikos Aliagas. Tous les soirs, après le journal télévisé, l'humoriste revisite l'actualité du jour avec impertinence et en parodiant des personnalités.
En 2013, l'émission devient *C'est Canteloup*, puis en 2018, Nikos est remplacé par Alexandra Sublet.
Comme le dit si bien le titre de son dernier spectacle *Nicolas Canteloup n'arrête jamais*. Et quand il arrête, c'est pour aller murmurer à l'oreille de chevaux.
Car Nicolas monte tous les jours, il en a un besoin vital. Pour lui l'équitation est bien plus qu'un sport, c'est une philosophie, une éthique, un mode vie. C'est à travers elle qu'il se ressource, et qu'il éduque même ses enfants, sans télé, sans portable, sans jeux vidéo, ni Internet. Juste grâce aux chevaux.
À l'écart du show-biz, très secret, l'humoriste ne révèle rien de sa vie privée, ni le nombre de ses enfants, ni le prénom de sa femme. S'il y a des centaines de voix dans ce solide gaillard, il y a également deux Nicolas. Celui qui fait rire et balance des vannes parfois cinglantes, et l'autre, le cavalier, silencieux et « *profondément gentil* », dit-on unanimement. Ses parents le confirment, qui se souviennent qu'au soir du suicide de Jean-Pierre, son frère aîné, Nicolas, bouleversé devant leur détresse, leur avait promis qu'un jour il les rendrait heureux… Promesse tenue.

Chassez le naturel, il revient au galop… Avec un bonnet d'âne et un dossard au nom de François Fillon, l'humoriste se moque d'une de ses cibles favorites.

Cavaliers de père en fille

En 2016, Nicolas Canteloup est devenu vice-champion de France major, pour les plus de 40 ans, dans la catégorie concours complet. Un an plus tard, c'est sa fille Anouk qui devient championne de France minime également en concours complet et alors qu'elle n'a que 13 ans ! Dans un entretien à *Psychologie Magazine*, l'humoriste affirmait que l'équitation lui avait permis d'élever ses enfants : « *C'est le meilleur moyen de faire passer des valeurs essentielles à ses enfants : le courage, il en faut pour monter sur un animal ; l'humilité, parce qu'on peut tomber à tout moment, et qu'on manipule la terre, le foin, la paille, le fumier… ; la régularité et la persévérance, parce qu'un animal se soigne tous les jours ; et l'attention à l'autre.* »

INIMITABLES IMITATEURS !

Jean Valton, Claude Véga, André Aubert, trois noms qui n'évoquent aucun souvenir. Il faut dire que si l'imitation occupe aujourd'hui une place de choix sur la scène comique, cela n'a pas toujours été le cas. En effet, il faut attendre les années 70 et 80 et le succès de Thierry Le Luron pour que la discipline devienne un spectacle à part entière. Cinquante après, le goût des Français pour l'imitation n'a pas faibli, pour preuve la présence de Nicolas Canteloup sur le podium de nos humoristes préférés ! C'est d'ailleurs pour cette raison que ni lui, ni Thierry Le Luron, Laurent Gerra ou Patrick Sébastien ne sont évoqués ici, leur notoriété et leur carrière justifiant qu'on évoque leurs parcours séparément et plus longuement dans l'ouvrage. Mais pour l'instant, occupons-nous de quelques autres talentueux faussaires !

FAITES AAAH !

Selon le docteur Jean Abitbol, ORL, les imitateurs ont la particularité d'avoir une corde vocale plus longue que l'autre, ce qui leur permet de moduler plus facilement le timbre de leur voix.

Gérald Dahan

Ayant obtenu en 1986 le prix du plus jeune imitateur lors du championnat de France d'Angoulême, Gérald Dahan monte à Paris où il écume les cabarets. Quatre ans plus tard, il rejoint l'équipe de Laurent Ruquier dans *Rien à cirer !* sur France Inter. Mais ce sont surtout ses canulars téléphoniques sur la radio Rire et Chansons qui le révèlent au grand public : imposteur habile et ingénieux, il parvient à piéger un grand nombre de personnalités politiques ou médiatiques grâce à son talent d'imitateur. On se souvient par exemple de cet épisode incroyable où, appelant Zinedine Zidane avec la voix de Jacques Chirac, il réussit à ce que tous les joueurs de l'équipe de France chantent *La Marseillaise* la main posée sur le cœur avant le début d'un match contre l'Irlande en 2005… Chapeau bas !

Michaël Gregorio

Vous avez raté Shakira en concert ? Vous rêviez d'entendre Jacques Brel sur scène ? Pas de problème, courez voir Michaël Gregorio : avec lui c'est quarante concerts pour le prix d'un ! Mickaël Jackson, Thomas Dutronc, Michel Berger, Édith Piaf, Ray Charles, Mylène Farmer, Christophe Maé, Billie Holiday, Nirvana, Johnny Halliday, les Rolling Stones, U2… Mickaël imite tous les chanteurs, ou presque ! Né en 1984, il participe en 2001 à l'émission *Graines de stars* sur M6, qu'il remporte deux fois dans la catégorie Imitateur. Produit par Laurent Ruquier depuis 2005, ses spectacles se jouent à guichets fermés. À noter que la seule voix « parlée » qu'il imite est celle d'Élie Semoun.

Didier Gustin

Né en 1966, Didier Gustin crée son premier spectacle en 1987. Également acteur, il a collaboré avec de nombreux humoristes comme Pierre Palmade, Jean-Marie Bigard ou encore Michel Boujenah. Capable d'imiter plus de 200 voix, Didier Gustin a toutefois une prédilection pour les chanteurs, passant sans problème de Jacques Brel à David Bowie, ou d'Étienne Daho à Enrico Macias.

Marc-Antoine Le Bret

Attention, gros talent ! Né en 1985, Marc-Antoine est le petit nouveau qui monte. En 2011, il fait sa première télé chez Patrick Sébastien. Rapidement, il accède à la notoriété grâce à des émissions comme *Touche pas à mon poste* ou *On n'est pas couché !* Parodiant également la gestuelle des personnalités qu'il égratigne, il se démarque de ses confrères en imitant des voix « nouvelles » comme Cyril Hanouna, Vincent Cassel, Yann Barthés, Philippe Katherine, Cyril Lignac ou Lòrant Deutsch.

OÙ SONT LES FEMMES ?

Je ne sais pas s'il y a une différence anatomique entre les cordes vocales des hommes et les nôtres, mais, quoi qu'il en soit, le très petit nombre de femmes imitatrices interroge… Citons toutefois Sophie Darel puis Chantal Gallia dans les années 70 et 80, et, plus récemment, Sandrine Alexi (voix féminine dans *Les Guignols*) ou Véronique Dicaire, québécoise spécialisée dans les imitations chantées.

Allez les filles, donnez de la voix !

Yves Lecoq

Né Yves Louis Georges Lecoquierre-Dubois de La Vigerie, Yves Lecoq n'a pas toujours eu pour vocation de faire rire. Diplômé en histoire de l'art, après des débuts comme antiquaire, il décide de tout abandonner pour tenter sa chance. Virtuose de l'imitation, il écume alors les scènes de cabaret jusqu'à se faire repérer par un producteur. S'ensuit une carrière prolifique, que ce soit à la télévision, dans la chanson, à la radio ou sur scène. Capable d'imiter plus de 300 voix, il est pendant des années le pilier des *Guignols de l'info* sur Canal+. Parmi toutes ses imitations incroyables, celles du présentateur Patrick Poivre d'Arvor et de Jacques Chirac sont particulièrement… inimitables !

Michel Leeb

Après des études de philosophie, Michel Leeb devient professeur. Ses élèves seront les premiers à apprécier ses talents d'imitateur. Très vite, il abandonne l'enseignement pour tenter sa chance dans le spectacle. S'il devient célèbre au début des années 80 grâce à ses imitations, c'est également un excellent musicien et un chanteur. Si elles ne suscitèrent que peu de réactions lors de leur création, certaines de ses imitations utilisant des clichés caricaturaux voire racistes seraient aujourd'hui inacceptables. Si Michel Leeb continue de remplir les salles de spectacles et les théâtres, c'est désormais essentiellement en tant qu'acteur.

Dany Mauro

Quitte à avoir la tête de Benoît Poelvoorde, les cheveux de Vladimir Poutine, les yeux de Marine Le Pen et les cordes vocales de Florent Pagny, autant en profiter !

Sans céder à la trivialité, Dany manie lucidité et cynisme pour égratigner les politiques et les « peoples ». Ex-chroniqueur dans la troupe d'Anne Roumanoff sur Europe 1, s'inscrivant autant dans la grande tradition des chansonniers que dans l'esprit du stand-up, Dany tire son épingle du jeu grâce à une écriture acérée et à un sens aigu de l'observation du quotidien.

Jean Roucas

Découvert dans les années 80, Jean Roucas est devenu célèbre grâce au *Bébête Show* de Stéphane Collaro sur TF1, où il se livrait à des imitations et des parodies d'hommes politiques. À la même période, il anime à la radio *Les Roucasseries du midi*, l'un des programmes les plus écoutés d'Europe 1 à l'époque. À partir de 1994 et l'arrêt de ses émissions, il connaît une période difficile que ses engagements politiques et ses dérapages « extrémistes » ne feront qu'accélérer.

KEV ADAMS

« Tu te demandes si ton mec se brosse vraiment les dents ?! Envoie "GENCIVE" au 92 200. »

Tout commence dans la cour de récréation. Kevin – parce que sa mère adorait Kevin Costner – Smadja est la risée de ses camarades de classe. Surnommé « *calculette* » en référence à son acné et « *trident* » à cause de son appareil dentaire, affichant également un léger embonpoint, le jeune garçon découvre que, grâce aux vannes, « *les gens font abstraction du physique* ». Sacrée revanche pour le gamin un peu trop enveloppé : il est aujourd'hui un poids lourd de l'humour !

Je serai Leo !

Kev Adams, de son vrai nom Kevin Smadja donc, est né en 1991 à Paris.
Il a deux frères plus jeunes que lui, Noam et Lirone, dont il rappelle fréquemment à quel point il est proche. Jusqu'à sa démission pour veiller sur son fils quand arrive le succès, sa mère travaillait dans le secteur bancaire.
Son père, lui, exerce dans l'immobilier, après que le magasin de téléphonie qu'il avait monté sur les Grands Boulevards à Paris a fait faillite.
C'est sur ces mêmes Grands Boulevards, au cinéma Le Grand Rex, qu'à 7 ans Kevin trouve sa voie : sortant de *Titanic*, le film de James Cameron, il dit sa mère « *je veux faire Leonardo DiCaprio !* » Kevin s'inscrit dans des cours de théâtre, car il en est sûr, son avenir est sur les planches.
Alors qu'il est adolescent, sa famille déménage. L'adolescence, la pire période ! Celle de l'acné, des cheveux gras, de l'appareil dentaire… Kev raconte : « *Nous avons déménagé de Pantin, une commune très populaire, pour Neuilly, très guindée. J'étais considéré comme une racaille, personne ne voulait me parler. Un jour, un type qui n'était pas plus méchant que les autres m'a dit : "Tu viens, la calculette ?" À cause des boutons, bien sûr. Lui était très poilu et je lui ai répondu un truc du genre : "J'arrive, terre des ours." Tout le monde a éclaté de rire et j'ai commencé à exister en devenant le mec drôle de la bande.* » Kevin vient de comprendre que le rire est la meilleure des armes contre la bêtise. Il ne veut plus être Leo DiCaprio, il sera Gad Elmaleh, son autre idole !

Une ascension fulgurante !

Kevin consacre l'intégralité de son temps libre à sa passion. Tout en continuant les cours de théâtre, il passe ses mercredis après-midi à courir les castings pour décrocher un petit rôle : « *Ma mère m'inscrivait à tout : pubs, films institutionnels, téléfilms, films de cinéma. Et je n'essuyais que des refus. Tant de non, tant de rejets ont fini par me décourager. Je suis rentré un jour en disant : "Ça ne marchera jamais." Et c'est là, en fait, que tout s'est débloqué. J'ai commencé à écrire.* »
À 17 ans, Kevin écrit son premier spectacle *The Young Man Show* dans son cahier d'histoire-géo. Un bac littéraire en poche, il déserte vite les cours de droit de l'université de Nanterre pour se consacrer entièrement à sa carrière.
Pendant que ses copains usent les bancs de la fac, lui teste ses blagues sur des scènes ouvertes, où des humoristes en herbe ont cinq minutes pour convaincre.
Et c'est là que son destin va basculer : lors d'une de ces scènes ouvertes, il tape dans l'œil d'Élisa Soussan, la productrice d'Anne Roumanoff.
Les choses vont alors aller à une vitesse incroyable ! À partir du 1er octobre 2009, il interprète son premier spectacle intitulé *The Young Man Show*. Kev a à peine 18 ans. Le lycée, les copains, les filles, les parents, autant de sujets qu'il connaît

« Tu vois, les lycées en Amérique, ça s'appelle "Weston High School" et toi t'es au lycée "Marie-France Joëlle" ! »

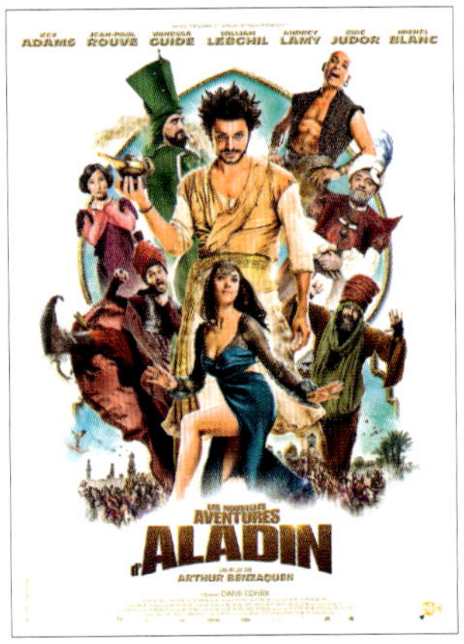

parfaitement et qui parlent aux jeunes de sa génération. Le spectacle est un succès et fait le tour de France.
L'année suivante, en 2010, – après avoir fait la première partie de Gad Elmaleh au Palais des sports ! – Kev participe à *On n'demande qu'à en rire*, la nouvelle émission de Laurent Ruquier. « *Il était déjà plus professionnel que les autres, il ne laissait pas de place au hasard* », se souvient l'animateur.
Avec son t-shirt noir siglé « *I Love Kev Adams* », le jeune humoriste frappe les esprits. En avril 2011, après 23 passages, Kev quitte le programme.
« *Cette émission a été un tremplin, un accélérateur et il a eu l'intelligence de s'arrêter au bon moment* », ajoute Laurent Ruquier.
La suite tient en quatre lettres : *Soda*, le verlan pour « ados ». Diffusée entre 2011 et 2015, la série est un énorme carton ! Kev y interprète Adam Fontella, lycéen cancre qui passe sa vie avec ses deux meilleurs amis, Slimane et Ludo, et qui essaye de trouver un moyen pour faire craquer les filles.
Au bout de trois saisons la série n'est pas reconduite, non pas à cause des audiences, mais car les acteurs sont jugés trop vieux pour continuer à jouer des adolescents. Qu'importe, le nom et le visage de Kev sont désormais bien connus du grand public, spécialement des ados qui le hissent en tête de leurs personnalités préférées. La fusée Kev Adams est définitivement lancée !

Consécration, gloire et plus si affinités

Kev n'arrête plus, il enchaîne plateaux, scènes et tournées...
En 2013, *Voilà, voilà !*, son second one-man-show, reçoit un accueil enthousiaste.
La même année, il « explose » au cinéma, attirant par sa présence au casting 4 millions de spectateurs pour *Les Profs*. Puis c'est son duo avec Franck Dubosc dans *Fiston* qui rassemble près de 2 millions de spectateurs. Deux ans plus tard, il réitère son exploit avec *Les Profs 2* (3,5 millions de spectateurs) et *Les Nouvelles aventures d'Aladin* (4,5 millions de spectateurs), soit les deux plus gros succès français de l'année 2015 !
Si ses films suivants (*Gangsterdam*, *Tout là-haut*, *Amis publics* ou *Love addict*) ne dépassent pas le million d'entrées, il peut se consoler avec le triomphe de *Tout est possible* en 2016, spectacle joué en duo avec Gad, son idole.
Comme lui d'ailleurs, Kev commence à rêver d'une carrière internationale. Après avoir passé sans succès les castings de *Star Wars, épisode VII : Le Réveil de la Force* et *Terminator Genisys* pour des petits rôles, l'humoriste fait enfin ses premiers pas sur les écrans américains en 2018 dans *L'Espion qui m'a larguée*. Ce n'est qu'un début, mais il semble que Kev ait bien l'intention de persévérer et de percer en dehors de l'hexagone.
Car pour ce qui est de la France, pas de doute, Kev reste une valeur sûre du paysage comique, tant au cinéma que sur scène.
Pour preuve, les près de 3 millions de spectateurs d'*Alad'2* malgré des critiques désastreuses, et la tournée à guichets fermés de son nouveau spectacle *Sois 10 ans* en 2019.
Et parce que mine de rien, l'ado de *Soda* flirte avec la trentaine et a déjà derrière lui plus de 10 ans de carrière !

Une sacrée marraine de spectacle

Après avoir parcouru des centaines de castings depuis ses quinze ans, Kev a rencontré sa marraine artistique, l'humoriste Anne Roumanoff. Il venait tout juste d'avoir 18 ans et se remémore avec émotion leur rencontre dans *Télé Star* : « *C'est la première personne connue dans ce métier qui m'a pris sous son aile. Au début [...] elle était assez autoritaire avec moi, un peu comme une prof [...] je lui dois énormément.* »

Preuve de son ascension fulgurante, en 2017 Kev à droit à son sosie de cire au Musée Grévin. Il est le plus jeune pensionnaire à avoir un tel honneur !

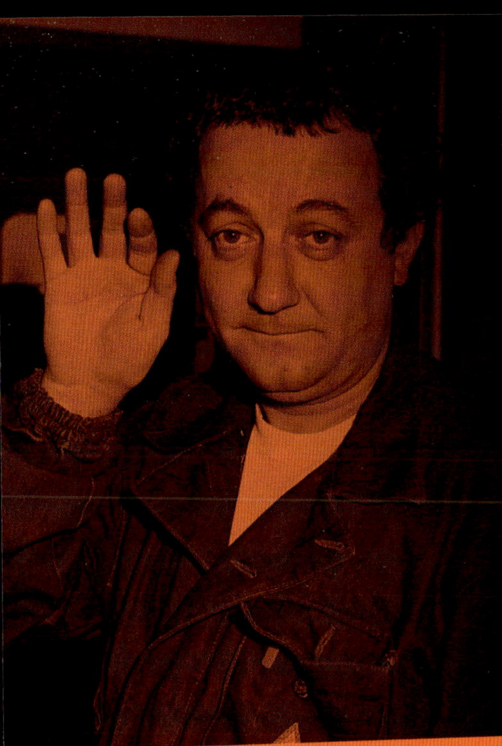

« LA DROITE A GAGNÉ LES ÉLECTIONS.
LA GAUCHE A GAGNÉ LES ÉLECTIONS.
QUAND EST-CE QUE CE SERA LA FRANCE
QUI GAGNERA LES ÉLECTIONS ? »

COLUCHE

« IL ME FAISAIT TELLEMENT
PEUR CE PITBULL QUE LORSQUE
JE LE DESCENDAIS
C'EST MOI QUI PISSAIS. »

DANY BOON

« LE BLOND IL EST TAILLÉ
EN V, COMME MOI,
MAIS À L'ENVERS. »

GAD ELMALEH

GASPARD PROUST

Jean, veste noire, chemise claire, cheveu flou romantique, mine avenante, pas un mot plus haut que l'autre, aucun effet théâtral. Ne vous fiez pas à son air de garçon poli, Gaspard Proust excelle dans l'humour noir, cynique et mordant. « *L'avantage de la colonisation sur la mondialisation, c'est qu'elle n'emmerdait que les Noirs. D'où cette question philosophique : est-ce qu'il vaut mieux faire souffrir tout le monde dans l'égalité ou moins de gens dans l'injustice ?* » assène-t-il par exemple. Ça grince dans le public, ce sont les fauteuils ou des dents ? On vous avait prévenu, Gaspard Proust ose tout !

Musique classique

À 23 ans, Gaspard rêve de devenir chef d'orchestre : « *Cela représente tout ce que j'aimerais faire sur scène. Il donne tellement au public, tout en lui tournant le dos.* » Mais il est trop tard pour apprendre le piano, et que dire alors de la direction d'orchestre. Si pour notre plus grand plaisir l'humoriste s'est « rabattu » sur l'écriture et la scène, il n'oublie pas pourtant sa passion pour la grande musique. En 2018 il crée *Je n'aime pas le classique, mais avec Gaspard Proust j'aime bien !* Entouré d'un orchestre de quinze musiciens, il parvient à faire découvrir et apprécier aux plus rétifs quelques chefs-d'œuvre du répertoire.
Sinon, histoire de pratiquer un instrument, l'humoriste s'est mis... à la guitare électrique !

« Il faut avoir le courage de reconnaître que le nazisme a commis des erreurs. Envahir la Pologne au lieu de la Suisse, c'est comme habiter en face de la Banque centrale et braquer le kebab. »

Et Gašper devint Gaspard

Gašper Pust est né en 1976, à Novo Mesto en Slovénie, à l'époque en Yougoslavie. Rescapée du camp de Ravensbrück, sa grand-mère paternelle a perdu son grand amour, un résistant, avant d'épouser son grand-père slovène, enrôlé de force dans l'armée allemande. Gašper a un frère plus jeune que lui et une mère au foyer. Il a 6 ans quand le travail de son père conduit la famille à s'installer en Algérie. Après le slovène et l'anglais, le petit garçon apprend le français en trois mois à Alger.
En 1994, alors que des attentats secouent Alger, Gašper voit un policier se faire tuer devant lui, dans la rue, par une rafale de mitraillette. Alors qu'il est âgé de 17 ans, sa famille quitte l'Algérie. Direction Aix-en-Provence où le jeune homme finit sa terminale scientifique dans une institution catholique.
Son bac en poche, Gašper décide de faire HEC mais à Lausanne, en Suisse, pour accéder plus vite à des postes bien rémunérés. Ses études terminées, le voilà employé dans une banque spécialisée dans la gestion de fortunes, en charge des portefeuilles clients. Quand il voit son patron de 30 ans commencer à compter ses points retraite, Gašper lâche son job de riche. Il part à Chamonix où il claque le bonus indécent qu'il vient de toucher en gravissant plusieurs sommets des Alpes... et en achetant 6 000 disques de musique classique ! Car c'est à cette époque que Gašper découvre la musique classique et se noie dans Wagner, Liszt, Schubert et Mahler. C'est également à cette période qu'il se met à lire compulsivement Balzac et Dostoïevski. Le jeune homme veut devenir chef d'orchestre mais c'est trop tard. Il se rabat sur l'écriture, crée de petits textes qu'il soumet à l'approbation de ses amis ou à l'épreuve des scènes ouvertes, et découvre le plaisir de faire rire. Bientôt, la Suisse lui paraît trop petite. Gašper décide de partir mesurer son talent à Paris, et adopte un pseudonyme qui déforme à peine son vrai nom.

Rire jaune et humour noir

En 2007, Gaspard Proust joue son premier spectacle, *Sous-développé affectif*, et reçoit le prix du jury du Marathon du rire de Paris. L'année

suivante confirme son succès puisqu'il obtient encore plusieurs récompenses dont le premier prix du Festival juste pour rire de Nantes et le prix Paris fait sa comédie.
Séduit par ce jeune humoriste qui tranche dans le paysage de l'humour, le patron du célèbre Caveau de la République lui donne sa chance.
La performance de Gaspard Proust dure une vingtaine de minutes. Assez pour séduire Laurent Ruquier, venu un soir par hasard à l'endroit de ses débuts. Frappé par la « *qualité de l'écriture* » et « *cette absence de charisme qui en crée un* », le producteur jette son dévolu sur l'oiseau rare. « *Il n'osait pas aller vers une grosse machine,* explique l'animateur, *et moi je ne voulais pas l'emmener dans les salles où défilent tous les humoristes.* »
Du Studio des Champs-Élysées à la Cigale, la carrière de Gaspard Proust est lancée.
Entre 2009 et 2012, il participe de temps en temps à l'émission de Laurent Ruquier, *On va s'gêner* sur Europe 1, où il livre des chroniques littéraires brillantes et sensibles.
En 2010, il remporte le Prix Raymond-Devos pour son spectacle *Enfin sur scène ?* Puis c'est à la télévision qu'il finit d'asseoir sa notoriété naissante en succédant à Stéphane Guillon dans l'émission *Salut les Terriens !* de Thierry Ardisson sur Canal+. En 2011, il présente son troisième one-man-show, *Gaspard Proust tapine,* qui rencontre un vif succès.
L'année suivante, le cinéma lui faisant les yeux doux, Gaspard interprète le rôle principal de *L'amour dure trois ans,* réalisé par Frédéric Beigbeder et adapté de son roman éponyme. L'humoriste retrouvera l'écrivain/réalisateur une nouvelle fois en 2016 dans le film, *L'Idéal,* satire douce-amère du monde de la mode et de la beauté.
Parallèlement au cinéma et à ses chroniques, à partir de 2017, Gaspard revient avec un quatrième spectacle tout simplement intitulé *Nouveau spectacle,* avec lequel il part en tournée, revient sur scène à Paris, repart en tournée…
Comme ses précédents one-man-shows, le spectacle évolue au gré de ses interrogations, de ses colères et de ses indignations.
« *Je suis un cartésien désabusé : Je pense, donc je suis… mais je m'en fous.* ».
C'est ainsi que Gaspard se définit, et ce n'est pas faux. Par petites touches, il s'est dessiné un personnage de péroreur désinvolte, froid et cynique.
Cynique ? L'humoriste n'aime pas le mot : « *Michel Houellebecq a eu là-dessus une phrase assez juste : on se fait traiter de cynique dès qu'on se contente de décrire les choses comme elles sont.* »
Et pour ce qui est de dire les choses comme elles sont, il ne se gêne pas Gaspard !
Pierre Desproges osait rire de tout, Patrick Timsit se moquait des handicapés, Pierre Palmade se payait la tête des jeunes bourgeois. Gaspard Proust, lui, est « multicibles », affirmant qu'il se contente simplement d'observer le monde.
Mais est-ce de sa faute à lui, si le monde n'est pas toujours bien reluisant ?

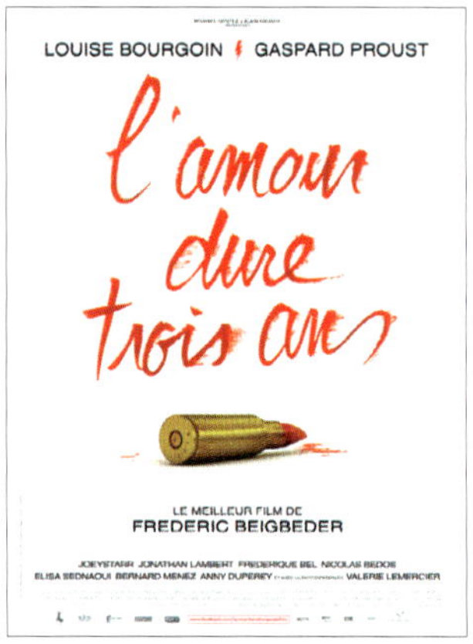

Un troisième one-man-show au titre qui sonne comme une provocation ! Mais Gaspard adore ça provoquer, secouer, bousculer, dépasser les bornes, même si parfois ça pique.

CQFD !

« Domestiquer un cul de veau pour en faire un soulier à 1 000 euros, c'est peut-être une des synthèses les plus abouties entre la préhistoire et la civilisation moderne. Habiller un pied, c'est le début de l'Histoire, c'est ce moment particulier où l'homme met une distance physique nécessaire entre son corps et la terre, séparant accessoirement par cet acte fondateur le cèpe de la mycose. »
Et nous qui pensions que c'était la découverte du feu qui avait tout changé…
Merci Gaspard !

« C'EST QUOI LA FRANCE DU XXIe SIÈCLE ? CELLE DES BALTRINGUES EN TROTTINETTE QUI ONT BESOIN D'UNE CELLULE PSYCHOLOGIQUE DÈS QU'ILS VOIENT UNE ENTRECÔTE DANS LA VITRINE D'UN BOUCHER ? »

GASPARD PROUST

BLANCHE GARDIN

« *Le Molière de la discrimination positive et de l'humour est décerné à ...* »
Tout à coup, un vent de folie souffle sur la 30e cérémonie des Molières. Sur scène, une jolie jeune femme bien coiffée et à l'air sage s'apprête à remettre le prix pour la catégorie Humour. C'est Blanche Gardin.
Après un discours hilarant et engagé, elle attaque la liste des nominés 2018 :
« *On a un Noir, un Arabe, un Réunionnais, une femme* [elle-même]. *Ils ont quand même glissé un «normal» : un mâle blanc de 40 ans. Autant te dire que tu vas rester assis ce soir Jérôme* [Commandeur], *à moins que tu sois pédé.* » La salle est pliée de rire.
Puis Blanche ouvre l'enveloppe :
« *Et le Molière est attribué... Putain je le savais : c'est moi ! En même temps je suis la seule femme nommée l'année de l'affaire Weinstein. C'est l'histoire de ma vie, le jour où j'ai un prix, il n'a aucune valeur. J'ai l'impression d'être un «rebeu» du 9-3 qui vient d'être admis à Sciences Po.* »
Un an plus tard, rebelote ! Blanche obtient son deuxième Molière de l'Humour, et termine son drôlissime discours de remerciement par un « *Merci, et à l'année prochaine.* »
Sûr qu'on n'a pas fini d'être secoués par la tornade Blanche !

« Depuis qu'on a compris que Daesh n'était pas une marque de lessive, c'est tendu. »

D'errances en turbulences

Blanche naît en avril 1977, à Suresnes, dans une famille « *limite catalogue de la Camif* ». Un père professeur de linguistique à la fac, une mère traductrice et auteure de livres pour enfants, un frère et une sœur plus âgés, plein de cousins, de voisins... La petite fille a du mal à trouver sa place, elle court dans la maison en criant « Mort aux bourgeois ! »
À 17 ans, Blanche va plus loin dans la révolte : avec une copine, elle fugue pour aller se suicider à Amsterdam ! Finalement, les deux ados changent de programme et filent en Italie. Au bout de deux mois, Blanche envoie une lettre à ses parents, elle leur dit de ne pas s'inquiéter pour elle, de faire comme si elle avait un cancer (aujourd'hui encore elle culpabilise de ce qu'elle leur a fait subir « *mes parents ont pris 10 ans, j'ai flingué leur vie.* »)
À Naples, ce n'est pas vraiment la *dolce vita* : la manche, les squats, les punks à chiens, la mort par overdose de son petit ami... Blanche revient au bout de neuf mois, quinze jours avant de passer son bac.
Espérant que leur fille finirait par rentrer, ses parents l'avaient inscrite en candidat libre. Pendant deux semaines son père la soumet à un rattrapage intensif : Blanche décroche son bac.
Courte pause pour ses parents à qui elle annonce qu'elle va préparer un CAP ébénisterie. Elle abandonne après six mois : « *Les conversations racistes de mon maître de stage et Michel Sardou toute la journée, au bout d'un moment j'ai compris que j'allais pas pouvoir...* »

De la socio aux Intermitos

La jeune fille atterrit finalement sur les bancs de la fac de Nanterre où elle commence des études de sociologie.
Et là, sans trop savoir pourquoi, elle adore ! Elle rencontre des profs passionnants, elle travaille avec une assiduité qu'elle n'imaginait pas.
En 2001, DEA de sociologie en poche, Blanche devient éducatrice spécialisée dans des foyers d'aide à l'enfance de la banlieue parisienne. C'est durant cette période qu'elle perd son père, décédé d'un cancer. En 2017, elle confiera, dans *L'Obs* : « *J'étais dévastée par ce deuil. Je traînais ma carcasse dans un métier pour lequel je n'avais pas le moindre talent.* »
Pour passer le temps et s'amuser un peu, Blanche tourne des vidéos humoristiques avec deux copains sous le nom des Intermitos.
Très vite, leurs sketchs arrivent sur le bureau de Karl Zéro...

Remarquée par Karl Zéro, révélée par Jamel Debbouze

Conquis, Karl Zéro invite Les Intermitos à participer à son émission *Le vrai journal*. Pendant six mois, ils vont y créer des sketchs déjantés sur l'actualité. Premiers succès et début d'une nouvelle vie !
En 2006, quand *Le vrai journal* s'arrête, Kader Aoun, producteur et complice

En 2017, Blanche parle toute seule, mais de plus en plus de gens l'écoutent !

Attention, certains propos sont susceptibles de heurter… les jeunes oreilles !

Trash et cash, débordants de mots très crus, abordant des sujets pouvant choquer, les spectacles de Blanche Gardin sont interdits aux moins de 17 ans ! Le public est averti, et Blanche très claire : « *Je parle de cul à des adultes consentants. La vraie vulgarité c'est de ne pas avoir conscience de la manière dont cela va être reçu […] La sexualité reste un îlot préservé, un thème sur lequel on peut tous s'entendre* ».

Blanche Gardi(e)n de la paix !

Sur les conseils d'un de ses profs de fac, Blanche va endosser l'uniforme de la police. « *Je voulais faire mon DEA sur l'incorporation de la culture policière. Je suis entrée en sous-marin chez les flics comme agent de sécurité. Trois mois d'internat avec les gardiens de la paix, à apprendre à tirer, saluer le drapeau à 7 heures du matin, en mode schizo. Puis j'ai fait la circulation au Sénat, gardé le domicile de Fabius… J'avais un petit automatique. Ça s'est bien passé. Je me suis limite trouvée sexy !* »

> « Je suis entrée dans la catégorie flippante de la nana célibataire, toujours pas d'enfant, avec des ovaires qui doivent ressembler à François Hollande. »

de Jamel Debbouze, propose à Blanche de rejoindre l'aventure du *Comedy Club*. La jeune femme accepte, sans savoir vraiment dans quoi elle s'embarque « *J'étais la seule fille au milieu de tous ces mecs, des grandes gueules qui pour certains avaient déjà leur spectacle : Fabrice Eboué, Thomas N'Gijol, Bun Hay Mean… J'ai un peu souffert !* »
C'est l'heure des premières confrontations avec le public. Blanche doit trouver son style, apprivoiser la scène. À la même époque, elle découvre l'univers du stand-up américain, et tout particulièrement Louis C.K. Pour Blanche, c'est un électrochoc : « *Tout à coup, je vois des gens qui montent sur scène avec des névroses, qui arrivent à faire rire à des moments où normalement on a peur, on est mal à l'aise. Ça m'a scotchée. Sauf qu'à l'époque je ne me sentais pas assez légitime pour aller dans cette direction… J'avais l'impression qu'il n'y avait pas le public en France pour ça.* »

Du Comedy Club à WorkinGirls

Alors que ses collègues du *Jamel Comedy Club* se lancent dans leurs premiers spectacles, Blanche semble s'éparpiller. Après plusieurs seconds rôles au cinéma, c'est finalement à la télévision que ses talents de comédienne vont à nouveau se faire remarquer.
En 2007, la chaîne *Comédie* ! lui confie les rênes d'une émission hebdomadaire de 26 minutes, *Ligne Blanche*. Elle y interprète des sketchs à personnages récurrents, dont l'hilarante Marjorie Poulet, la cagole tarte et raciste, championne de patinage artistique et spécialiste du *Chicken Slide* !
Forte du succès de l'émission, Blanche intègre en 2012 le casting de *WorkinGirls*, sur Canal+. Elle y campe Hélène Grilloux, une chef de projet marketing dépressive et terriblement seule…

Quitte à être seule, pourquoi pas sur scène ?

Malgré son succès croissant à la télé, la scène lui manque.
C'est finalement une rupture amoureuse particulièrement violente qui sera le déclic et ramènera Blanche vers le stand-up avec une vraie nécessité, celle de raconter le « *tragiquement commun* » de la vie.
Blanche retrouve alors le metteur en scène Alain « Papy » Degois, rencontré sur le *Jamel Comedy Club* et qui, lorsqu'il dirigeait la compagnie *Déclic*

Théâtre à Trappes, avait repéré le potentiel de Jamel Debbouze, Arnaud Tsamère et Sophia Aram.
Blanche apporte à Papy 80 pages d'"un texte trash et cash écrit en six mois, suite à la rupture sentimentale qui l'a dévastée. En trois jours, ils coupent, réécrivent, peaufinent.
Blanche met du temps à balancer ce qu'elle a sur le cœur. Papy choisit de la mettre en scène en pensant à Pierre Desproges, immobile et sans sourire, en faisant confiance à la force du verbe et du propos. Blanche reprend confiance : « *Il m'a permis de surmonter ma peur, sans lui, je n'y allais pas.* »

Ni oie blanche, ni blanche colombe, mais drôle d'oiseau !

En 2015, grâce à Papy, Blanche parvient à monter seule sur scène. *Il faut que je vous parle* annonce sobrement le titre du spectacle. Faut dire qu'elle en a des choses à raconter…
Dans sa jolie petite robe vintage rouge à pois noirs, sage et timide, les épaules légèrement rentrées, la voix faussement hésitante, les mains arrimées au micro, Blanche se confie sur « *sa vie de merde* ». Visage d'ange et sourire enjôleur, elle ose tout ! Se livrant à une introspection sans tabou, elle raconte l'agonie de sa grand-mère, plaisante sur la pédophilie, évoque sa première sodomie, pointe l'ennui d'une vie saine, vante les mérites de l'alcool, parle du terrorisme, du féminisme, du racisme…
Le sexe, les névroses, l'alcool, la mort, la solitude, aucun sujet ne l'effraie. Pince-sans-rire et provocatrice, Blanche pulvérise le politiquement correct. Le public est scotché. Le spectacle est un énorme succès !
En 2017, Blanche revient dans un nouveau stand-up logiquement baptisé *Je parle toute seule*.
Cynique et désenchantée, elle poursuit son introspection, plantée devant son micro : « *je n'ai jamais été aussi seule, mais ça va* », assène-t-elle.

LOUIS C.K., IDOLE ABSOLUE… ET PLUS SI AFFINITÉS

Pas une interview où Blanche Gardin ne rende hommage à Louis C.K., son maître, son modèle, son idole ! Il faut dire que c'est l'un des plus grands, voire le plus grand, stand-upper américain. Créateur de la série à succès *Louie*, il est connu pour son sens de l'autodérision et son humour noir.
Pas étonnant que Blanche soit fan, et bien plus que ça. En 2005, elle déclarait au journaliste de *madmoiZelle* que, sans jamais l'avoir rencontré, Louis faisait partie d'elle, qu'elle était même amoureuse de lui sans le connaître !
En novembre 2018, c'est main dans la main que le maître et l'élève se promenaient dans New York, *in love*…

En 2019, Blanche et son second Molière de l'humour. Pour conclure ses remerciements drôles et impertinents, elle lance « *à l'année prochaine !* ». Jamais deux sans trois, il paraît…

Toujours vêtue d'une robe sage, elle a ajouté un collier de perles : « *quitte à ne pas me faire baiser autant ressembler à une femme de lettres.* »
Toujours célibataire, sans enfant, elle se sent mûre pour « *envisager sexuellement un chauve* ». Elle vieillit, et son corps ne va pas fort, (« *quand il pleut je boite* », « *quand je ne mets pas de déo je sens la soupe* »…) Elle n'a pas abandonné son humour noir, c'est son exutoire.
Le spectacle fait salle comble et obtient, on l'a vu, le Molière 2018 dans la catégorie Humour. Ceux qui ne la connaissaient pas encore la découvrent lors de cette remise de prix hilarante.
En plus du succès, Blanche accède à la notoriété. Elle ne se repose pas pour autant sur ses jeunes lauriers et remonte sur scène pour un troisième one-woman-show, *Bonne nuit Blanche.*
Corsetée dans une robe longue en satin bleu, elle arrive sur scène, « *Excusez-moi, je sors de mon cours de harpe* », et reprend, là où elle l'avait laissé, son monologue de célibataire désormais quadra, obsédée par le sexe et désespérée par l'époque. Le spectacle se joue à guichets fermés et permet à la jeune femme de remporter un second Molière de l'Humour en 2019.
Blanche, définitivement la reine de l'humour noir.

« Il paraît qu'une bonne rigolade ça vaut un bon steak. C'est pour ça que les végétariens font tout le temps la gueule. »

L'HUMOUR, C'EST MIEUX À DEUX !

« C'est moi Laurel, c'est toi Hardy, c'est toi le gros et moi le petit… » Tout le monde connaît le début de cette chanson, elle nous vient presque immédiatement à l'esprit quand on pense « duo comique ». Le gros, Oliver Hardy, et le petit, Stan Laurel.
Dans un duo, l'opposition entre les deux protagonistes est en effet le premier ressort du comique, opposition physique d'abord (le grand/le petit, le gros/le maigre, le chauve/le chevelu, etc.), mais également psychologique (le gentil/le méchant, le courageux/le trouillard, le malin/le benêt, etc.).
Bien sûr, le contraste physique n'est pas obligatoire pour qu'un duo soit drôle, mais il faut tout au moins que l'un des deux serve de faire valoir à son partenaire.
En France, on adore ça ! Notre pays est l'un de ceux où les duos ont eu, et continuent d'avoir, le plus d'amateurs. Pour preuve, ce petit tour d'horizon de quelques-uns des comiques pour qui l'humour, c'est mieux à deux !

Pierre Dac et Francis Blanche
Avec ce grand chauve et ce petit gros, la France tient ses Laurel et Hardy ! Dans la France de l'après-guerre, qui rit pour oublier ses malheurs, Pierre Dac (le grand, né en 1893) et Francis Blanche (le petit gros, 1m60, né en 1921) ne pouvaient que croiser leurs destins. Le premier, humoriste extravagant, est le fondateur du journal *L'Os à Moelle*. Le second, beaucoup plus jeune, enchaîne les comédies cocasses.
Entre les deux hommes, une incroyable complicité et une amitié indestructible se tissent immédiatement. En quelques semaines, ils créent des sketchs qui vont changer la scène du rire. Dès sa sortie, *Le Sâr Rabrindranath Duval* – Pierre Dac en fakir extralucide, Francis Blanche dans le rôle de son assistant –, est un immense succès.
En direct à la télévision ou au cabaret, le public pleure de rire devant leurs délires improvisés… et parfois alcoolisés ! Parmi leurs hilarantes trouvailles, on ignore souvent que c'est Pierre Dac et non Coluche qui a inventé le célèbre « Schmilblick ». Le 6 juillet 1974, Francis Blanche, meurt brusquement, à 52 ans. Pierre Dac ne se remettra pas de cette disparition. « *La mort est un manque de savoir-vivre* », dit-il comme un bon mot. Il disparaîtra sept mois plus tard.

Roger Pierre et Jean-Marc Thibault

Aujourd'hui oublié, ce duo d'humoristes a pourtant écrit plus de 3 000 sketchs entre 1955 et 1975 ! Conjuguant textes, mimes et chansons, et utilisant une multitude d'accessoires, Roger Pierre et Jean-Marc Thibault ont fait les beaux soirs des cabarets parisiens, avant de conforter leur succès au cinéma et à la télévision.

Jean Poiret et Michel Serrault
C'est en 1952, lors d'une audition pour décrocher un petit rôle au théâtre, que Jean Poiret et Michel Serrault se rencontrent. Jusque dans les années soixante, et parallèlement à leurs carrières respectives au cinéma, ils feront les belles heures des cabarets parisiens.
En 1973, ils triomphent au théâtre dans *La Cage aux folles*, pièce écrite par Jean Poiret. Jouée près de 1 800 fois et vue par un million de spectateurs, la pièce est adaptée au cinéma en 1978, avec un immense succès également. Près de cinquante ans après, Zaza Napoli/Michel Serrault apprenant à beurrer une biscotte de façon « virile » reste une scène d'anthologie !

Les Frères Ennemis
Vraisemblablement inconnus des moins de 50 ans, ce duo d'humoristes a pourtant connu de beaux succès dans les années soixante. Physiquement opposés, André Gaillard, le chauve, et Teddy Vrignault le chevelu, jouaient avec les mots avec un débit de mitraillette, sautant allégrement du coq

à l'âne. De nombreux cabarets, un peu de théâtre, des passages à la télé (en noir et blanc !), et quelques films avec Jean Yanne ou Les Charlots vont leur permettre de se faire connaître du grand public. Mais, au milieu des années soixante-dix, les succès se font plus rares. Le duo connaît alors des hauts et des bas.
Le 1er novembre 1984, Teddy Vrignault quitte son domicile au volant de sa voiture. Il disparaît alors totalement, sans laisser la moindre trace. En dépit de longues recherches, sa disparition ne sera jamais élucidée. Et malheureusement, ce n'est pas une blague...

Guy Bedos et Sophie Daumier

Les duos comiques homme/femme sont trop rares pour se permettre d'en oublier. D'autant plus que celui formé par Guy Bedos (voir page 52) et Sophie Daumier a connu de belles heures au tournant des années soixante. Comme leur mariage, en 1965, leur collaboration dure une dizaine d'années et donne lieu à des sketchs fameux, dont *La Drague*, qui reste un immense succès populaire : « *Aïe ! y m'a mordu l'oreille, y m'a fait mal ce con. Il est con ce type. Ah ! Et puis alors qu'est-ce qu'y cocotte ! Cette eau de toilette... nauséabonde !* »
Souffrant de la maladie de Huntington, Sophie Daumier est contrainte de réduire progressivement ses activités artistiques, jusqu'à quitter définitivement la scène dans les années quatre-vingt. Elle meurt en 2004. « *Je n'y crois pas, ce n'est pas son style de mourir* », dira Guy Bedos, terriblement affecté.

Chevallier et Laspalès

Pour en savoir plus sur ces deux-là, rendez-vous page 87. Enfin si vous voulez, parce que bien sûr... « c'est vous qui voyez » !

Les Vamps

Méchante, autoritaire et bien en chair, Gisèle Rouleau (interprétée par Dominique de Lacoste) prend un malin plaisir à critiquer et rabrouer cette pauvre Lucienne Beaujon (jouée par Nicole Avezard) une vieille fille bien gentille mais un peu niaise. Heureusement que cette pauvre Lucienne a Jean-Luc et Geneviève avec elle ! Vous ne savez pas qui sont Jean-Luc et Geneviève ? Courez page 97 pour le découvrir !

Les Chevaliers du fiel

De 1984 à 1990, le duo était un trio. Alors, si vous voulez savoir ce qu'Éric Carrière et Francis Ginibre ont fait de leur acolyte, rendez-vous page 135 !

Antoine de Caunes et José Garcia

Bon d'accord, ils ne sont jamais montés sur scène ensemble et ne se sont produits qu'à la télévision. Mais, la folie décoiffante qu'ils ont apportée sur Canal+ reste dans toutes les mémoires ! Le 9 octobre 1990, Antoine de Caunes se présente déguisé en blonde fatale pour dénoncer le harcèlement sexuel sur le plateau de *Nulle Part Ailleurs* ! Quelle ne fut pas la surprise du présentateur Philippe Gildas...
Ce soir-là, s'ouvrait une galerie de personnages qui allait faire rire la France entière pendant cinq ans. Ah, José Garcia en gros poussin jaune ou en Sandrine Troforte, sosie de Cyndi Crawford ! Ah, Antoine de Caunes en Didier Lembrouille ! Ah, les deux faux moines vraiment ivres ! Tout simplement CULTE !

Les Frères Taloche

Frères dans la vie, Bruno et Vincent Counard, sont nés en Belgique, près de Liège, respectivement en 1960 et 1969. Après avoir commencé chacun de leur côté, ils forment Les Frères Taloche en 1992.
Le premier effet comique de leur duo réside dans une opposition quasiment identique à celle d'un couple de clowns au cirque : Bruno, l'aîné/le grand/le clown blanc/le plus sérieux tente de prendre l'ascendant sur Vincent, le plus jeune/le petit/l'auguste/un peu foldingue. Extrêmement doués dans l'art du mime, Les Frères Taloche excellent

également à jouer des sketchs sans parole. C'est d'ailleurs leur version muette et hilarante de la chanson « J'ai encore rêvé d'elle » qui les rend célèbres en 2002. À grand renfort de grimaces, ils caricaturent le quotidien et jouent avec les mots avec virtuosité. Pas étonnant que le Ministère de la Culture français ait remis à ce duo belge le prix Raymond-Devos 2005 récompensant un travail d'excellence autour de la langue française !

Élie et Dieudonné

En 1992, le public se presse pour voir un petit blanc, tout maigre, et un grand noir, très imposant. Le petit, c'est Élie Semoun, le grand, c'est Dieudonné M'bala M'bala. Aucun autre duo n'est composé de protagonistes aussi diamétralement opposés ! Leur antagonisme complet (couleur, corpulence, caractère, religieux même) va devenir le ressort majeur de leur comique. Symbole de l'antiracisme, ils vont jusqu'à se jouer des clichés de leur religion respective dans « Cohen et Bokassa », sketch hilarant qui semble aujourd'hui impensable… Pendant plus de sept ans leur duo remplit les salles, les ventes de leurs DVD atteignent des sommets. Personne n'a oublié « Le grand Gana », « Villetaneuse », « Le Métro », etc. À la suite de différends artistiques et financiers, Élie et Dieudonné se séparent en 1997, en pleine gloire. Les choix idéologiques, les positions politiques, et les propos antisémites de Dieudonné ne feront qu'accentuer la rupture entre les deux hommes. En 2014, Élie déclarait avec justesse et humour : *« Quand on a débuté avec Dieudonné, on était le symbole même de l'antiracisme, à tel point que j'avais oublié que j'étais noir et qu'il était juif ! On s'en foutait à l'époque de tout ça, maintenant c'est un problème pour tout le monde… Dommage, moi j'aimais bien être Noir. »*

Les Bodin's

Depuis leur début en 1994, près d'un million de personnes se sont régalées aux aventures « campagnardes » de Maria Bodin, fermière

roublarde et autoritaire de 87 ans (jouée par Vincent Dubois), et de son fils Christian (joué par Jean-Christian Fraiscinet), vieux garçon de 50 ans bien brave et un peu niais. Un phénomène et une success story totalement à part dans le paysage humoristique français ! À retrouver page 161.

Éric et Ramzy

En 1994, Eric Judor, logisticien chez Bouygues après avoir été guide touristique aux États-Unis, rencontre Ramzi Bédia, vendeur de vêtements aux Galeries Lafayette.

Dès 1995, le duo se fait les dents sur l'antenne de *Fun Radio* et ne tarde pas à trouver son style qui mélange l'absurde à la crétinerie. Devant l'enthousiasme des auditeurs, ils montent un spectacle au Palais des Glaces. Le public découvre un grand chevelu brun, Ramzi, et un petit chauve agité, Éric. Encore un duo « Laurel et Hardy » ! Le spectacle fait un carton et leur ouvre les portes de la télévision.

Ils débutent sur Canal + dans *Les mots d'Éric et Ramzy*. De 1998 à 2002, ils jouent au côté de Jamel Debbouze dans la série *H,* toujours sur Canal+. Leur interprétation d'un infirmier (Éric) et d'un brancardier (Ramzi) reste dans les annales. En 2001, leur numéro de laveurs de vitres pris au piège par des terroristes dans *La Tour Montparnasse Infernale* marque le début d'un changement dans leur carrière. Désormais, tout en se retrouvant parfois sur des projets communs, ils travaillent le plus souvent chacun de leur côté.

Shirley & Dino

Corinne et Gilles Benizio se rencontrent en 1982 à l'Université de Paris Censier, section Théâtre. En 1985, ils se marient et créent la compagnie *Achille Tonic*. C'est à Avignon, en 1988, qu'apparaissent pour la première fois les personnages de Shirley et Dino. En 2001, Patrick Sébastien leur ouvre les portes du *Plus Grand Cabaret du Monde* sur France 2. Pendant quatre ans, ils vont y faire de très nombreux passages ce qui leur permet de se faire connaître du grand public. C'est la consécration : leurs spectacles se jouent à guichets fermés et les ventes de leurs DVD atteignent des sommets ! « C'est pas *ma copine, c'est ma cousine* » déclare Dino aux spectateurs. Cheveux gominés et rouflaquettes, veste de crooner blanche et pantalon noir trop court, Dino se moque de sa pauvre cousine Shirley à longueur de spectacles. Habillée d'une robe année 60 en vichy rose, coiffée d'une impressionnante choucroute brune, parlant d'une voix nasillarde et monotone, cette pauvre Shirley, qu'elle tente de chanter ou de raconter une histoire est constamment interrompue et rabrouer par son cousin Dino. Hilarant et déjanté !

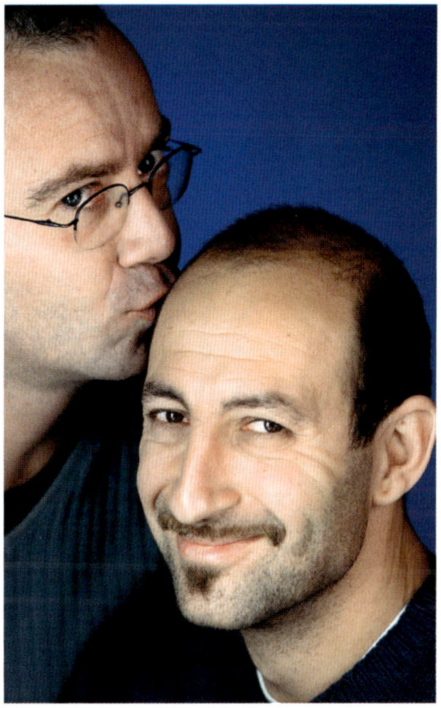

Kad et Olivier

Né en 1963, Kaddour Merad (de son vrai nom) fait pas mal de petits boulots avant de se lancer dans le théâtre puis d'entrer à *Oui FM* comme animateur radio. C'est là qu'en 1992, il rencontre Olivier Baroux (né en 1964). Les deux doux dingues décident de travailler ensemble et créent *Rock'n'roll Circus,* émission déjantée dans laquelle ils racontent, déjà, les aventures totalement loufoques de Pamela Rose ! Les auditeurs adorent… et Jean-Luc Delarue aussi, qui leur propose de venir travailler avec lui. C'est le début de leur carrière à la télévision qui va culminer entre 1999 et 2001 quand, sur *Comédie !,* ils prennent les rênes de *La Grosse Émission.* Tout d'un coup, c'est comme si un nouveau souffle venait dépoussiérer l'humour à la télé ! Ah, Kad Merad dans les chanteurs inconnus ! Ah, Le Kamoulox, jeu hilarant dont on cherche encore à comprendre la règle ! CULTE et indémodable ! Le succès est à la clé. Depuis, Kad et Olivier continuent de faire leur show avec talent et sans se prendre au sérieux, Olivier plutôt derrière la caméra, Kad en tant qu'acteur. Le triomphe de *Bienvenue chez les Ch'tis* en 2008 pour Kad, et celui de la saga des *Tuche* pour Olivier (comme réalisateur), n'est pas volé !

Omar et Fred

Fred Testot né en Corse en 1977, Omar Sy né un an plus tard, à Trappes, comme Jamel Debbouze. C'est grâce à ce dernier qu'en 1997 ils se rencontrent sur Radio Nova et commencent à travailler ensemble. En 1998, ils arrivent sur Canal+, toujours grâce à Jamel avec lequel ils collaborent dans *Le cinéma de Jamel.* En 2000, ils commencent à se produire en duo en animant *Le Visiophon* dans *Nulle part ailleurs.* Leur complicité évidente, leur sens de l'improvisation et leur naturel « rafraîchissant » séduisent les spectateurs ! En 2005, ils animent quotidiennement le désormais célèbre *SAV (Service après-vente des émissions).* Le concept est très simple : pendant deux à trois minutes, Omar et Fred téléphonent

au SAV pour poser des questions ou donner leur avis. Avec ironie et impertinence, ils dénoncent les travers de la société en s'inspirant notamment de l'actualité ou des célébrités.
En 2007, ils créent leur premier et unique spectacle en duo sur la scène du Casino de Paris. Dans une succession de sketchs plus ou moins improvisés, les deux trublions fustigent, avec leur humour très décalé, le racisme, l'intolérance, la délinquance, l'homophobie, etc. En 2012, chacun ayant reçu pas mal de propositions pour des rôles au cinéma, ils décident de mettre un terme à leur duo. Depuis 2015 c'est essentiellement dans des fictions télévisées et dans un registre plus dramatique que Fred s'illustre avec beaucoup de succès. Quant à Omar, depuis qu'il est passé sur grand écran il est… *Intouchable !* – devenant même la personnalité préférée des Français en 2016.

Garnier et Sentou

G comme Grand, S comme Small. Cyril Garnier et Guillaume Sentou forment, depuis 2005, un duo de choc grâce à leur complicité exceptionnelle. Il faut dire qu'ils se connaissent depuis l'école, quand ils avaient 7 ans. Révélés dans *On n'demande qu'à en rire !* de Laurent Ruquier sur France 2, ils savent tout faire : chanter, jouer la comédie, faire des acrobaties, du mime, de la marionnette, et surtout jongler… avec les mots.

Catherine et Liliane

Ah non, pardon, ce n'est pas « vraiment » un duo de filles ! Pourtant, on y croirait, tellement Alex Lutz (Catherine, la blonde) et Bruno Sanches (Liliane, la brune) sont criants de vérité en secrétaires nunuches qui travaillent (peu !) dans l'open space de Canal+, donnant leur avis sur tout et commentant l'actualité. À déguster sans modération… et désormais sur Internet puisque le programme prend fin en 2019.

ATTENTION, NOUVEAUX TALENTS !

ARY ABITTAN

Né à Paris en 1974, Ary passe pour la première fois à la télévision à 19 ans ! Ce n'est pas pour parler humour ou spectacle que le jeune homme est interviewé sur TF1, mais dans le cadre d'un reportage sur les agressions de chauffeurs de taxi. Car, comme son père, Ary est chauffeur de taxi, ce qui lui permet de payer ses cours de théâtre. Durant cette période, il écrit ses premiers sketchs et les joue sur de nombreuses petites scènes parisiennes. Au fur et à mesure les salles grandissent, et le nombre de spectateurs également. Repéré par Gad Elmaleh, ce dernier lui offre, en 2009, un rôle dans *Coco*, où sa prestation hilarante dans la scène de la Kipacabana ne passe pas inaperçue ! La même année, il crée son premier one-man-show, *À la folie*, qu'il joue d'abord à Paris puis en tournée. De plus en plus présent à la télévision et au cinéma, il tourne entre autres dans *Tellement proches* d'Éric Toledano et Olivier Nakache, *Fatal* et *Vive La France* de Michaël Youn, *Tout ce qui brille* de Géraldine Nakache et *La grande boucle* de Laurent Tuel.

Mais c'est véritablement en 2014 qu'il accède à la notoriété grâce au succès de *Qu'est-ce qu'on a fait au Bon Dieu ?* de Philippe de Chauveron. Il y campe David Benichou, juif séfarade qui tente de monter une entreprise de produits bio. Marié à Odile, dentiste et seconde fille de la famille Verneuil. Traitant avec beaucoup d'humour et d'originalité du racisme, le film, porté par Christian Clavier et Chantal Lauby, fait un carton au box-office où il totalise plus de 12 millions de spectateurs !

En 2019, fort du succès du premier opus, Ary/David retrouve ses 3 beaux-frères et toute la famille Verneuil dans *Qu'est-ce qu'on a encore fait au Bon Dieu ?*

Enchaînant les rôles au cinéma, Ary trouve le temps de remonter sur scène pour son deuxième one-man-show, *My Story* qu'il joue à guichets fermés dans toute la France jusqu'en décembre 2019. Gageons qu'on n'a pas fini de voir son grand sourire communicatif...

ATTENTION, NOUVEAUX TALENTS !

ÉRIC ANTOINE

« Humorillusioniste ». C'est ainsi que se définit Éric Antoine, et c'est bien vu. Car aussi incroyables que la taille de ses pieds (il chausse du 48 !), ses numéros mêlent répliques hilarantes, tours de cartes, gags visuels, disparitions, lévitations, etc., le tout sous l'œil amusé d'une espèce de savant fou gargantuesque et décoiffé !

Né à Enghien-les-Bains en 1976, Éric souffre à l'adolescence d'une très importante crise de croissance qui l'oblige à rester très souvent alité. « J'ai souffert de décalcification osseuse, j'ai dû me reposer, alors je faisais de la magie », raconte-t-il.

Après avoir abandonné ses études de médecine puis de psychologie, il se forme aux métiers de la scène (mime, clown, mélodrame, comédie...). C'est à cette époque qu'il rencontre Calista, celle qui deviendra son assistante puis son épouse.

Afin de gagner sa vie, il fait des tours de magie pour des arbres de Noël, des goûters d'anniversaire, des séminaires d'entreprises...

En 2000, il crée son premier spectacle, *La journée d'un magicien*.

Mais c'est grâce à la première saison de *La France a un incroyable talent*, sur M6, qu'en 2006 sa carrière décolle !

Peu de temps après, sa présence dans *Vivement dimanche !* aux côtés de Michel Drucker, lui permet d'asseoir encore sa notoriété, de confirmer son talent... et de remplir les salles !

Pourtant, ce n'est pas parce qu'il a la grosse tête qu'Éric Antoine s'est autoproclamé « le plus grand magicien du monde », c'est parce que c'est vrai : du haut de ses 2m07, ce drôle de gaillard veut déringardiser la magie. Pari gagné !

JÉRÔME COMMANDEUR

Né en 1976 à Argenteuil, Jérôme est garçon « sage » dans une famille « sage ». Bac S en poche, sa première – et unique – révolte sera de ne pas faire maths ou physique, mais de tenter Sciences Po, sans succès. Il rentre alors en Lettres à la Sorbonne, mais abandonne après avoir obtenu sa licence pour se consacrer à sa passion, la scène.
En 1997, il fait ses débuts d'humoriste sur M6 en participant 8 fois (un record) à l'émission *Graines de star*. Cette première expérience réussie lui permet de devenir animateur de *Rince ta baignoire* sur France 2, puis de rejoindre Canal+ en 2002 aux côtés de Frédéric Beigbeder et Jonathan Lambert.
En 2003, il se lance dans un spectacle en duo avec Paulo Goude, le fils de Jean-Paul Goude et Grace Jones. Puis il bifurque à nouveau vers le solo. Palais des Glaces, Café de la Gare, ses one-man-shows marchent pas mal, mais sans plus.
Constamment positif, il s'accroche et multiplie l'écriture de dialogues, parodies, et scénarios. Si bien que le jour tant attendu finit par arriver : dans une station radio, il tombe sur Dany Boon. « *Dany avait vu un de mes sketchs télé. Ça lui avait plu. Il m'a demandé si quelqu'un me produisait. J'ai dit que non. Il m'a rappelé. Un petit mois après, on travaillait ensemble.* » se souvient-il, encore émerveillé !
Sous l'aile de Dany Boon, Jérôme trouve sa voie : il veut explorer nos névroses ordinaires. « *C'est ça, ma matière,* explique-t-il. *La folie des gens, si quotidienne qu'on n'y fait même plus attention. Je vais là où, apparemment, il n'y a rien à dire. Puis je fais sauter les vernis.* »
Son petit rôle dans *Bienvenue chez les Ch'tis*, sera suivi de beaucoup d'autres, le cinéma lui faisant même l'honneur de lui demander de présenter la Cérémonie des Césars 2017.
Spectacles, chroniques sur Europe 1, télévision, cinéma,... le garçon sage a bien fait de bifurquer, non ?

ATTENTION, NOUVEAUX TALENTS !

VINCENT DEDIENNE

« *Vincent Dedienne est né le 02 février 1987 à Mâcon. Vincent Dedienne est toujours vivant. Élève doué mais acnéique, il développe dès le plus jeune âge un goût immodéré pour le théâtre et la comédie. Et un dégoût pour le sport et les endives braisées.* »
Dans ce court extrait de sa biographie « officielle », le ton est donné ! Seul en scène, à la télévision ou au théâtre, Vincent Dedienne dynamite les codes et il adore ça.
S'il est exact qu'il est né en 1987 et que son goût pour le spectacle est précoce, pour ce qui est des endives braisées et de l'acné on ne peut que le croire sur paroles…
Fils unique, adopté par un père instituteur et une mère éducatrice spécialisée, Vincent lit beaucoup et s'ennuie un peu. Jusqu'au jour où il tombe sur la vidéo d'un spectacle de Muriel Robin.
C'est la révélation : quand il sera grand, Vincent veut être Muriel Robin, ou presque.
Dans la cour de récré, le garçon interprète les sketchs de son idole pour faire rire ses copains. À 14 ans il crée son premier spectacle.
En 2009, à sa sortie de l'École nationale supérieure d'art dramatique de Saint-Etienne, il joue Molière, Hugo et Dostoïevski.
Mais, en parallèle il se produit seul en scène, toujours dans l'idée de devenir Muriel Robin ! Ayant obtenu un prix au Festival du Rire de Montreux, il est repéré puis produit par Laurent Ruquier.
Tout va alors très très vite. En 2014 Vincent arrive sur Canal+.
La même année, il crée *S'il se passe quelque chose*, one-man-show où il se dévoile totalement, entrant même complètement nu sur scène.
Applaudi tant par le public que par la critique, ce spectacle lui permet de recevoir le Molière de l'humour 2017 des mains de… Muriel Robin !
Depuis, plus rien ne l'arrête. Chroniqueur survolté à la télé, pensionnaire dans *Les Grosses Têtes* à la radio, il enchaine tournées, cinéma (aux côtés de Catherine Deneuve, rien que ça), théâtre (parvenant même à jouer trois pièces en même temps), etc.
Vincent Dedienne dévore tout. Sauf, peut-être, les endives braisées !

ATTENTION, NOUVEAUX TALENTS !

OLIVIER DE BENOIST

Olivier Marie Emmanuel de Benoist de Gentissart – ODB pour faire court ! – est né à Reims en 1974. Entouré de six frères (ce qui explique sans doute son regard biaisé sur la gent féminine), ce garçon de bonne famille a reçu une éducation stricte et religieuse (ce qui lui donne certainement son côté « gendre impeccable »).
Après avoir suivi de brillantes études de droit, et malgré sa passion pour la magie, Olivier se tourne vers le one-man-show.
De sa formation juridique, Olivier garde toutefois son goût pour les plaidoiries : ainsi, il s'autoproclame avocat des femmes car « *je suis le seul qui accepte encore de défendre une cause perdue* » !
En 2001, il fait ses premiers pas sur scène en jouant *Modèle déposé*, spectacle de Benoît Poelvoorde.
Encouragé par l'accueil du public, Olivier de lance dans l'écriture de *Haut débit*, *Très haut débit* puis *Très très haut débit*, spectacles dans lesquels il mêle sketchs et tours de magie.
Repéré par Laurent Ruquier, en 2010 il est le premier candidat de l'émission *On n'demande qu'à en rire*, sur France 2. Détenant le record du nombre de passages derrière Jérémy Ferrari, il devient une des vedettes de l'émission et accède à la notoriété.
Sa carrière est lancée : il rejoint Michel Drucker dans *Vivement dimanche*, passe sur Europe 1, joue dans un téléfilm, etc.
En parallèle, il revient sur scène avec *Fournisseur d'excès*, créé en 2013, puis *0/40*, en 2016. Ses spectacles sont un triomphe, les dates s'enchaînent, les tournées durent 3 ans et se jouent à guichets fermés !
Plus de 600 000 spectateurs se pressent pour le voir : sa mauvaise foi rassemble et son humour vachard fait mouche.
En 2019, il revient avec *Le Petit Dernier*. Mais pas d'inquiétude, faux macho mais vrai comique, ODB est loin d'en avoir terminé.
Issu d'une famille aristocratique où l'on trouve davantage de généraux que d'humoristes, Olivier est définitivement devenu un spécialiste de la guerre... des sexes ! Dans un débit de mitraillette, il flingue à tour de bras.

« CERTAINES FEMMES DISENT QUE LE JOUR DE L'ACCOUCHEMENT EST LE PLUS BEAU JOUR DE LEUR VIE. JE ME DEMANDE À QUOI RESSEMBLENT LES AUTRES JOURS DE LEUR VIE ! »

FLORENCE FORESTI

FARY

Un look savamment étudié et impeccable, un phrasé élégant, un esprit fin et des sketchs hilarants (courez voir *Le Legging* ou *l'iPhone 6* sur Internet !) : voilà les raisons du succès fulgurant de Fary.
Né en 1991 à Paris, c'est à 11 ans que Fary Lopes se découvre une passion pour la comédie et commence à écrire des sketchs. En seconde, il fait rire et impressionne sa prof d'histoire-géographie qui le pousse à faire du stand-up et l'aide à écrire son premier spectacle. Fary s'inscrit alors au cours Florent, enchaîne les scènes ouvertes et participe plusieurs fois à l'émission de Laurent Ruquier *On n'demande qu'à en rire* à partir de 2010. Il intègre ensuite la troupe du *Jamel Comedy Club*, confirmant son succès et se démarquant des autres stand-uppers par son élocution « nonchalante » et son apparence recherchée et ultra-stylée.
En 2014, Jean-Marc Dumontet lui propose d'intégrer son équipe, Fary présente alors son premier one-man-show au Point-Virgule. Il y fera salle comble pendant plus de 2 ans, un record ! Fary continue son ascension fulgurante en jouant son spectacle *Fary is the new black* au théâtre du Châtelet dès le printemps 2016. À l'automne de la même année, il intègre l'équipe du talk-show *On n'est pas couché*, toujours de Laurent Ruquier. En 2018, son nouveau one-man-show, *Hexagone*, est un nouveau succès : les salles sont pleines et les spectateurs ravis ! Même dans un Accor Arena de Paris rempli, Fary, le dandy 2.0, semble prendre ce fulgurant succès avec calme, voire nonchalance. L'innocence de la jeunesse sans doute...

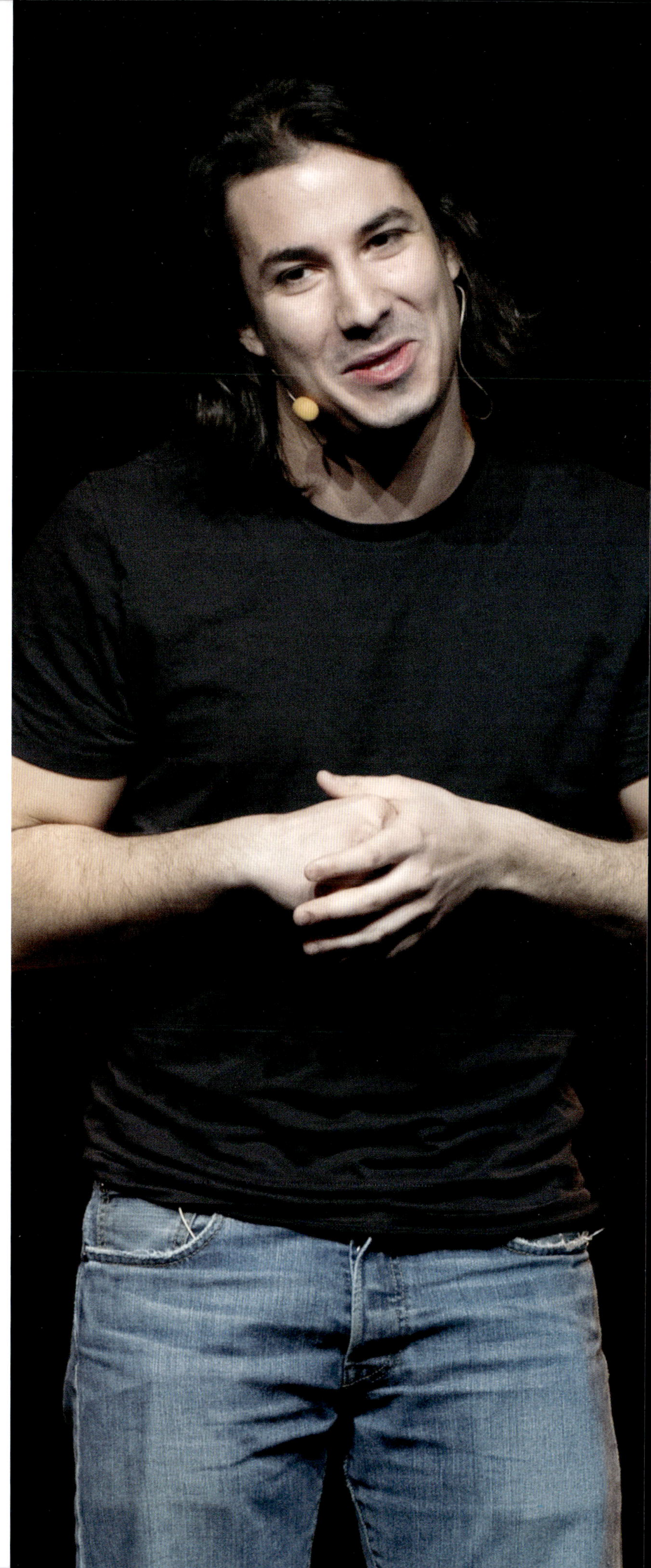

JÉRÉMY FERRARI

Jérémy Larzillière est né en 1985 à Charleville-Mézières. Ses parents avaient une petite épicerie… et sans doute une GRANDE patience ! Élève très dissipé, leur fils quitte l'école en Seconde et intègre les cours du théâtre de Charleville. Il prend le nom de sa mère, Ferrari, puis, âgé d'à peine 17 ans, monte à Paris tenter sa chance.
En 2003, il crée *Moi, méchant ?* Le spectacle est présenté sans interruption pendant deux ans et près de 300 fois dans des petites salles. Malgré cela, Jérémy galère et multiplie les petits jobs – serveur, groom, coursier, agent de sécurité… Il vient même de décider d'abandonner la carrière artistique quand, en 2010, il est repéré par Laurent Ruquier qui lui propose de participer à son émission *On n'demande qu'à en rire*. Le jeune homme y est vite remarqué pour son humour noir très provocateur. Il devient un habitué du programme qui le sacre humoriste de l'année 2012.
En parallèle, Jérémy écrit et met en scène *Hallelujah Bordel !* Chrétiens, Juifs, Musulmans, tout le monde en prend pour son grade ! Le spectacle se joue à guichets fermés et rassemble plus de 200 000 spectateurs.
En 2015, après deux années à étudier le thème de la guerre, suivant même des cours de géopolitique à La Sorbonne, l'humoriste présente *Vends 2 pièces à Beyrouth*. S'appuyant sur des faits réels, le spectacle est vu par près de 300 000 spectateurs et la tournée s'achève avec des dates à Montréal et San Francisco !
Après la religion et la guerre, c'est à la santé, autre sujet sensible, que l'humoriste s'attaque dans *Anesthésie générale*… et ça fait mal ! Après ? Après on verra bien, mais malheureusement les sujets explosifs ne manquent pas, donc peu de risque pour Jérémy Ferrari d'être en manque d'inspiration…

HAROUN

« *Dans la jungle des seuls en scène humoristiques, Haroun se distingue par sa capacité à balancer, sans vulgarité ni prise à partie excessive du public, un regard ironique sur notre société, ses contradictions, ses absurdités et ses évolutions politiques [...] En se posant beaucoup de (bonnes) questions à voix haute, Haroun nous fait rire, gamberger et prouve que le stand-up peut être autre chose que simplement raconter sa vie.* »

On pourrait s'arrêter là, le journal *Le Monde* ayant parfaitement résumé ce qui fait l'originalité et le talent du jeune homme ! D'autant plus que côté biographie, on ne sait pas grand-chose, si ce n'est qu'Haroun est né en 1984 et a grandi dans l'Essonne. « *Mes origines, on s'en fout, je suis humoriste !* », dit-il avec son éternel sourire en coin. Adolescent, il se forme au hip-hop puis se passionne pour l'impro. Parallèlement à ses études de commerce, il écrit *Vous les humains*, spectacle pour lequel il obtient un prix d'écriture et prix d'interprétation.

En 2015, il crée *Tous complices* et passe au *Jamel Comedy Club*. Mais c'est en 2016 que le jeune humoriste commence vraiment à faire parler de lui avec sa série *Haroun casse la télé* qui détourne des interviews politiques.

En 2017, il crée un spectacle spécial pour les élections présidentielles qui se joue à guichets fermés, puis un autre l'année suivante consacré cette fois à Internet.

Parallèlement à ses spectacles « thématiques », l'humoriste continue de tourner avec son seul-en-scène habituel qu'il enrichit au gré de l'actualité et de ses colères. Car comme Coluche, dont il est un fan absolu, Haroun ose tout. Derrière ses lunettes de cadre et son air de gendre idéal, il aborde les sujets qui fâchent et dénonce tout ce qui « grince ». C'est que, comme il l'affirme, « *l'humour est une arme de réflexion massive* ». On aimerait que ce soit une arme efficace.

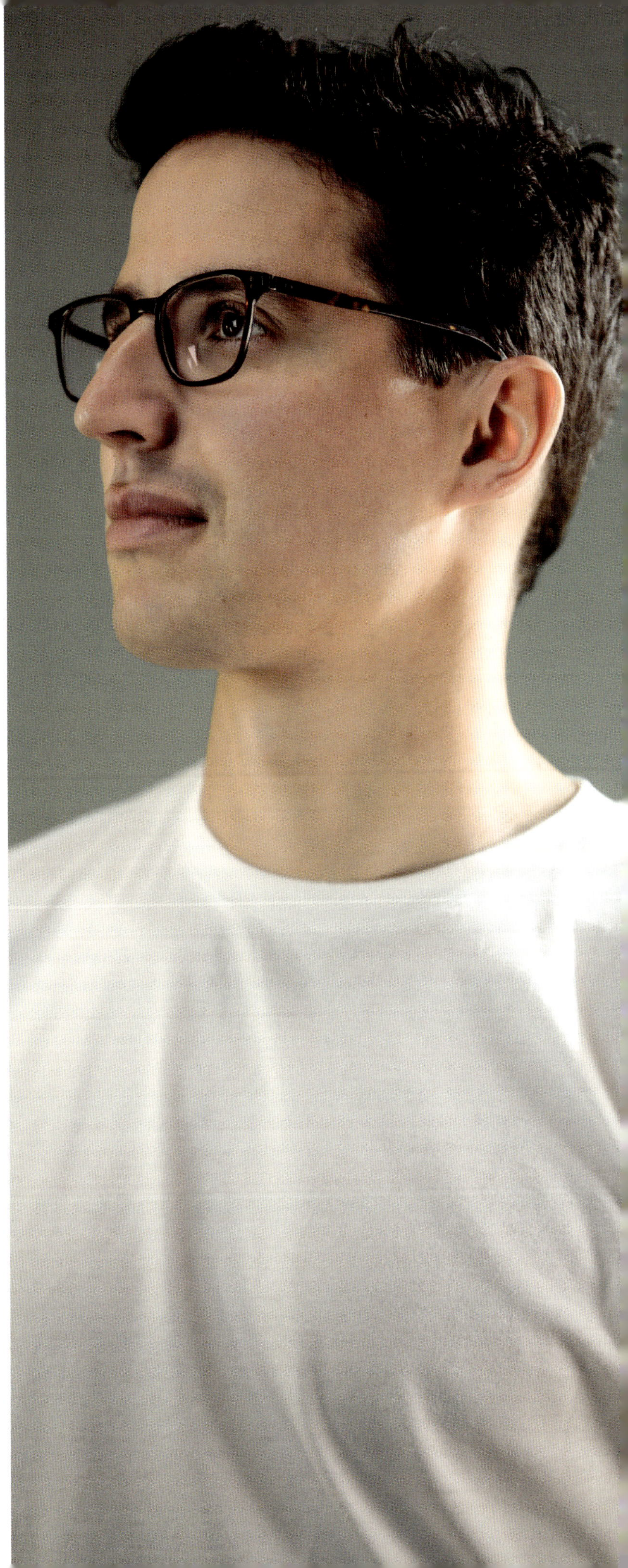

KYAN KHOJANDI

Dans *Bref*, il portait des tee-shirts défraîchis, jouait à la console et buvait des bières avec ses potes. Dans la vraie vie, Kyan Khojandi joue du violon, ne boit pas et ne fume pas.
Kyan naît à Reims en 1982. Son père, géologue iranien, a dû fuir son pays au moment de la Révolution iranienne de 1979, et s'est reconverti en marchand de tapis. Originaire de Picardie, sa mère est juriste.
Avec son frère Keyvan, Kyan grandit dans cette famille bi culturelle et chaleureuse. Partageant son temps entre l'école et le conservatoire de musique, il trouve quand même le temps long et regarde en boucle les épisodes de *Friends* et le DVD de Franck Dubosc au Zénith.
Bac en poche, il entre en fac de droit. Alors qu'il accompagne un ami au cours Simon à Paris, c'est le déclic : Kyan abandonne sa maîtrise de droit, direction la capitale !
Pour payer ses 12 m^2 et ses cours de théâtre, il enchaîne les petits boulots. À sa sortie du cours Simon, il écume les scènes ouvertes, devient ami avec Bérengère Krief, Kheiron et Baptiste Lecaplain à qui il demande parfois de lui payer un burger !
En 2008, il crée son premier spectacle, *La Bande-annonce de ma vie* qu'il joue jusqu'en 2010. Pour améliorer son jeu, il part se produire dans des salles de stand-up à New York. À son retour, il fait des chroniques pour la télé, mais c'est avec *Bref* que sa carrière décolle.
Minisérie hilarante, *Bref* est créée sur Canal + en 2011. Comptant 80 épisodes d'une minute trente, c'est le premier programme à cibler cette génération de trentenaires qui n'a pas de télé mais passe sa vie sur Instagram, Facebook, Twitter... Le personnage principal, interprété par Kyan, est un gentil paumé, chômeur, célibataire, dégarni et glandeur.
Dopé par les réseaux sociaux, le succès est foudroyant ! Si vous ne connaissez pas cette pépite, courez sur YouTube et tapez *Bref. J'ai dragué cette fille* ou *Bref. Je remets tout à demain.*
Depuis ? Eh bien depuis Kyan fait du cinéma, de la télévision et continue le seul-en-scène avec un succès grandissant.
Bref. Il n'a pas fini de nous faire marrer.

« DIEU A CRÉÉ L'ALCOOL POUR QUE LES FEMMES MOCHES BAISENT QUAND MÊME. »

COLUCHE

« UN JOUR VIENDRA OÙ L'ABSENCE TOTALE DE RIDES CONSTITUERA LE SEUL MOYEN DE DÉCELER LA VIEILLESSE. »

PHILIPPE BOUVARD

« MOI, JE NE FAIS PAS CONFIANCE AU PRÉSIDENT SARKOZY POUR RELANCER LA CROISSANCE. QUELQU'UN QUI N'A PAS RÉUSSI LA SIENNE... »

ANNE ROUMANOFF

BAPTISTE LECAPLAIN

« *Le meilleur de sa génération* » et attention, c'est Gad Elmaleh qui le dit ! Né en 1985, Baptiste grandit dans un petit village de Normandie où sa mère tient un salon de coiffure et son père est agent d'entretien. Hyper timide, le jeune garçon joue au basket pendant plus de dix ans et à un très bon niveau.
Bac L en poche, Baptiste commence une licence d'anglais à Rennes. Mais ce qu'il veut vraiment, c'est faire comme ces humoristes dont il regardait les cassettes VHS chez sa grand-mère ! Avec son BAFA, Baptiste trouve un poste d'animateur dans un club de vacances. C'est là qu'il rencontre Aslem Smida, consultant en marketing qui trouve que le gamin a du talent et lui dit de venir le voir si jamais il monte à la capitale…
Sitôt dit, ou presque, Baptiste arrive à Paris, fait quelques scènes ouvertes, avant de décrocher une représentation au théâtre Le Bout, en 2008. La caissière/régisseuse/ouvreuse de cette petite salle, c'est Bérengère Krief ; dans la salle il y a 14 spectateurs. Un soir, puis deux, puis trois, puis toute la semaine, puis des salles plus grandes, le succès ne s'arrêtera plus, pendant sept ans. La carrière de Baptiste décolle, quelques passages télé et puis un virage vers le cinéma où il compte bien continuer de partager ses dons d'acteur avec la scène.
Cheveux châtains et yeux bleus, on le confond parfois avec Norman, le célèbre Youtubeur, et ça l'agace. « *On ne fait pas le même métier. Je n'ai pas envie d'être obsédé par le nombre de vues et de likes.* »
Écrivant sans cesse, l'humoriste déborde d'imagination et de fantaisie. Comme quand, pour ses deux petites filles, il réinvente à sa manière les histoires de Walt Disney. Chez Baptiste, les gazelles et les antilopes qui saluent la naissance de Simba comprennent trop tard qu'elles sont là pour le buffet mais… transformées en verrines !
Vu comme ça, *Le Roi Lion* prend une saveur toute particulière.

LE COMTE DE BOUDERBALA

Peu de choses destinaient le jeune Sami Ameziane, né à Saint-Denis en 1979, à devenir humoriste puisqu'il avait commencé en 1994 une carrière couronnée de succès dans le basket-ball. Mais après 10 ans, Sami, alors âgé de 25 ans, décide de poursuivre des études de commerce démarrées quelques années plus tôt et de partir aux États-Unis.

Son passé sportif aidant, il continue le basket au sein de son équipe universitaire avec laquelle il remporte plusieurs trophées. Ce succès se double d'une solide carrière dans l'équipe d'Algérie de basket. Sami envisage alors de continuer, mais une blessure à l'épaule coupe court à ses ambitions sportives.

C'est le slameur Grand Corps Malade, son ami d'enfance qui le pousse alors sur les planches et le parraine. Sami prend le nom de Comte de Bouderbala, mot arabe signifiant « guenilles ».

En 2006, après avoir participé à la première saison du *Jamel Comedy Club*, l'humoriste décide de repartir à New York pour tester le spectacle qu'il vient d'écrire et qu'il a lui-même traduit en anglais. Aidé par Chris Rock (qu'il a rencontré par hasard à la sortie d'un garage !), il passe dans des salles mythiques comme le *Comedy Cellar*, haut lieu du stand-up qui a vu défiler Robin Williams, Jerry Seinfeld ou Louis C.K.

En 2010, le Comte de Bouderbala rentre en France et crée un spectacle dans lequel il se moque des travers des Français et des Algériens avec d'autant plus de légitimité qu'il a les deux nationalités. Avec son regard acéré, son sens du rythme et une répartie incroyable, il fait salle comble.

Après avoir présenté ce premier spectacle vu par 1,2 million de spectateurs pendant huit ans dans toute la France, il revient en 2017 avec son deuxième spectacle, *Le Comte de Bouderbala 2*, au République, ancien Caveau de la République qu'il a repris et rénové. C'est désormais là qu'il joue. En attendant de repartir, ou pas.

ATTENTION, NOUVEAUX TALENTS !

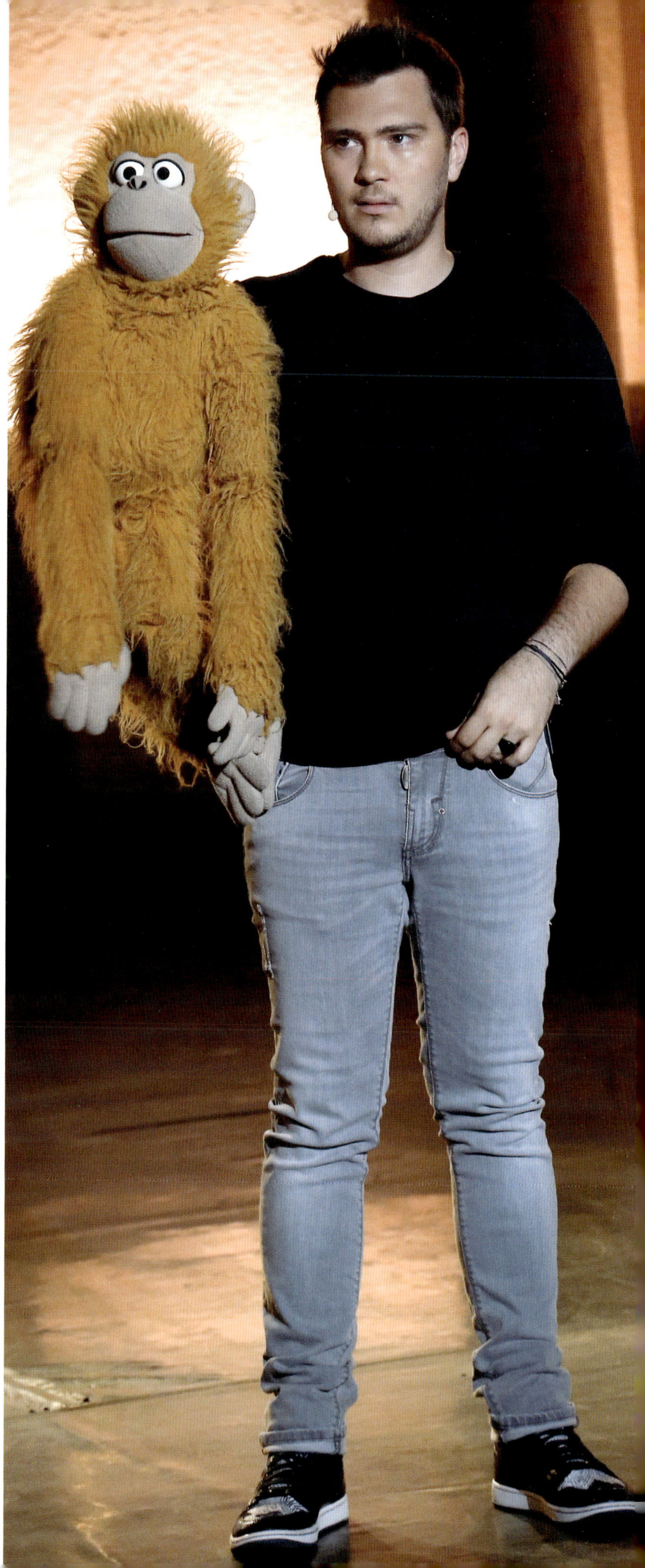

JEFF PANACLOC

Damien Colcanap naît en 1986 à Nogent-sur-Marne. Mais si, vous le connaissez, c'est le petit prodige de la ventriloquie (et oui ça s'appelle comme ça !), Jean-Marc Panacloc, heu non Jeff. Passionné de magie depuis son enfance, Damien suit les cours de l'école de Gérard Majax. Titulaire d'un bac pro, il devient électricien et consacre son temps libre à sa passion.
C'est dans un cabaret parisien qu'à 17 ans il rencontre le ventriloque David Michel, père de la marionnette Nestor le pingouin, vedette des années soixante-dix. C'est une véritable révélation ! Damien commence à s'exercer à la ventriloquie
À 23 ans, il décide de s'y consacrer entièrement et prend le pseudonyme de Jeff Panacloc, lecture « mélangée » de son nom de famille. Jean-Marc, sa marionnette, est un singe politiquement incorrect, obsédé et grossier qui se moque tout le temps de Jeff, lui assénant sans cesse un « *il est content !* » méprisant. Mais il ne se prive pas non plus d'insulter les spectateurs, leur lançant dès son arrivée sur scène « *salut les trouducs !* » Repéré par Patrick Sébastien en 2011, Jeff devient un habitué de son *Plus Grand Cabaret du Monde*. Grâce à l'émission, il accède très vite à la notoriété.
Le succès de Jeff est non seulement dû au comique de ses textes, mais sans doute également au plaisir qu'ont les spectateurs à redécouvrir un ventriloque ! Genre totalement disparu, Jeff remet cet art au goût du jour et le dépoussière, car Nestor et Jean-Marc n'ont vraiment rien en commun, à part un grand trou où passer le bras...
De 2012 à 2015, Jeff remplit les salles avec son spectacle *Jeff Panacloc perd le contrôle*, la tournée passant même par les États-Unis. En 2017, dans *Jeff Panacloc contre-attaque*, Jean-Marc est rejoint par deux marionnettes, Nabilouche, sa pulpeuse fiancée, et Jacky, son vieux technicien fan de Johnny. Pas sûr que si bien entouré Jean-Marc se calme. Bon allez, salut les...

FLORENT PEYRE

Né en 1980 à Valence, dans la Drôme, Florent est tellement bon en sport qu'il décide que, quand il sera grand, il en fera son métier. À 15 ans, il intègre la section sport-étude de ski nautique du CREPS de Saint-Raphaël, dans le Var. C'est en 2000, à l'âge de 20 ans, que le jeune homme se découvre également une passion pour le théâtre. Il intègre alors le centre culturel de Saint-Raphaël où il prend ses premiers cours d'art dramatique et fait ses débuts sur les planches.
En 2002, Florent quitte le CREPS, le sport et le Sud pour intégrer le Cours Florent, à Paris. À l'issue de cette formation, il redescend poursuivre ses études de théâtre au Conservatoire de Marseille.
En 2006, il se lance dans l'écriture de ses premiers sketchs et commence à les jouer sur une petite scène marseillaise. L'année suivante, il fait ses débuts de comédien à la télévision en apparaissant, entre autres, dans un épisode de la série *Plus belle la vie* sur France 3.
En 2010, sa carrière décolle lorsqu'il rejoint l'émission *On n'demande qu'à en rire* de Laurent Ruquier. En quelques participations, il devient l'un des humoristes vedettes de l'équipe et enchaîne les bonnes notes, étant même le premier à obtenir un 20 de la part du public.
Après son départ, il devient dès 2013 l'un des « sociétaires » de l'émission *Vendredi tout est permis* d'Arthur qui, grand fan de Florent, devient son producteur. Ses nombreux passages à la télévision permettent à ses deux one-man-shows de connaître un très beau succès sur scène, à Paris comme en province.
En 2016, Dany Boon lui demande de faire sa première partie à l'Olympia ! Entre l'humoriste du Nord et celui du Sud, c'est le début d'une belle amitié.
Parallèlement à ses succès sur scène et à la télévision, Florent fait ses débuts au cinéma et retrouve son ami Dany Boon dans *Raid dingue* (2017). Fort de son succès, Florent obtient en 2018 le rôle principal de la série *Papa ou maman* sur M6.
Si auparavant Florent skiait sur les eaux de la Méditerranée, il surfe aujourd'hui sur la vague du succès !

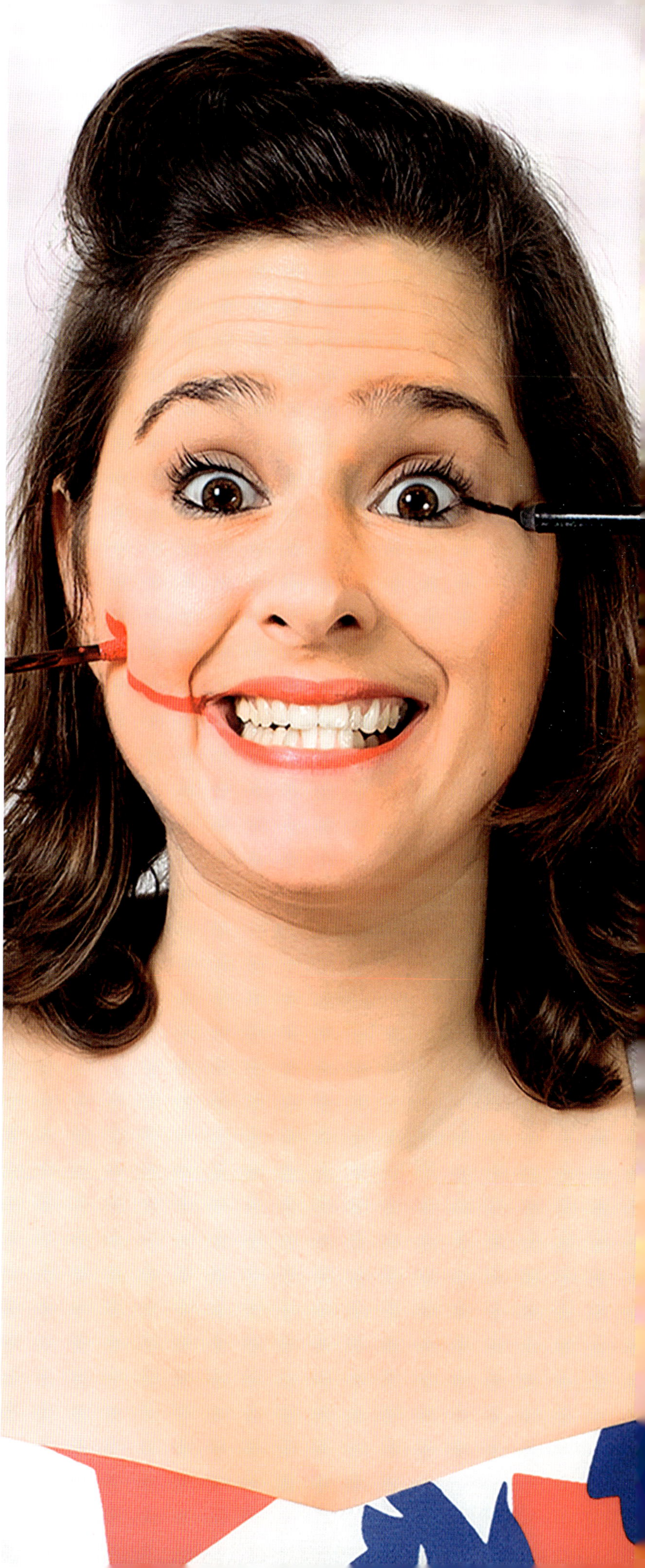

ÉLODIE POUX

Élodie, c'est un peu notre pari sur l'avenir. Encore peu connue, nous la verrions bien devenir rapidement une grande sur la scène de l'humour. Avec un nom qui ressemble à un pseudo et la bouille d'une gamine trop contente d'avoir trempé son doigt dans le pot de confiture, Élodie Poux nous promet de jolis moments de franche rigolade.

Née en 1982 dans l'Essonne, la jeune femme commence sa vie professionnelle en étant animatrice dans les écoles pendant douze ans. En 2009, elle suit un court d'atelier d'art du conte et d'expression corporelle et c'est une révélation : elle adore être sur scène ! En 2013, elle crée à Nantes son premier spectacle, *Le syndrome du Playmobil*. Son sujet est une évidence : les enfants, « *ces êtres merveilleux qui ne possèdent des oreilles que pour décorer leurs visages : ils ne t'écoutent pas avec et on n'a pas le droit de tirer dessus... Elles servent à rien* ». Dans son cartable, Élodie a gardé les mimiques des bambins et les réflexions des parents. Avec son débit de mitraillette, la jeune femme est une « snipeuse » qui excelle dans l'humour grinçant mais jamais vulgaire. Exemple avec cette pauvre petite fille qui rêve de paillettes, de licornes et de diadème sur la tête. « *T'es pas une princesse, Kimberley ! Une princesse, à 4 ans, ça ne pèse pas 67 kg [...]. Mais ne t'inquiète pas, la vie c'est comme une boîte de chocolats : ça dure moins longtemps chez les gros.* » Mais il n'y a pas que les enfants qui « prennent cher », les parents également. Comme cette maman qui a appelé son fils Klitiss, parce qu'elle « *adore Klitiss Wood.* »

Élodie multiplie les dates de tournées, rafle tous les prix dans les festivals d'humour, fait la première partie de Gaspard Proust, livre des chroniques à la radio et à la télévision. Sa carrière s'emballe, et ce n'est pas fini...

Et quand, curieux, on demande à la jeune humoriste si elle est vraiment « allergique » aux bambins, elle rétorque que non : « *Je tape sur les enfants mais je plaisante. Je les aime bien au fond... Au fond de la piscine !* »

ATTENTION, NOUVEAUX TALENTS !

AHMED SYLLA

Né à Nantes en 1974, Ahmed grandit dans la cité des Darvillières avec sa petite sœur et ses deux frères. Commerçants d'origine sénégalaise, ses parents sont arrivés en France en 1987. « *J'ai grandi dans des écoles catholiques privées toute mon enfance, et cela m'a donné une "schizophrénie positive" : d'un côté la vie de mon quartier avec mes potes, la délinquance, et de l'autre, le milieu dans lequel j'ai fait mes études, un peu plus bourgeois, citadin. Cela m'a apporté une certaine universalité. Même si c'est utopique, j'aimerais qu'un jour ces deux mondes se retrouvent. J'ai cette poésie-là dans la tête.* »
Cette « schizophrénie positive » contribue sans doute au fait que, malgré sa jeunesse, Ahmed fait déjà preuve d'une maturité et d'un talent incontestables. Fan de Louis de Funès et de Coluche, à 14 ans il se découvre une passion pour la scène. Il prend ses premiers cours de théâtre et commence à réaliser de petites vidéos qu'il poste sur les réseaux sociaux. En 2010, il rejoint la troupe du Samba Show et se produit sur plusieurs scènes parisiennes.
Mais c'est en 2011, que tout s'accélère. Le 5 novembre, il fait son premier passage dans l'émission de Laurent Ruquier *On ne demande qu'à en rire*, sous le nom d'Ahmed… Sarko ! Rapidement ses sketchs lui permettent de se faire connaître du grand public. Surfant sur cette notoriété, il crée en 2013 *À mes délires*, son premier one-man-show. La même année, il rejoint la série de TF1 *Alice Nevers, le juge est une femme*, pendant deux saisons. À la fin de l'année 2014, il remonte sur scène avec son nouveau spectacle, *Avec un grand A*, qui rencontre un gros succès. Son talent reconnu, Ahmed est très demandé : au cinéma, il décroche le rôle principal dans *l'Ascension* en 2016 ; à la télévision il passe régulièrement dans *Vendredi tout est permis* ; sur scène il rode son troisième one-man-show, *Différent*. Et puis il y a ce fameux soir de 2017 où il se livre à une parodie drôlissime d'*Une ambition intime* aux côtés de Gad Elmaleh. Ahmed y campe une Karine Le Marchand hilarante ! Réussir à devenir une superbe femme de 50 ans alors qu'on est un jeune homme noir de 27 ans doit être un des effets de la « schizophrénie positive »…

ARNAUD TSAMÈRE

Une fois n'est pas coutume, l'auteur se tait, le sujet parle. Car qui mieux qu'Arnaud pourrait nous raconter son histoire ? « C'est pas gai d'écrire sa propre bio, ça fait un peu nécrologie. C'est pour cette raison que je vais essayer de teinter la mienne d'une certaine drôlerie. Comment ? Eh bien tout simplement en insérant par-ci par-là le mot « *POUET* » qui est sacrément humoristique. Je suis né le 11 mars 1975 à Bordeaux [...] Après mon bac, je rentre à la Fac de Droit... Un match d'improvisation est organisé dans un des amphithéâtres et je tombe littéralement amoureux de ce spectacle qui va changer ma vie. Dès le lendemain je m'inscris dans les ateliers d'impro [...] En 1998, j'obtiens ma Maîtrise de « *POUET* » Droit des Affaires qui m'amène en toute logique à un métier de... commercial dans l'exportation que j'exercerai pendant deux ans et demi. Mais ma passion de la scène me rattrape. Je suis soutenu dans cette démarche par Alain « Papy » Degois qui m'intègre dans sa compagnie Déclic Théâtre, compagnie qui a vu naître un certain Jamel Debbouze [...] J'entame alors l'écriture de mon premier one-man-show *Réflexions profondes sur pas mal de trucs* [...] Assez vite, je joue aux Blancs Manteaux et participe à des festivals [...] J'intègre en 2004 la Ligue d'impro professionnelle [...] « *POUET* » J'y suis repéré par une autre star de l'humour qui va jouer le rôle d'accélérateur de carrière, Pierre Palmade [...] En 2010, je me risque dans l'émission *On n'demande qu'à en rire* inventée et présentée par Laurent Ruquier. C'est la pièce qui manquait au puzzle. Le grand public me découvre et je vis depuis un conte de fées [...] Les projets se multiplient, j'espère ne pas vous « *POUET* » décevoir ! » *
Que pourrait-on ajouter ? Qu'à partir de 2015, Arnaud participe régulièrement avec l'humoriste Ben à l'émission *Vivement dimanche prochain* de Michel Drucker. Que depuis 2018 il est sociétaire des *Grosses Têtes* sur RTL. Qu'il est passionné de sport automobile, et qu'il est d'ailleurs l'époux de Margot Lafitte, la fille du pilote Jacques Lafitte, avec laquelle il a un petit garçon. Pas grand-chose d'autre, si ce n'est que ce garçon est pétri d'intelligence et de talent !

* Extrait de la biographie provenant du site officiel www.arnaudtsamere.com

Diplômée en littérature et civilisation médiévales, **Christine Dauphant** s'aperçoit rapidement qu'enseigner à l'Université ne va pas la faire rire longtemps. Or rire, c'est dans son code génétique. Rien ne peut l'en empêcher, pas même, quand elle était petite, les fréquents et menaçants « Doit arrêter de faire le Guignol pour faire rire ses petits camarades » écrits sur ses bulletins scolaires... Après avoir édité les livres des autres pendant de nombreuses années, c'est pour partager ses éclats de rire que Christine passe aujourd'hui de l'autre côté de la plume, définitivement persuadée que plus ça rit, mieux va la vie !

CRÉDIT PHOTOGRAPHIQUE

h : haut ; b : bas ; m : milieu ; g : gauche ; d : droite

Couverture :
De gauche à droite :
F. Foresti : Getty Images / Stephane Cardinale/Corbis
Dany Boon : Getty Images / Bertrand Rindoff Petroff
Coluche : Getty Images / Denize Alain/Sygma
Muriel Robin : Getty Images / Eric Fougere/VIP Images/Corbis
Blanche Gardin : Getty Images / Stephane Cardinale/Corbis
Louis de Funès : © Les Films Corona / Collection CSFF / Bridgeman Images

4e de couverture :
De gauche à droite :
Bourvil : © Les Films Corona / Collection CSFF / Bridgeman Images
Les Bodin's : Getty Images / Eric Fougere/VIP Images/Corbis
Franck Dubosc : Getty Images
Anne Roumanoff : Getty Images / Eric Fougere/VIP Images/Corbis
Pierre Desproges : © Sophie Bassouls / Bridgeman Images
Omar Sy : Getty Images / Gregg DeGuire/WireImage

p. 6 : © Giovanni Coruzzi / Bridgeman Images ; **p. 8** (g) : © Les Films du Cyclope / Collection CSFF / Bridgeman Images ; **p. 8** (hd), (bd) : Bridgeman Images ; **p. 9** : Pierluigi Praturlon/Reporters Associati & Archivi/Mondadori Portfolio / Bridgeman Images ; **p. 10** : Getty Images / Keystone-France ; **p. 11** (h) : Getty Images ; **p. 11** (m) : Getty Images / Keystone-France/Gamma-Keystone ; **p. 11** (b) : Getty Images /Pool Demange/Marchi/Gamma-Rapho ; **p. 12** (h) : Getty Images / Keystone-France ; **p. 12** (b) : Getty Images / Jean-Louis Swiners ; **p. 14** : © Les Films Corona / Collection CSFF / Bridgeman Images ; **p. 16** : © Les Films Corona / Collection CSFF / Bridgeman Images ; **p. 17** (g) : © Les Films Corona / Collection CSFF / Bridgeman Images ; **p. 17** (bd) : Bridgeman Images ; **p. 18** : © Champs-Élysées Productions / Collection CSFF / Bridgeman Images ; **p. 20** (g) : © Les Films Corona / Collection CSFF / Bridgeman Images ; **p. 20** (d) : Bridgeman Images ; **p. 21** (h) : © Les Films Corona / Collection CSFF / Bridgeman Images ; **p. 22** (hg) : © Marcel Dole / Bridgeman Images ; **p. 22** (hd) : Wing or thigh / Bridgeman Images ; **p. 22** (b) : Bridgeman Images ; **p. 23** (g) : © Société Nouvelle de Cinématographie/Films Pomereu / Collection CSFF / Bridgeman Images ; **p. 23** (d) : © Les Films Corona / Collection CSFF / Bridgeman Images ; **p. 24** : © AGIP / Bridgeman Images ; **p. 26** : Getty Images / Micheline Pelletier Decaux ; **p. 27** : Getty Images / Laurent Maous ; **p. 28** : © AGIP / Bridgeman Images ; **p. 30** : Getty Images / Jacques Morell ; **p. 31** (hg) : Getty Images / Eric Fougere ; **p. 31** (hd) : Getty Images / Eric Fougere ; **p. 31** (bg) : Getty Image / Laurent Maous ; **p. 31** (bd) : Getty Image / Eric Fougere - Corbis ; **p. 32** : Getty Images / Patrice PICOT/Gamma-Rapho ; **p. 34** (hg) : Getty Images / Jean-Jacques Bernier/Gamma-Rapho ; **p. 34** (bg) Getty Images / Francis Apesteguy ; **p. 34** (hd) : © AGIP / Bridgeman Images ; **p. 35** (h) : © AGIP / Bridgeman Images ; **p. 35** (b) : Getty Images / Jean-Jacques Bernier/Gamma-Rapho ; **p. 36** : © Louis Monier / Bridgeman Images ; **p. 38** (h) : Getty Images /Daniel Simon/Gamma-Rapho ; **p. 38** (b) : DR ; **p. 39** (n°3) : Bridgeman Images ; **p. 40** : © AGIP / Bridgeman Images ; **p. 42** (hg) : © Renn Productions / Collection CSFF / Bridgeman Images ; **p. 42** (d) : © AGIP / Bridgeman Images ; p 43 (h) : © George Etienne / Bridgeman Images ; **p. 43** (b) : Bridgeman Images ; **p. 44** (hd/badge) : © Gusman / Bridgeman Images ; **p. 44** (hd) : Francis Apesteguy/Getty Images ; **p. 44** (hg) : Bridgeman Images ; **p. 45** : Bridgeman Images ; **p. 45** (g) : Getty Images / Laurent Maous/Gamma-Rapho ; **p. 46** : Getty Images / Jacques Morell/Sygma ; **p. 48** : Getty Images /Stephane Cardinale/ Sygma ; **p. 49** (h) : Getty Images /Daniel Simon/Gamma-Rapho ; **p. 49** (m) : Getty Images /François Pugnet/Sygma ; **p. 49** (b) : Getty Images / François Lochon/Gamma-Rapho ; **p. 50** : Getty Images /Pool Demange/ Marchi/Gamma-Rapho ; **p. 52** (h) : Bridgeman Images ; **p. 52** (g) : © AGIP / Bridgeman Images ; **p. 53** : © Jean-Pierre Fizet / Bridgeman Images ; **p. 54** : Getty Images / Eric Fougere/Sygma ; **p. 56** (g) : Getty Images / Thierry Orban/Sygma ; **p. 56** (d) : Getty Images / Thierry Orban/Sygma ; **p. 57** (h) : Getty Images / Chip Hires/Gamma-Rapho ; **p. 57** (m) : Getty Images / Bertrand Laforet/Gamma-Rapho ; **p. 57** (b) : © Giovanni Coruzzi / Bridgeman Images ; **p. 58** : © Jean-Pierre Fizet / Bridgeman Images ; **p. 60** (h) : Getty Images / Richard Melloul/Sygma/Sygma ; **p. 60** (b) : Bridgeman Images ; **p. 61** : © Jean-Pierre Fizet / Bridgeman Images ; **p. 62** (g, d) : Bridgeman Images ; **p. 63** (hg) : Bridgeman Images ; **p. 63** (hd) : DR ; **p. 64** : Getty Images / Jacques Morell/Sygma ; **p. 66** : Getty Images / Jean Pimentel/Kipa/Sygma ; **p. 67** : Getty Images / François Lochon/Gamma-Rapho ; **p. 68** (h) : © AGIP / Bridgeman Images ; **p. 68** (b) : Getty Images / Frederic Reglain/Gamma-Rapho ; **p. 69** : Getty Images / Jean Pimentel/Kipa/Sygma ; **p. 70** (g) : Getty Images / Keystone-France/Gamma-Keystone ; **p. 70** (d) : © AGIP / Bridgeman Images ; **p. 71** (g) : Getty Images / Daniel Simon/Gamma-Rapho ; **p. 71** (d) : Getty Images / Christian Rausch/Gamma-Rapho ; **p. 73** : Getty Images / Serge Benhamou/Gamma-Rapho ; **p. 74** (g) : Getty Images / Bertrand Rindoff Petroff ; **p. 74** (d) : Getty Images / Eric BOUVET/Gamma-Rapho ; **p. 75** (h) : Getty Images / Keystone-France/ Gamma-Keystone ; **p. 75** (m) : © Louis Monier / Bridgeman Images ; **p. 75** (b) : Getty Images / Bertrand Rindoff Petroff ; **p. 76** : Getty Images / David Koskas/Sygma/Sygma ; **p. 78** (h) : Getty Images / Jean-Francois Deroubaix/Gamma-Rapho ; **p. 78** (b) : Bridgeman Images ; **p. 79** (h) : Getty Images / Frederic Reglain/Gamma-Rapho ; **p. 79** (m) : Getty Images / Stephane Cardinale/Corbis ; **p. 79** (b) : Getty Images / Frederic Souloy/Gamma-Rapho ; **p. 80** : Getty Images / Frédéric Reglain/ Gamma-Rapho ; **p. 81** : Getty Images / Eric Robert/Sygma/Sygma ; **p. 82** : Laurent Viteur/Getty Images ; **p. 84** (g) : © AGIP / Bridgeman Images ; **p. 84** (d) : Getty Images / Chip Hires/Gamma-Rapho ; **p. 85** (h) : © AGIP / Bridgeman Images ; **p. 85** (b) : © AGIP / Bridgeman Images ; **p. 86** : Getty Images / Eric Fougere/VIP Images/Corbis ; **p. 88** (hd) : Getty Images / Stephane Cardinale/Corbis ; **p. 88** (g, b) : DR ; **p. 89** (h) : Getty Images / Francis Apesteguy ; **p. 89** (m) : Getty Images / Jean Marie Leroy/Sygma/Sygma ; **p. 89** (b) : Getty Images / Bertrand Rindoff Petroff/Getty Images) ; **p. 90** : Getty Images / Alain Benainous /Gamma-Rapho ; **p. 92** (h) : Getty Images / François Pugnet/Sygma ; **p. 92** (b) : Getty Images / Marianne Rosenstiehl/Sygma ; **p. 93** (h) : © George Etienne / Bridgeman Images ; **p. 93** (b) : Getty Images / Sainlouis/ Gamma-Rapho ; **p. 94** (h) : Getty Images / Bertrand Rindoff Petroff ; **p. 94** (b) : Getty Images / Eric Fougere/VIP Images/Corbis ; **p. 96** : Getty Images / Eric Fougere/Sygma ; **p. 98** : Getty Images / François Pugnet/ Sygma ; **p. 99** (h) : Getty Images ; **p. 99** (m) : Getty Images /Laurent Viteur ; **p. 99** (b) : Getty Images /Daniel SIMON/Gamma-Rapho ; **p. 100** : Getty Images / Eric Fougere/Corbis ; **p. 102** : Getty Images / Rindoff Petroff/Hekimian/French Select ; **p. 103** : Christophe Kwiatkowski ; **p. 104** : Getty Images / Chip HIRES/Gamma-Rapho ; **p. 105** (h) : Getty Images / Frederic Souloy/Gamma-Rapho ; **p. 105** (m) : Getty Images / Pascalito/Sygma/Sygma ; **p. 105** (b) : Getty Images / Jean-Jacques Bernier/Gamma-Rapho ; **p. 106** : Getty Images / Eric Fougere/VIP Images/Corbis ; **p. 108** (h) : Getty Images / Jerome Domine/Gamma-Rapho ; **p. 108** (b) : Getty Images / Bertrand Rindoff Petroff ; **p. 109** (h) : PVDE / Bridgeman Images ; **p. 109** (b) : Archives personnelles JM Bigard ; **p. 110** : Getty Images ; **p. 112** : Getty Images / Laurent Sola/ Gamma-Rapho ; **p. 113** (g) : Getty Images / Sainlouis/Gamma-Rapho ; **p. 113** (hd) : Getty Images / Eric Robert/Sygma/Sygma ; **p. 113** (bd) : Getty Images ; **p. 114** : Getty Images / Arnal-Garcia/Gamma-Rapho ; **p. 115** (h) : Getty Images / Bertrand Rindoff Petroff ; **p. 115** (m) : Getty Images / Eric Fougere/Sygma ; **p. 115** (b) : Getty Images / Dominique Charriau/WireImage ; **p. 116** : Getty Images / Eric Préau/Sygma ; **p. 118** (g) : Getty Images / Jerome Prebois/Kipa/Sygma ; **p. 118** (d) : Bridgeman Images ; **p. 119** (g) : Getty Images / Eric Préau/Sygma ; **p. 119** (hd, bg) : DR ; **p. 120** : Getty Images / Dominique Charriau/WireImage ; **p. 122** : Getty Images / Jean Marie Leroy/Sygma/Sygma ; **p. 123** : Getty Images / Sainlouis/Gamma-Rapho ; **p. 124** : Getty Images / Serge Benhamou/ Gamma-Rapho ; **p. 126** : Getty Images / Arnal/Gamma-Rapho ; **p. 127** : Getty Images / Serge Benhamou/Gamma-Rapho ; **p. 128** (hg) : PVDE / Bridgeman Images ; **p. 128** (bd) : Getty Images / Eric Robert/Sygma/ Sygma ; **p. 129** : PVDE / Bridgeman Images ; **p. 130** : Getty Images / Bertrand Rindoff Petroff ; **p. 132** : Getty Images / Bertrand Rindoff Petroff ; **p. 133** (h) : Getty Images / Francis Apesteguy ; **p. 133** (m) : © Renn Productions / Collection CSFF / Bridgeman Images ; **p. 133** (b) : Getty Images / Bertrand Rindoff Petroff ; **p. 134** : Getty Images / Eric Fougere/VIP Images/Corbis ; **p. 136** (hg) : Getty Images / Bertrand Rindoff Petroff ; **p. 136** (bg) : Getty Images / Bertrand Rindoff Petroff ; **p. 136** (hd) : Getty Images / Lionel FLUSIN/Gamma-Rapho ; **p. 137** (h) : Getty Images /Dominique Charriau/WireImage ; **p. 137** (m) : © Pathé / Everett Collection / Bridgeman Images ; **p. 137** (b) : Getty Images / Bertrand Rindoff Petroff ; **p. 138** : Getty Images / Lionel Flusin/Gamma-Rapho ; **p. 140** (h) : Getty Images / Eric Fougere/VIP Images/Corbis ; **p. 140** (b) : Getty Images / Roncen Patrick/Kipa/Sygma/Corbis ; **p. 141** : Getty Images / Micheline Pelletier/Sygma ; **p. 142** : Getty Images / Stephane Cardinale/Corbis ; **p. 144** : Getty Images / Jerome Prebois/ Sygma/Sygma ; **p. 145** : Getty Images / ARNAL/Gamma-Rapho ; **p. 146** : Getty Images / Pascalito/Sygma/Sygma ; **p. 148** (h) : Getty Images / Pool Benainous/Benhamou/Gamma-Rapho ; **p. 149** (h) : Getty Images / Thierry Orban/Sygma ; **p. 149** (m) : Getty Images / Eric Fougere/VIP Images/Corbis ; **p. 149** (b) : Getty Images / Michael Ochs Archives ; **p. 150** : Getty Images / Frank Bauer/Contour ; **p. 152** (h) : DR ; **p. 152** (b) : Getty Images / Bertrand Rindoff Petroff ; **p. 153** : Getty Images / Bertrand Rindoff Petroff ; **p. 154** (h) : Getty Images / Lionel Flusin/ Gamma-Rapho ; **p. 154** : DR ; **p. 155** (h) : Getty Images / Pool Benainous / Benhamou /Gamma-Rapho ; **p. 155** (m) : Getty Images / Eric Fougere/ Corbis ; **p. 155** (b) : Getty Images / Eric Catarina/Gamma-Rapho ; **p. 156** : Getty Images ; **p. 158** (h) : Getty Images / Pascalito/Corbis ; **p. 158** (b) : © Pathé / Everett Collection / Bridgeman Images ; **p. 159** : Getty Images / Laurent Viteur ; **p. 160** : Getty Images / Eric Fougere/VIP Images/Corbis ; **p. 162-163** : ©VJoncheray ; **p. 164** : Getty Images / Eric CATARINA/ Gamma-Rapho ; **p. 166** (g) : Getty Images / Jean Marie Leroy/Corbis ; **p. 166** (d) : DR ; **p. 167** (hg) : Getty Images / Tristan Fewings ; **p. 167** (bd) : Getty Images /Aurélien Meunier/WireImage ; **p. 168** : Getty Images / Bertrand Rindoff Petroff ; **p. 170** (hg) : Getty Images / Fréderic Souloy/ Gamma-Rapho ; **p. 170** (bg) : DR ; **p. 170** (bd) : DR ; **p. 171** (h) : Getty Images / Julien Hekimian ; **p. 171** (b) : Getty Images / Jan Vailhe/ Focalfix/Gamma-Rapho ; **p. 172** : Getty Images / Lionel Flusin/Gamma-Rapho ; **p. 174** : Getty Images / Pool Arnal/Charriau/Gamma-Rapho ; **p. 175** : Getty Images / Etienne George/Corbis ; **p. 176** : Getty Images / Foc Kan/WireImage ; **p. 177** : Getty Images / Eric Fougere/VIP Images/ Corbis ; **p. 178** : Getty Images / Lionel Flusin/Gamma-Rapho ; **p. 180** (g) : DR ; **p. 180** (d) : Getty Images / Pascal Le Segretain ; **p. 182** : Getty Images / Didier Baverel ; **p. 184** (g) : DR ; **p. 184** (d) : Getty Images / Laurent Viteur ; **p. 185** (h) : Getty Images / Marc Bulka/Gamma-Rapho ; **p. 185** (m) : Getty Images / Frank Bauer/Contour ; **p. 185** (b) : Getty Images / Lionel Flusin/Gamma-Rapho ; **p. 186** : Dominique Charriau/ WireImage ; **p. 188** (g) (d) : DR ; **p. 189** : Getty Images / Eric Fougere/VIP Images/Corbis ; **p. 190** : Getty Images / Stephane Cardinale – Corbis ; **p. 192** : DR ; **p. 193** : Getty Images / Laurent Viteur/WireImage ; **p. 194** (g) : Getty Images / Daniel Simon/Gamma-Rapho ; **p. 194** (h) : Getty Images / Bertrand Laforet/Gamma-Rapho ; **p. 194** (m) : © AGIP / Bridgeman Images ; **p. 194** (b) : Getty Images / Bertrand LAFORET/ Gamma-Rapho ; **p. 195** (h) : Getty Images / GAMMA/Gamma-Rapho ; **p. 195** (b) : Getty Images / Stephane Cardinale/Corbis ; **p. 195** (hd) : Getty Images / Jacques Morell/Sygma ; **p. 195** (m) : Getty Images / Eric Fougere/Corbis ; **p. 195** (b) : Getty Images / Micheline Pelletier/Sygma ; **p. 196** (g) : Getty Images / Eric Fougere/Sygma ; **p. 196** (hd) : Getty Images / Eric Fougere/VIP Images/Corbis ; **p. 196** (m) : Getty Images / Franck Crusiaux/Gamma-Rapho ; **p. 196** (b) : Getty Images / Pool Benhamou/Catarina/Gamma-Rapho ; **p. 197** (g) : Getty Images / Eric Robert/Sygma ; **p. 197** (hd) : Getty Images / Marc Ausset-Lacroix/ WireImage ; **p. 197** (m) : Getty Images / Eric Fougere/VIP Images/ Corbis ; **p. 197** (b) : Getty Images / Bertrand Rindoff Petroff ; **p. 198** : Getty Images / Eddy LEMAISTRE/Corbis ; **p. 199** : Getty Images / Lionel FLUSIN/Gamma-Rapho ; **p. 200** : Getty Images / Bertrand Rindoff Petroff ; **p. 201** : Getty Images / Cyrille George Jerusalmi/Contour ; **p. 202** : Getty Images / Eric Fougere/VIP Images/Corbis ; **p. 203** : Getty Images / Jan Vailhe/Focalfix /Gamma-Rapho ; **p. 204** : Getty Images / Bertrand Rindoff Petroff/Getty ; **p. 205** : Getty Images / Dominique Charriau/WireImage ; **p. 206** : Archives personnelles Haroun ; **p. 207** : Getty Images / Olivier Vigerie/Contour ; **p. 208** (h) : Getty Images / Francis Apesteguy ; **p. 208** (m) : © Louis Monier / Bridgeman Images ; **p. 208** (b) : Getty Images / Jerome Domine/Gamma-Rapho ; **p. 209** : Getty Images / Stephane Grangier/Corbis ; **p. 210** : Denis Tribhou ; **p. 211** : Getty Images / Bertrand Rindoff Petroff ; **p. 212** : Getty Images / Claude Medale/Corbis ; **p. 213** : Fred Boehli ; **p. 214** : Getty Images / Pier Marco Tacca ; **p. 215** : © 2019 Pascalito